"十四五"普通高等教育精品系列教材

会计学原理

（第四版）

主　编　王竹萍　詹毅美
副主编　黄静如　方水明

西南财经大学出版社

中国·成都

图书在版编目(CIP)数据

会计学原理/王竹萍,詹毅美主编;黄静如,方水明副主编.—4版.—成都:西南财经大学出版社,2023.8
ISBN 978-7-5504-5836-9

Ⅰ.①会… Ⅱ.①王…②詹…③黄…④方… Ⅲ.①会计学—高等学校—教材 Ⅳ.①F230

中国国家版本馆 CIP 数据核字(2023)第 122182 号

会计学原理(第四版)
KUAIJIXUE YUANLI

主　编　王竹萍　詹毅美
副主编　黄静如　方水明

责任编辑:向小英
责任校对:杜显钰
封面设计:杨红英　张姗姗
责任印制:朱曼丽

出版发行	西南财经大学出版社(四川省成都市光华村街55号)
网　　址	http://cbs.swufe.edu.cn
电子邮件	bookcj@swufe.edu.cn
邮政编码	610074
电　　话	028-87353785
照　　排	四川胜翔数码印务设计有限公司
印　　刷	郫县犀浦印刷厂
成品尺寸	185mm×260mm
印　　张	20.75
字　　数	444 千字
版　　次	2023 年 8 月第 4 版
印　　次	2023 年 8 月第 1 次印刷
印　　数	1—3000 册
书　　号	ISBN 978-7-5504-5836-9
定　　价	39.80 元

1. 版权所有,翻印必究。
2. 如有印刷、装订等差错,可向本社营销部调换。
3. 本书封底无本社数码防伪标识,不得销售。

第四版前言

党的二十大提出我国要构建高水平社会主义市场经济体制。这种体制的发展和形成是需要计算与计量的，而会计则采用专门的技术方法，将各种经济活动统一以价值量的形式予以科学的分类、汇总、计算并采用公认的方式为使用者提供报告。会计部门作为现代企业管理的核心机构，其从业人员一定要坚持职业操守，牢记初心使命，根据最新会计法规准则进行会计核算，确保提供的会计信息真实可靠，为构建我国高水平的资本市场发挥应有的作用。

会计学原理是高等院校经济管理类相关专业的基础必修课，是会计学专业的入门课程。为了更好地满足会计学专业和其他经济、管理类专业学生了解会计、学习会计的需要，也为后续会计专业课程的学习奠定基础，我们组织编写了《会计学原理》教材。本教材以《中华人民共和国会计法》《企业会计准则》《会计基础工作规范》及最新的财务会计法规为指导，系统地阐述了会计核算的基本理论、基本方法和基本技能，包括总论、会计核算基础理论、会计科目与账户、复式记账、企业主要经济业务的核算、会计凭证、会计账簿、编制报表前的准备工作、财务会计报告、会计核算组织程序、会计工作组织与管理等。在编写过程中，我们参阅了大量国内外最新出版的会计学原理教材，吸取了很多会计理论研究的新成果，并融合到具体实例中。在内容组织上，本教材在每章的开篇提出学习的目的和要求、学习的重点和难点，作为学生预习的基础，帮助学生理顺学习知识时的思路；每章的最后都附有有针对性的复习思考题及参考答案，便于学生巩固每章所学的知识。

《会计学原理》（第三版）于 2020 年出版，经过两年多的教学检验，得到了任课教师和学生的普遍认可。目前，与会计相关的法律法规、准则制度发生了一些变化，为了更好地满足教师的教学和学生的自学要求，我们在保持原版教材大纲结构不变的基础上，进行了一定的修改。

本次修订主要体现在以下三个方面：

第一，与我国现行会计准则、税法制度紧密结合。近几年会计准则不断修订，2011 年，增值税率逐步下调，为了使本教材与现行制度挂钩，此次的修订，所有例题与习题均以最新的会计准则和实务中执行的最新增值税率为依据，这样学生毕业后可直接与实务工作平稳对接。

第二,2023年1月中华人民共和国财政部颁发了《会计人员职业道德规范》。我们以最快速度解读了其具体内容并融入本教材,以推动高校财会类专业加强职业道德教育。

第三,本教材已建立全套在线开放教学资源,内容涵盖教学视频、章节测验、案例分析、课程讨论、拓展资料等。该项目是福建省立项建设的精品在线开放课程,目前已在"高校邦慧慕课""学银在线""中国大学MOOC"等慕课平台运行。扫描文后附的二维码即可获取课程资源,实现线上线下混合式教学。

本教材共十一章,由集美大学会计系王竹萍、詹毅美任主编,黄静如、方水明任副主编。具体分工如下:第一章、第二章、第八章、第九章、第十一章由王竹萍执笔;第三章、第四章、第五章由詹毅美执笔;第六章、第七章由黄静如执笔;第十章由方水明执笔。最后由王竹萍副教授负责对全书进行统筹、修改和定稿。

在此次修订过程中,我们参阅了大量文献,多数已经在参考文献中列出。在此,我们向这些文献的作者表示衷心的感谢。

此外,在此次修订过程中,西南财经大学出版社的相关人员给我们提出了宝贵的意见,我们也十分感谢他们在本书出版过程中付出的辛勤劳动。

虽然此次修订我们已尽了最大努力,但由于编者水平有限,教材中仍难免存在不足之处,恳请同行专家和广大读者批评指正。

编者
2023年4月

附:二维码(如下)

目　录

第一章　总论 …………………………………………………………… (1)
　　第一节　会计的产生与发展 ………………………………………… (1)
　　第二节　会计的含义 ………………………………………………… (3)
　　第三节　会计的职能与目标 ………………………………………… (6)
　　第四节　会计信息质量特征 ………………………………………… (11)
　　复习思考题 …………………………………………………………… (15)

第二章　会计核算基础理论 …………………………………………… (19)
　　第一节　会计假设 …………………………………………………… (19)
　　第二节　会计对象和会计要素 ……………………………………… (21)
　　第三节　会计等式 …………………………………………………… (32)
　　第四节　会计记账基础 ……………………………………………… (35)
　　第五节　会计核算的基本程序和方法 ……………………………… (38)
　　复习思考题 …………………………………………………………… (41)

第三章　会计科目与账户 ……………………………………………… (47)
　　第一节　会计科目 …………………………………………………… (47)
　　第二节　会计账户 …………………………………………………… (54)
　　复习思考题 …………………………………………………………… (59)

第四章　复式记账 ……………………………………………………… (64)
　　第一节　复式记账原理 ……………………………………………… (64)
　　第二节　借贷记账法 ………………………………………………… (66)
　　复习思考题 …………………………………………………………… (84)

第五章　企业主要经济业务的核算 …………………………………… (90)

　　第一节　资金筹集业务的核算 ……………………………………… (90)
　　第二节　供应过程业务的核算 ……………………………………… (99)
　　第三节　生产过程业务的核算 ……………………………………… (108)
　　第四节　销售过程业务的核算 ……………………………………… (115)
　　第五节　财务成果业务的核算 ……………………………………… (120)
　　第六节　账户按用途和结构分类 …………………………………… (127)
　　复习思考题 …………………………………………………………… (138)

第六章　会计凭证 ……………………………………………………… (147)

　　第一节　会计凭证的意义与种类 …………………………………… (147)
　　第二节　原始凭证的填制与审核 …………………………………… (156)
　　第三节　记账凭证的填制与审核 …………………………………… (159)
　　第四节　会计凭证的传递与保管 …………………………………… (162)
　　复习思考题 …………………………………………………………… (165)

第七章　会计账簿 ……………………………………………………… (169)

　　第一节　会计账簿的意义与种类 …………………………………… (169)
　　第二节　会计账簿的设置与登记 …………………………………… (173)
　　第三节　会计账簿的启用与登记规则 ……………………………… (179)
　　第四节　会计账簿的更换与保管 …………………………………… (183)
　　复习思考题 …………………………………………………………… (184)

第八章　编制报表前的准备工作 ……………………………………… (189)

　　第一节　编制报表前准备工作概述 ………………………………… (189)
　　第二节　期末账项调整 ……………………………………………… (190)
　　第三节　财产清查 …………………………………………………… (195)
　　第四节　对账与结账 ………………………………………………… (210)
　　复习思考题 …………………………………………………………… (213)

第九章　财务会计报告 (218)

 第一节　财务会计报告概述 (218)
 第二节　资产负债表的编制 (224)
 第三节　利润表的编制 (233)
 第四节　财务会计报告的报送、审批和汇总 (237)
 复习思考题 (239)

第十章　会计核算组织程序 (245)

 第一节　会计核算组织程序概述 (245)
 第二节　手工环境下的会计核算组织程序 (247)
 第三节　IT 环境下的会计核算组织程序 (259)
 复习思考题 (262)

第十一章　会计工作组织与管理 (267)

 第一节　会计工作组织与管理概述 (267)
 第二节　会计机构与会计人员 (269)
 第三节　会计法律规范 (276)
 第四节　会计职业道德 (279)
 第五节　会计档案管理 (280)
 复习思考题 (284)

复习思考题参考答案 (288)

参考文献 (326)

第一章
总 论

本章主要介绍了会计的基本概念、会计职能、会计目标和会计信息质量特征。通过本章的学习，使学生对会计的基本概念和基本理论有一个初步的认识。要求正确理解会计的概念、职能和目标；掌握会计信息的质量特征；了解会计的发展历程和会计学科体系的构成。本章学习的重点是会计的含义、会计的职能、会计的目标和会计信息质量特征。学习的难点是如何正确理解会计目标中的决策有用观和受托责任观；如何认识会计信息质量特征。

第一节 会计的产生与发展

一、会计的产生

会计诞生在何时、发源于何地，至今尚无定论。但有更多的观点认为"会计"一词远在我国西周时代就已经出现了，当时是指对收支的计算和记录，也有考核的意思。最初的会计只是作为生产职能的附带部分，发展到目前，会计不仅是一门专门学科，而且还是一大职业。

从另外一方面来说，人类要生存，社会要发展，就要进行物质资料的生产。生产活动一方面创造物质财富，取得一定的劳动成果；另一方面要发生劳动耗费，包括人力、物力的耗费。在一切社会形态中，人们进行生产活动时，总是力求以尽可能少的劳动耗费，取得尽可能多的劳动成果，做到所得大于所费，提高经济效益。为此，就必须在不断改革生产技术的同时，采用一定的方法对劳动耗费和劳动成果进行记录、计算，并加以比较和分析，这就产生了会计。可见，会计是随着社会生产的发展和经济管理的需要而产生、发展并不断完善的。

二、会计的发展

早期的会计是比较简单的，只是对财物的收支进行计算和记录。但随着社会生产的日益发展和生产规模的日益扩大，以及生产、分配、交换、消费活动愈来愈复杂，会计也从简单的计算、记录财物收支，逐渐发展成为用货币单位来综合反映和监督经济活动过程，以及参与企业预测、决策、控制、考核等各个方面。会计的技术和方法，经过长期的实践，以及吸收先进的科学技术成果，也逐渐发展和完善起来。会计的发展过程主要经过了以下三个阶段：

（一）古代会计（产生——复式簿记的出现）

在我国，远在原始社会末期，即有"结绳记事""刻契记数"等原始计算记录的方法，这是会计的萌芽阶段。到了西周（公元前1100—前770年）才有了"会计"的命名和较为严格的会计机构，并开始把会计提高到管理社会经济的地位上来认识，由此"会计"的意义也随之明确。根据西周"官厅会计"核算的具体情况考察，"会计"两字在西周时代开始运用，其基本含义是既有日常的零星核算，又有岁终的总合核算，通过日积月累到岁终的核算，达到正确考核王朝财政经济收支的目的。此时，西周王朝也建立了较为严格的会计机构，设立了专管钱粮赋税的官员，并建立"日成""月要"和"岁会"等报告文书，初步具备了旬报、月报、年报等会计报表的作用。春秋战国到秦代，用竹简木牍刻写的"籍书"或"簿书"已出现，用"入""出"作为记账符号来反映各种经济入出事项，"籍书"或"簿书"应用的专业化至西汉时代取得了显著进展。到了宋代，在官厅中，办理钱粮报销或移交，要编造"四柱清册"，通过"旧管（期初结存）+新收（本期收入）=开除（本期支出）+见在（期末结存）"的平衡公式进行结账，结算本期财产物资增减变化及其结果，这是中国会计学科发展过程中的一个重大成就。明末清初，随着手工业和商业的发展，出现了以四柱为基础的"龙门账"，它把全部账目划分为"进"（各项收入）"缴"（各项支出）"存"（各项资产）"该"（各项负债）四大类，运用"进-缴=存-该"的平衡公式进行账簿核算，设总账进行"分类记录"，并编制"进缴表"（即利润表）和"存该表"（即资产负债表），实行双轨计算盈亏，在两表上计算得出的盈亏数应当相等，称为"合龙门"，以此核对全部账目的正误。

在这段时间里，由于生产力水平较低，会计发展也很缓慢，会计经历了从生产职能的附带部分到与生产职能相分离的发展过程。为什么呢？当产生原始的会计行为时，社会生产力水平低下，生产过程简单，人们不需要也不可能占用较多的生产时间去对生产过程进行记录计算，仅仅在生产时间之外附带地把收支"记载下来"；以后随着生产规模的不断扩大，生产社会化程度的提高，生产过程日趋复杂，社会生产力不断提高，这时，上述简单的会计行为已不能满足人们管理的需要了。经济管理过程中对会计信息资料的需求，极大地刺激了会计的发展，于是，会计就从生产职能中分离出来，成为一种特殊的独立的职能。会计从生产职能的附带部分到与生产相分离的独立职能，使会计工作更加专职化，有利于提供更加全面的、系统的经济资料，从而加强了会计在经济管理中的地位和作用。

早期的会计是比较简单的，只是对财产物资的收支活动进行实物数量的记录和计算，而且是与统计和其他核算融合在一起的。所以严格地说，这一阶段的会计还不成熟，它还包括了统计等其他经济核算的工具在内，属于古代会计时期。这一时期的会计最大的特点就是单式记账。

（二）近代会计（复式记账法的运用——20世纪40年代末）

近代会计的时间跨度标志一般认为应从1494年意大利数学家、会计学家卢卡·帕乔利所著《算术、几何、比及比例概要》一书公开出版开始，直至20世纪40年代末。该书详细、系统地论述了借贷复式记账法的基本理论和方法，被称为世界第一部会计名著。1581年威尼斯建立了世界上第一所"会计院"，会计作为一门学科在学校里被传授。之后，借贷记账法便相继传至世界各国，并不断完善，直至今日仍被世界各国广泛使用。这一时期的会计在技术方法与内容两个方面有了重大发展：其一是复式记账法的不断完善和推广使会计核算的基本理论日趋成熟，其二是成本会计的产生和迅速发展，成为会计学中管理会计分支的重要基础。

（三）现代会计（20世纪50年代至今）

现代会计的时间跨度是自20世纪50年代开始到目前。经过两次世界大战以后，各国都大力发展生产力，特别是股份制公司的兴起，为了保护企业所有者的权益，会计逐渐形成了以对外提供信息为主，接受"公认会计原则"约束的会计，即财务会计。但另一方面，社会竞争更激烈，为了生存，为了发展，就要建立科学的管理体制与方法。为此，管理当局对会计信息提出了新的要求，故管理会计逐渐同财务会计相分离，并形成一个与财务会计相对独立的领域。

此阶段会计方法技术和内容的发展有两个重要标志，一是会计核算手段方面出现了质的飞跃，即现代电子技术与会计融合导致的"会计电算化"，二是会计伴随着生产和管理科学的发展而分化为财务会计和管理会计两个分支。1946年在美国诞生的第一台电子计算机，在会计中得到初步应用，并迅速发展，至20世纪70年代，发达国家就已经出现了电子计算机软件方面数据库的应用，且建立了电子计算机的全面管理系统。从系统的财务会计中分离出来的"管理会计"这一术语在1952年的世界会计学会上获得正式通过。

综上所述，从会计的发展历程能够看出，会计是适应生产活动发展的需要而产生的，是社会生产力水平不断提高的必然结果。随着社会的发展和科学技术的进步，会计必将越来越重要。正如马克思所说：过程越是按社会的规模进行，越是失去纯粹个人的性质，作为对过程的控制和观念总结的簿记就越是必要。因此，簿记对资本主义生产，比对手工业和农民的分散生产更为必要，对公有生产，比对资本主义生产更为必要。

第二节 会计的含义

一、会计的定义

会计就是记账、算账和报账，这是我国多年来的通俗认识，是最肤浅的认识。

那么，到底什么是会计，如何给会计下一个确切的定义，国内外会计界历来存在着不同的认识，至今尚没有一个统一、明确的定义。之所以产生这种现象，原因在于大家对会计本质有着不同的理解。这里介绍中外会计学界针对会计本质问题所形成的两个具有代表性的观点。

（一）会计信息系统论

20世纪50年代中期，电子计算机开始应用于工资的管理，此后，很快普及到会计的主要领域。信息科学带来的新思想和新技术，打开了会计人员的思路，人们开始重新探索和认识会计的本质与作用。1966年，美国会计学会在纪念该学会成立50周年的文献《论会计基本理论》中提出会计基本上是一个信息系统；1980年，余绪缨教授首先明确提出会计是一个信息系统，后经葛家澍教授等的论文加以阐述，认为会计是一个以提供财务信息为主的经济信息系统的观点，逐步被学术界所接受。

会计信息系统论是把会计看成一个以提供财务信息为主的经济信息系统，是企业经营管理信息系统的组成部分，并且强调会计的目标是向使用者提供他们所需要的信息。会计一方面是为企业外部信息使用者提供财务信息的系统；另一方面是为企业内部管理层作出各种经营决策提供管理会计信息的系统。会计信息系统论视会计为一种工具或一种技术，不承认其具有管理经济活动的功能，更忽略了会计人员这一重要因素。

（二）会计管理活动论

会计管理活动论最早是由我国已故著名会计学家杨纪琬教授和阎达伍教授在1980年提出的。该观点认为："无论从理论上还是从实践上看，会计不仅仅是管理经济的工具，其本身就具有管理的职能，是人们从事管理的一种活动"；"无论从历史还是现实来看，会计工作都是一种管理工作，处理会计数据和加工会计信息本身也是一种管理工作"；这种管理包括"反映、监督（控制）以至于预测、决策等管理职能"。会计管理活动论吸收了最新的管理科学思想，从而成为在当前国际、国内会计学界中具有重要影响的观点。该观点充分肯定了人在会计管理活动中的功能，即会计人员的主观能动性。

对于会计界提出的各种观点，学者们争论不休，通过比较研究，本书更倾向于"会计管理活动论"这种观点。认为会计是以货币为主要计量单位，以提高经济效益为主要目标，运用专门方法对企业、机关、事业单位和其他组织的经济活动进行全面、综合、连续、系统的核算和监督，提供会计信息，并随着社会经济的日益发展，逐步开展预测、决策、控制和分析的一种经济管理活动。

二、会计学及其分支

会计学是在商品生产的条件下，研究如何对再生产过程中的价值活动进行计量、记录和预测，在取得以财务信息（指标）为主的经济信息的基础上，监督、控制价值活动，不断提高经济效益的一门经济管理学科。会计实践是不断发展和不断丰富的，相应，会计学理论也在不断地发展和完善，会计实践的发展和丰富推动了会计学的发展和完善。所以，会计学是人们对会计实践活动加以系统化和条理化而形成的一套完整的会计理论和方法体系。随着会计学研究的深入发展，会计学分化出许多分支，每一分支都形成了一个独立的学科。这些学科相互促进、相互补充，构成了一个完整的会计学科体系。其内容大致如图 1-1 所示：

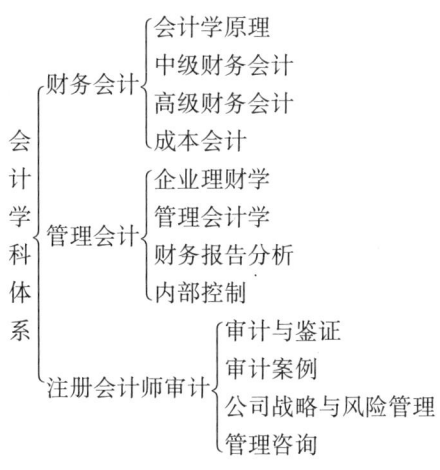

图 1-1 会计学科体系

（一）财务会计

财务会计是指定期对外提供通用财务会计报告的经济信息系统，主要为外界使用者呈报企业获利能力、财务状况及其变动等有关信息。由于它所呈报的信息是提供给所有的外部使用者，而不是特定的使用者，因而所提供的信息一般都是采用总括的财务会计报告形式。

在实际工作中，财务会计以填制或审核原始凭证为起点，然后根据审核无误的原始凭证编制记账凭证，再根据记账凭证登记账簿，最后根据账簿资料编制会计报表。财务会计是传统意义上的会计，是各种会计的基础，也是会计人员学习的起点。

在教学过程中，财务会计课程主要包括：会计学原理、中级财务会计、高级财务会计、成本会计等。

（二）管理会计

随着经济的不断发展，企业之间的竞争日趋激烈，会计的服务对象从企业的外部扩展到企业内部组织。将社会上众多的会计信息使用者分为内部信息使用者和外部信息使用者两大类，会计分别通过提供对内报告和对外报告，同时为企业内部管理人员（即内部信息使用者）及外界人士（即外部信息使用者）提供服务。这样，专门提供对内报告的会计，即管理会计，从财务会计中分离出来并日渐完善，这标志着进入了现代会计阶段。

在实际工作中，管理会计和财务会计是很难截然分开的。虽然一些大型单位单独设置了财务会计科和管理会计科，但它们的工作是相互配合的。管理会计充分利用了财务会计编制的资产负债表、利润表、现金流量表和所有者权益变动表的有关资料,为企业内部各部门提供相应的信息,同时也为每月定期编制财务会计报告提供所需信息。

在教学过程中,管理会计课程主要包括:企业理财学、管理会计学、财务报告分析、内部控制等。

(三) 注册会计师审计

当经济活动随着社会生产发展到一定阶段,财产的所有权与经营权分离,财产的所有者为了财产的安全与完整,便委托既懂会计又懂管理的人员进行检查,于是就产生了注册会计师审计活动。1721年英国爆发了"南海公司"事件,当时南海公司以虚假的财务信息骗取了投资人的投资,使他们蒙受了巨大的经济损失,英国议会聘请会计师查尔斯·斯耐尔对南海公司进行审查,并以会计师的名义提出了"查账报告书",这也宣布了世界上第一位注册会计师的诞生。从这点可以看出,注册会计师审计是在会计学的基础上发展起来的。1853年,苏格兰爱丁堡会计师协会的成立标志着注册会计师(CPA)职业的诞生,之后,各国纷纷效仿。

在实际工作中,注册会计师主要扮演的是"公证人"的角色。在资本市场上,上市公司披露的年度财务报告必须经过有证券经营资格的会计师事务所进行审计后才可以报出,注册会计师对进入资本市场的会计信息进行审计、验证,目的在于确保会计信息具备必要的质量特征,防止"假冒伪劣产品"混入资本市场。注册会计师按照审计准则,对上市公司报出的财务数据承担合理保证责任,实际上的作用就是增加上市公司财务信息的可信任度。

在教学过程中,注册会计师审计课程主要包括:审计与鉴证、审计案例、公司战略与风险管理、管理咨询等。

第三节 会计的职能与目标

一、会计的职能

会计的职能是指会计本身所固有的功能,即会计在企业经济管理中能做什么,起什么作用。它是伴随着会计的产生而同时产生的,也必将随着会计的发展而发展。正确认识会计的职能,对于正确提出会计工作应担负的任务,确定会计人员的职责和权限,充分发挥会计工作应有的作用,都有重要的意义。

理论界对会计职能的研究一直没有间断过,提出了很多看法,比较有代表性的观点有:反映与控制,反映与监督,反映、监督与分析,考核与评价等。尽管存在很多争议,但会计的核算职能和监督职能这两大基本职能是大家公认的。

(一) 会计的核算职能

会计核算职能也称会计反映职能。会计核算贯穿于经济活动的全过程。它是指会计以货币为主要计量单位，通过确认、计量、记录、报告等环节，对特定对象（或称特定主体）的经济活动进行记账、算账、报账，为各有关方面提供会计信息的功能。任何经济实体单位要进行经济活动，都要对经济活动信息进行记录、计算、分类、汇总，将经济活动信息转换成客观准确的会计信息。会计核算就是对经济活动信息转换而成的会计信息，进行确认、计量、记录并报告的工作。会计的反映职能有以下几个方面的特点：

（1）会计是以货币为主要计量单位。会计在对各单位经济活动进行反映时，主要是从数量而不是从质量方面进行反映；也就是说，会计核算是对各单位的一切经济业务，以货币计量为主，进行记录、计算，以保证会计记录的可比性和完整性。

（2）会计反映具有连续性、系统性和全面性。会计反映的连续性，是指对经济业务的记录是连续的，逐笔、逐日、逐月、逐年，不能间断；会计反映的系统性，是指对会计对象要按科学的方法进行分类，进而系统地加工、整理和汇总，以便提供管理所需要的各类信息；会计反映的全面性，是指对每个会计主体所发生的全部经济业务都应该进行记录和反映，不能有任何遗漏。

（3）会计核算应对各单位经济活动的全过程进行反映。随着商品经济的发展，市场竞争日趋激烈，会计在对已经发生的经济活动进行事中、事后的记录、核算、分析，反映经济活动的现实状况及历史状况的同时，已发展到事前核算、分析和预测经济前景。

（二）会计的监督职能

会计监督职能，是指会计具有按照一定的目的和要求，利用会计反映职能所提供的经济信息，对企业和行政事业单位的经济活动进行控制，使之达到预期目标的功能。会计的监督职能主要具有以下特点：

（1）会计监督主要通过价值指标进行。会计核算通过价值指标综合反映经济活动的过程及其结果，会计监督的主要依据就是这些价值指标。为了便于监督，有时还需要事先制定一些可供检查、分析用的价值指标，用来监督和控制有关经济活动，以避免出现大的偏差。由于企事业单位进行的经济活动，同时都伴随着价值运动，表现为价值量的增减和价值形态的转化，因此会计监督与其他各种监督相比，是一种更为有效的监督。会计监督通过价值指标可以全面、及时、有效地控制各个单位的经济活动。

（2）会计监督具有完整性。会计监督不仅体现在已经发生或已经完成的业务方面，还体现在业务发生过程中及发生之前，包括事前监督、事中监督和事后监督。事前监督是指会计部门或会计人员在参与制定各种决策以及相关的各项计划或费用预算时，就依据有关政策、法规、准则等的规定对各项经济活动的可行性、合理性、合法性和有效性等进行审查，它是对未来经济活动的指导；事中监督是指在日常会计工作中，随时审查所发生的经济业务，一旦发现问题，及时提出建议或改进意见，促使有关部门或人员采取措施予以改正；事后监督是指以事先制定的目标、标准和要求为依据，利用会计反映取得的资料对已经完成的经济活动进行考核、分析和评价。会计事后监督可以为制订下期计划、预算提供资料，也可以预测今后经济活动的发展趋势。

（三）两职能的关系

反映职能是监督职能的基础，没有反映职能提供的可靠、完整的会计信息，监督就没有客观依据；监督职能是反映职能强有力的保证，没有监督职能进行控制，提供有力的保证，就不可能提供真实可靠的会计信息，也就不能发挥会计管理的能动作用，会计反映也就失去了存在的意义。因此，反映职能和监督职能紧密结合，密不可分，相辅相成，辩证统一。

二、会计的目标

（一）会计目标的定义

所谓会计目标，是指会计想要达到的境地或想要得到的结果，有人又称它为会计目的。会计目标主要明确为什么要提供会计信息，向谁提供会计信息，提供哪些会计信息等问题。只有会计目标明确了，才能进一步明确会计应当收集哪些会计数据，从而为会计信息的使用者提供有用的会计信息。有了会计目标，就意味着向会计提出了它应当达到的要求。当然，会计目标不是随便乱提出来的，不能超越会计的本质功能，只能在会计的职能范围内提出。会计目标是会计理论体系的基础，有了会计目标，就为会计工作指明了方向。

（二）会计目标的两种学术观点

1. 决策有用观

决策有用观是20世纪70年代美国注册会计师协会出资成立的特鲁彼拉特委员会在对会计信息使用者进行了大量的实证调查研究后得出的结论。决策有用观是在资本市场日渐发达的历史背景下形成的。在此条件下，投资者进行投资需要有大量可靠而相关的会计信息，从传统的关注历史信息转向对未来信息的关注，要求披露的信息量和范围也不断扩大，不仅要求披露财务信息、定量信息和确定信息，还要求更多地披露非财务信息、定性信息和不确定信息。而这些信息的提供总是要借助于会计系统，因此，会计信息的提供必须以服务于决策为目标取向。决策有用观强调相关性甚于可靠性。在会计确认上不仅要确认实际发生的经济事项，还要确认那些虽未发生但对企业有重要影响的事项。

决策有用观的优点主要体现在：一是坚持决策有用观有利于提高会计信息的质量；二是在会计计量模式上采用多种计价方式并存，反映了配比原则；三是坚持决策有用观有利于规范和发展资本市场，促进社会资本的流动和社会资源的有效利用。其局限性也体现在两个方面：一是对"有用"的评价太主观，可操作性低；二是"决策有用"与审计目标不协调。从审计产生的背景看，审计的产生在于受托责任，而不是决策有用，如果会计目标定位于"决策有用"，审计就可能达不到目的。

2. 受托责任观

受托责任观产生的经济背景是企业所有权与经营权相分离，并且投资人与经营者之间有明确的委托与受托关系。在受托责任观下，信息的使用者主要是财产的委托人、投资者、债权人以及其他需要了解和评价受托责任履行情况的利害关系人，并且这些使用者是现存的，而不是潜在的。由于是对受托责任的履行结果的评价，使用者所需的信息侧重历史的、已发生的信息，因此要求提供尽可能客观可靠的会计信息。资产计价倾向于采用历史成本计量方式。在会计处理上，强调可靠性胜过相关性。

受托责任观的主要优点是：企业采用受托责任观，有助于外部投资者和债权人评价企业的经营管理责任和资源使用的有效性。其局限性主要体现在：一是受托责任观强调真实地反映过去，主要关注企业的历史信息，而对于未来事项很难得以反映；二是在会计处理上，用现时收入与历史成本计量的费用进行配比，难以体现真实性的原则；三是在会计信息方面，受托责任观很少会顾及委托者以外的信息需求，忽略潜在投资者的利益和要求，因而难以进一步提高会计信息的质量；四是适用环境方面，受托责任观产生的经济背景是企业所有权与经营权相分离，并且投资人与经营者之间有明确的委托与受托关系，而在现代社会中，两权不分离的个人独资企业、合伙企业普遍存在，而且，在现代社会中，委托方并不总是明确的。

3. 两种观点的关系

从上述介绍可以看出，受托责任观重在向委托者报告受托者的受托管理情况，主要是从企业内部来谈的，而决策有用观是从企业会计信息的外部使用者来谈的。实际上，两者并不矛盾，都不约而同地提到了"会计信息观"，即会计目标是提供信息。在受托责任观下，会计目标是向资源委托者提供信息；在决策有用观下，会计的目标是向信息使用者提供决策有用的信息。信息的使用者不仅包括资源委托者，而且还包括债权人、政府等和企业有密切关系的信息使用者。同时，两者考虑的角度不同，受托责任观是从监督角度考虑，主要是为了监督受托者的受托责任；决策有用观从信号角度考虑，即会计信息能够传递信号，即向信息使用者提供决策有用的信息。两者之间相互联系，相互补充。

（三）我国的会计目标

2007年1月1日，我国新的企业会计准则开始实施，其基本准则对会计目标进行了明确定位，即会计的目标就是向财务报告使用者提供与企业财务状况、经营成果和现金流量等有关的会计信息，反映企业管理层受托责任履行情况，有助于财务报告使用者作出经济决策。从基本准则对会计目标定位的这段话中我们可以清晰地看到此目标明确回答了会计目标要解决的三个问题，即为什么要提供会计信息、向谁提供会计信息、提供哪些会计信息。

1. 为什么要提供会计信息

为什么要提供会计信息，这是基于受托经济责任的要求。现代企业制度强调企业所有权和经营权相分离，企业管理层是受委托人之托经营管理企业及其各项资产，负有受托责任。即企业管理层所经营管理的企业各项资产基本上均为投资者投入的资本（或者留存收益作为再投资），或者是向债权人借入的资金所形成的，企业管理层有责任妥善保管并合理、有效运用这些资产。企业投资者和债权人等也需要及时或者经常性地了解企业管理层保管、使用资产的情况，以便于评价企业管理层的责任情况和业绩，并决定是否需要调整投资或者信贷政策，是否需要加强企业内部控制和其他制度建设，是否需要更换管理层等。因此，财务报告应当反映企业管理层受托责任的履行情况，以有助于外部投资者和债权人等评价企业的经营管理责任和资源使用的有效性。

2. 向谁提供会计信息

向谁提供会计信息，简单一句话，就是会计信息的使用者。会计信息的使用者包括投资人、债权人、政府部门、社会公众、企业员工、企业管理当局等。

（1）投资人。基本准则把为了保护投资者利益、满足投资者进行投资决策的信息需求放在了突出位置。近年来，我国企业改革持续深入，产权日益多元化，资本市场快速发展，机构投资者及其他投资者队伍日益壮大，对会计信息的要求日益提高。在这种情况下，投资者更加关心其投资的风险和报酬，他们需要会计信息来帮助其做出决策，比如决定是否应当买进、持有或者卖出企业的股票或者股权，他们还需要信息来帮助其评估企业支付股利的能力等。因此，基本准则将投资者作为企业财务报告的首要使用者，凸显了投资者的地位，体现了保护投资者利益的要求，是市场经济发展的必然。

（2）债权人。企业在经营过程中，会经常不断地发生举债行为。例如，企业贷款人、供应商等债权人通常十分关心企业的偿债能力和财务风险，他们需要信息来评估企业能否如期支付贷款本金及利息，能否如期支付所欠购货款等；银行和其他金融机构等债权人为了使自己的利益不受损害，及时收回本金及利息，一般会要求贷款企业在接受贷款时和贷款后，提供其会计信息，以便随时掌握企业的偿债能力。另外，作为潜在的债权人，会根据企业对外提供的会计信息和其他信息，作出是否向企业提供贷款的决策。

（3）政府部门。政府及其有关部门作为经济管理和经济监管部门，通常关心经济资源分配的公平、合理，市场经济秩序的公正、有序，宏观决策所依据信息的真实可靠等，他们需要信息来监管企业的有关活动（尤其是经济活动）、制定税收政策、进行税收征管和国民经济统计等。

（4）社会公众。一方面，对于身处企业周围的公众及其代表组织来讲，企业的环境行为将直接使他们受害或受益，他们有了解企业环境信息的强烈意愿。另外，从更广泛的意义上讲，社会公众的态度对于企业具有更深远的影响。一个企业的环境形象，将会影响到企业的劳动力供应，影响到企业的正常运营、销售等一系列环节。甚至可以说，社会公众的态度将决定着他们是否接受一个企业的存在。企业有必要采取一定的方式，为公众做出相关和真实的环境披露。

（5）企业员工。企业员工与企业是密切相关的，企业经营的好坏，直接影响员工个人的利益。企业员工最关心的是企业为其所提供的劳动报酬高低，职工福利好坏，企业财务状况是否足以提供长久、稳定的就业机会等方面的情况。他们所要求提供的是有关企业财务结构和获利能力等方面的信息。利用会计信息可帮助企业员工分析企业的财务状况和经营能力，以便其作出择业决策。

（6）企业管理当局。企业是一个自主经营、自负盈亏的商品生产者和经营者，为了使其资本保值增值，提高经济效益，要加强企业管理。特别是随着企业规模的扩大，经营管理者也不可能了解企业的全部经济活动，因此，企业管理当局、各职能部门和各级管理人员也需要通过会计信息全面了解企业的经营情况，也需要运用会计信息，对日常的经营活动进行控制，进行各种经营决策，例如，制订企业的计划和预算，进行理财决策和投资决策，采购、生产、销售的管理与控制等。

（7）其他。除上述所列投资人、债权人、政府部门、社会公众、企业职工、企业管理当局外，与企业存在利害关系的其他单位和个人，也会关注企业的会计信息，如供货单位、销货单位、财务分析与咨询机构等。

3. 会计提供哪些会计信息

会计信息的使用者可以划分为两类：一类是企业外部的会计信息使用者，包括政府部门、投资人、债权人、客户和社会公众，他们需要根据企业提供的会计信息，作出相应的决策，对这类会计信息使用者来讲，一般提供与企业财务状况、经营成果和现金流量等有关的会计信息；另一类是企业内部的会计信息使用者，主要是企业管理当局，他们需要对企业进行经营管理的信息，对这类会计信息使用者来讲，一般是根据不同企业不同的管理要求提供不相同的会计信息。不同类型的会计信息使用者，可能会对会计信息的要求不一致，会计应满足大部分使用者的需求，提供各方普遍关心的信息。

会计目标要求满足会计信息使用者决策的需要，体现为会计目标的决策有用观，会计目标要求反映企业管理层受托责任的履行情况，体现为会计目标的受托责任观。由此可见，我国会计目标的观点是兼顾了"决策有用观"和"受托责任观"。

第四节　会计信息质量特征

会计信息质量关系到投资者决策、完善资本市场以及市场经济秩序等重大问题。何谓高质量会计信息以及如何提高会计信息质量，会计准则进行了明确规定。会计信息质量要求是对企业财务报告中所提供高质量会计信息的基本规范，是使财务报告中所提供会计信息对投资者等使用者决策有用应具备的基本特征。根据基本准则规定，它包括可靠性、相关性、可理解性、可比性、实质重于形式、重要性、谨慎性和及时性等。其中，可靠性、相关性、可理解性和可比性是会计信息的首要质量要求，是企业财务报告中所提供会计信息应具备的基本质量特征；实质重于形式、重要性、谨慎性和及时性是会计信息的次级质量要求，是对可靠性、相关性、可理解性和可比性等首要质量要求的补充和完善，尤其是在对某些特殊交易或者事项进行处理时，需要根据这些质量要求来把握其会计处理原则；另外，及时性还是会计信息相关性和可靠性的制约因素，企业需要在相关性和可靠性之间寻求一种平衡，以确定信息及时披露的时间。

一、可靠性

可靠性也称真实性，要求企业应当以实际发生的交易或者事项为依据进行确认、计量和报告，如实反映符合确认和计量要求的各项会计要素及其他相关信息，保证会计信息真实可靠、内容完整。可靠性是高质量会计信息的重要基础和关键所在，如果企业以虚假的经济业务进行确认、计量、报告，属于违法行为，不仅会严重损害会计信息质量，而且会误导投资者，干扰资本市场，导致会计秩序混乱。为了贯彻可靠性要求，企业应当做到：

（1）以实际发生的交易或者事项为依据进行确认、计量，将符合会计要素定义及其确认条件的资产、负债、所有者权益、收入、费用和利润等如实反映在财务报表中，不得根据虚构的、没有发生的或者尚未发生的交易或者事项进行确认、计量和报告。

（2）在符合重要性和成本效益原则的前提下，保证会计信息的完整性，其中包括应当编报的报表及其附注内容等应当保持完整，不能随意遗漏或者减少应予披露的信息，与使用者决策相关的有用信息都应当充分披露。

（3）在财务报告中的会计信息应当是中立的、无偏的。如果企业在财务报告中为了达到事先设定的结果或效果，通过选择或列示有关会计信息以影响会计信息使用者决策和判断的，这样的财务报告信息就不是中立的。

二、相关性

相关性要求企业提供的会计信息应当与投资者等财务报告使用者的经济决策需要相关，有助于投资者等财务报告使用者对企业过去、现在或者未来的情况作出评价或者预测。

会计信息是否有用，是否具有价值，关键是看其与使用者的决策需要是否相关，是否有助于决策或者提高决策水平。相关的会计信息应当能够有助于使用者评价企业过去的决策，证实或者修正过去的有关预测，因而具有反馈价值。相关的会计信息还应当具有预测价值，有助于使用者根据财务报告所提供的会计信息预测企业未来的财务状况、经营成果和现金流量。

会计信息质量的相关性要求，以可靠性为基础，两者之间是统一的，并不矛盾，不应将两者对立起来。也就是说，会计信息在可靠性前提下，尽可能地做到相关性，以满足投资者等财务报告使用者的决策需要。

三、可理解性

可理解性要求企业提供的会计信息应当清晰明了，便于投资者等财务报告使用者理解和使用。企业编制财务报告、提供会计信息的目的在于使用，而要使使用者有效使用会计信息，首先应当是能让其了解会计信息的内涵，弄懂会计信息的内容，这就要求财务报告所提供的会计信息应当清晰明了，易于理解。只有这样，才能提高会计信息的有用性，实现财务报告的目标，满足向投资者等财务报告使用者提供决策有用信息的要求。投资者等财务报告使用者通过阅读、分析、使用财务报告信息，能够了解企业的过去和现状，以及企业净资产或企业价值的变化过程，预测未来发展趋势，从而作出科学决策。

会计信息是一种专业性较强的信息产品，在强调会计信息的可理解性要求的同时，还应假定使用者具有一定的有关企业经营活动和会计方面的知识，并且愿意付出努力去研究这些信息。对于某些复杂的信息，如交易本身较为复杂或者会计处理较为复杂，但其与使用者的经济决策相关的，企业就应当在财务报告中予以充分披露。

四、可比性

可比性要求企业提供的会计信息应当相互可比。这主要包括两层含义：

（一）同一企业不同时期可比

为了便于投资者等财务报告使用者了解企业财务状况、经营成果和现金流量的变化趋势，比较企业在不同时期的财务报告信息，全面、客观地评价过去、预测未来，做出决策，会计信息质量的可比性要求同一企业不同时期发生的相同或者相似的交易或者事项，应当采用一致的会计政策，不得随意变更。但是，满足会计信息可比性要求，并非表明企业不得变更会计政策，如果按照规定或者在会计政策变更后可以提供更可靠、更相关的会计信息，可以变更会计政策。有关会计政策变更的情况，应当在附注中予以说明。

（二）不同企业相同会计期间可比

为了便于投资者等财务报告使用者评价不同企业的财务状况、经营成果和现金流量及其变动情况，会计信息质量的可比性要求不同企业对同一会计期间发生的相同或者相似的交易或者事项，应当采用统一规定的会计政策，确保会计信息口径一致、相互可比，以使不同企业按照一致的确认、计量和报告要求提供有关会计信息。

可比性要求各类企业执行的会计政策应当统一，比如新企业会计准则于2007年1月1日在所有上市公司执行，实现了上市公司会计信息的可比性；之后新准则实施范围进一步扩大，实现所有大中型企业实施新准则的目标，解决不同企业之间会计信息的可比性问题。

五、实质重于形式

实质重于形式要求企业应当按照交易或者事项的经济实质进行会计确认、计量和报告,不仅仅以交易或者事项的法律形式为依据。

企业发生的交易或事项在多数情况下其经济实质和法律形式是一致的,但在有些情况下也会出现不一致。例如:企业按照销售合同销售商品但又签订了售后回购协议,虽然从法律形式上看实现了收入,但如果企业没有将商品所有权上的主要风险和报酬转移给购货方,没有满足收入确认的各项条件,即使签订了商品销售合同或者已将商品交付给购货方,也不应当确认销售收入。

又如:在企业合并中,经常会涉及"控制"的判断,有些合并,从投资比例来看,虽然投资者拥有被投资企业50%或以下股份,但是投资企业通过章程、协议等有权决定被投资企业财务和经营政策的,就不应当简单地以持股比例来判断控制权,而应当根据实质重于形式的原则来判断投资企业对被投资单位的控制程度。

再如:关联交易中,通常情况下,关联交易只要交易价格是公允的,关联交易属于正常交易,按照准则规定进行确认、计量、报告;但是,某些情况下,关联交易有可能会出现不公允,虽然这个交易的法律形式没有问题,但从交易的实质来看,可能会出现关联方之间转移利益或操纵利润的行为,损害会计信息质量。由此可见,在会计职业判断中,正确贯彻实质重于形式原则至关重要。

六、重要性

重要性要求企业提供的会计信息应当反映与企业财务状况、经营成果和现金流量有关的所有重要交易或者事项。

财务报告中提供的会计信息的省略或者错报会影响投资者等使用者据此做出决策的,该信息就具有重要性。重要性的应用需要依赖职业判断,企业应当根据其所处环境和实际情况,从项目的性质和金额大小两方面加以判断。例如,企业发生的某些支出,金额较小的,从支出受益期来看,可能需要若干会计期间进行分摊,但根据重要性要求,可以一次计入当期损益。

七、谨慎性

谨慎性要求企业对交易或者事项进行会计确认、计量和报告时保持应有的谨慎,不应高估资产或者收益、低估负债或者损失。

在市场经济环境下,企业的生产经营活动面临着许多风险和不确定性,如应收款项的可收回性、固定资产的使用寿命、无形资产的使用寿命、售出存货可能发生的退货或者返修等。会计信息质量的谨慎性要求,需要企业在面临不确定性因素的情况下作出职业判断时,应当保持应有的谨慎,充分估计到各种风险和损失,既不高估资产或者收益,也不低估负债或者损失。例如:对于企业发生的或有事项,通常不能确认或有资产；相反，相关的经济利益很可能流出企业而且构成现时义务时，应当及时确认为预计负债，就体现了会计信息质量的谨慎性要求。

谨慎性的应用不允许企业设置秘密准备，如果企业故意低估资产或者收入，或者故意高估负债或者费用，将不符合会计信息的可靠性和相关性要求，损害会计信息质量，扭曲企业实际的财务状况和经营成果，从而对使用者的决策产生误导，这是不符合会计准则要求的。

八、及时性

及时性要求企业对于已经发生的交易或者事项，应当及时进行确认、计量和报告，不得提前或者延后。

会计信息的价值在于帮助信息使用者作出经济决策，具有时效性。即使是可靠的、相关的会计信息，如果不及时提供，就失去了时效性，对于使用者的效用就大大降低，甚至不再具有实际意义。在会计确认、计量和报告过程中贯彻及时性，一是要求及时收集会计信息，即在经济交易或者事项发生后，及时收集整理各种原始单据或者凭证；二是要求及时处理会计信息，即按照会计准则的规定，及时对经济交易或者事项进行确认或者计量，并编制财务报告；三是要求及时传递会计信息，即按照国家规定的有关时限，及时地将编制的财务报告传递给财务报告使用者，便于其及时使用和决策。

复习思考题

一、名词解释

1. 会计
2. 会计核算职能
3. 会计监督职能
4. 相关性
5. 实质重于形式

二、单选题

1. 会计的基本职能是（　　）。
   A. 控制与监督　　　　　　　　B. 反映与监督
   C. 反映与核算　　　　　　　　D. 反映与分析
2. 在会计信息质量特征要求中，强调不同企业会计信息横向比较的是（　　）。
   A. 相关性　　　　　　　　　　B. 可理解性
   C. 重要性　　　　　　　　　　D. 可比性
3. 企业对于融资租入的固定资产作为企业的自有固定资产加以核算符合（　　）。
   A. 可靠性　　　　　　　　　　B. 相关性

C. 实质重于形式 D. 重要性

4. 复式记账法的问世，标志着（   ）。
A. 现代会计的开端 B. 近代会计的形成
C. 会计成为一种独立的职能 D. 会计学科的不断完善

5. 传统的会计主要是（   ）。
A. 记账算账报账 B. 预测控制分析
C. 记账算账查账 D. 记账算账分析

6. 为了保证企业会计核算方法前后各期保持一致，不随意变更，要求企业遵循（   ）。
A. 可靠性 B. 实质重于形式
C. 可比性 D. 相关性

7. 会计目标主要有两种学术观点，即（   ）。
A. 决策有用观与受托责任观 B. 决策有用观与信息系统观
C. 信息系统观与管理活动观 D. 管理活动观与决策有用观

8. 古代会计阶段，记账方法主要采用（   ）。
A. 复式记账 B. 单式记账
C. 四柱结算法 D. 龙门账

9. 我国《企业会计准则——基本准则》规定"会计信息质量要求"不包括（   ）。
A. 相关性 B. 可比性
C. 历史成本 D. 实质重于形式

10. 会计核算要求以实际发生的交易或事项为依据进行会计核算的会计信息质量特征是（   ）。
A. 相关性 B. 谨慎性
C. 可比性 D. 可靠性

三、多选题

1. 会计目标的观点包括（   ）。
A. 信息系统论 B. 决策有用观
C. 受托责任观 D. 管理活动论
E. 复式记账观

2. 企业利益相关者包括（   ）。
A. 投资人 B. 经营管理者
C. 员工 D. 债权人
E. 政府

3. 下列各项中，属于会计基本职能的有（   ）。

A. 会计核算 B. 会计监督
C. 会计预测 D. 会计决策
E. 会计计量

4. 关于会计基本职能的关系，正确的说法有（　　）。
A. 反映职能是监督职能的基础
B. 监督职能是反映职能的保证
C. 没有反映职能提供可靠的信息，监督职能就没有客观依据
D. 没有监督职能进行控制，不可能提供真实可靠的会计信息
E. 两大职能是紧密结合、辩证统一的

5. 下列会计信息质量特征中，体现可比性要求的有（　　）。
A. 采用一致的会计政策 B. 会计信息的口径一致
C. 满足信息使用者的需求 D. 不得随意变更会计政策
E. 及时进行会计处理

6. 下列会计信息质量特征中，体现及时性要求的有（　　）。
A. 及时收集原始凭证 B. 及时处理原始凭证
C. 及时进行会计处理 D. 及时传递会计信息
E. 及时进行交易

7. 下列各项中，体现会计核算职能特点的有（　　）。
A. 连续性 B. 系统性
C. 全面性 D. 以货币为主要计量单位
E. 对经济活动进行全过程的反映

8. 会计的目标就是为有关方面提供有用的信息，针对企业来说，根据《企业会计准则》的规定，我国会计提供的信息应当（　　）。
A. 符合国家宏观经济管理的要求
B. 满足各方了解企业财务状况和经营成果的需要
C. 满足企业内部经营管理的需要
D. 提供企业成本核算资料
E. 以上都不对

9. 会计的监督包括（　　）。
A. 事前监督 B. 事中监督
C. 外部监督 D. 事后监督
E. 上级监督

10. 下列说法不正确的有（　　）。
A. 谨慎性原则是指在进行会计核算时应当尽可能地低估企业的资产以及可能发生的费用和损失
B. 按照可比性原则，企业的会计核算方法前后各期应当保持一致，不得变更

C. 可靠性原则要求企业应当以实际发生的交易或事项为依据进行会计确认、计量、记录和报告

D. 相关性原则是指企业提供的会计信息应当与财务报告使用者的经济决策需要相关

E. 及时性原则要求企业对于即将发生的交易事项应及时的进行会计核算

四、判断题

1. 会计是以货币为主要计量单位,运用一系列专门方法,核算和监督企事业单位经济活动的一种经济管理工作。（　）

2. 复式记账法的问世,标志着现代会计的开端。（　）

3. 没有会计预测,会计反映便失去了存在的意义。（　）

4. 财务会计只是向外部关系人提供有关财务状况、经营成果、现金流量和成本组成情况的信息。管理会计只是向内部管理者提供进行经营规划、经济管理、预测决策所需的相关信息。（　）

5. 要使会计信息满足及时性的要求,企业应该及时收集会计信息,及时加工处理会计信息和及时传递会计信息。（　）

6. 谨慎性原则要求会计核算工作中做到谦虚谨慎,不夸大企业的资产和负债。（　）

7. 会计核算必须以实际发生的经济业务及证明经济业务发生的合法性凭证为依据,表明会计核算应当遵循可靠性原则。（　）

8. 及时性原则要求企业对发生的经济业务要及时处理,不得拖后,但可以提前。（　）

9. 企业为减少本年度亏损而少提固定资产折旧,体现了会计信息质量的谨慎性要求。（　）

10. 强调不同企业会计信息横向比较的会计核算原则是相关性原则。（　）

五、案例分析题

资料：现有甲、乙两人同时投资一个相同的商店。假设一个月以来,甲取得了20 000元的收入,乙取得了17 500元的收入,都购进了10 000元的货物,都发生了5 000元的广告费。假设均没有其他收支。月末计算收益时,甲将5 000元广告费全部作为本月费用,本月收益为5 000元（20 000-10 000-5 000）；而乙认为5 000元广告费在下月还将继续起作用,因而将它分两个月分摊,本月承担一半即2 500元。因而乙本月收益也为5 000元（175 00-10 000-2 500）。

要求：

(1) 根据你所学会计知识,分析甲乙当月收益状况。

(2) 通过此案例,你掌握了哪些会计信息的质量要求?

第二章
会计核算基础理论

本章全面介绍了会计核算的基础理论即会计假设、会计对象、会计要素、会计等式、会计记账基础、会计核算的基本程序和方法。通过本章的学习，要求正确理解会计核算的四大假设；掌握会计要素和会计等式的含义及其内容；理解和掌握两种会计记账基础即权责发生制和收付实现制，为深入学习会计的核算方法奠定理论基础。本章学习的重点是会计假设、会计要素、会计恒等式和记账基础。学习的难点是会计等式的基本原理、会计六大要素的确认以及权责发生制的理论与实际运用。

第一节 会计假设

会计假设是指会计人员对会计核算所处的变化不定的环境作出的合理判断，是会计核算的基础条件。只有规定了这些会计核算的前提条件，会计核算才能得以正常地进行下去，才能据以选择确定会计处理方法。会计假设是人们在长期的会计实践中逐步认识和总结形成的，是企业会计确认、计量和报告的前提，是对会计核算所处时间、空间环境等所作的合理设定。会计基本假设包括会计主体假设、持续经营假设、会计分期假设和货币计量假设。

一、会计主体假设

会计主体是指企业会计确认、计量和报告的空间范围。为了向会计信息使用者反映企业财务状况、经营成果和现金流量，提供与其决策有用的信息，会计核算和财务报告的编制应当反映特定对象的经济活动，才能实现会计的目标。

在会计主体假设下，企业应当对其本身发生的交易或者事项进行会计确认、计量和报告，反映企业本身所从事的各项生产经营活动。明确界定会计主体是开展会计确认、计量和报告工作的重要前提。

首先，明确会计主体，才能划定会计所要处理的各项交易或事项的范围。在会计实务中，只有那些影响企业本身经济利益的各项交易或事项才能加以确认、计量和报告，那些不影响企业本身经济利益的各项交易或事项则不能加以确认、计量和报告。会计工作中通常所讲的资产、负债的确认，收入的实现，费用的发生等，都是针对特定会计主体而言的。

其次，明确会计主体，才能将会计主体的交易或者事项与会计主体所有者的交易或者事项以及其他会计主体的交易或者事项区分开来。例如，企业所有者的经济交易或者事项是属于企业所有者主体所发生的，不应纳入企业会计核算的范围，但是企业所有者投入到企业的资本或者企业向所有者分配的利润，则属于企业主体所发生的交易或者事项，应当纳入企业会计核算的范围。

会计主体不同于法律主体。一般来说，法律主体必然是一个会计主体。例如，一个企业作为一个法律主体，应当建立财务会计系统，独立反映其财务状况、经营成果和现金流量。但是，会计主体不一定是法律主体。例如，企业集团中的母公司拥有若干子公司，母、子公司虽然是不同的法律主体，但是母公司对子公司拥有控制权，为了全面反映企业集团的财务状况、经营成果和现金流量，有必要将企业集团作为一个会计主体，编制合并财务报表，在这种情况下，尽管企业集团不属于法律主体，但它却是会计主体。再如，由企业管理的证券投资基金、企业年金基金等，尽管不属于法律主体，但属于会计主体，应当对每项基金进行会计确认、计量和报告。

二、持续经营假设

持续经营，是指在可以预见的将来，企业将会按当前的规模和状态继续经营下去，不会停业，也不会大规模削减业务。在持续经营前提下，会计确认、计量和报告应当以企业持续、正常的生产经营活动为前提。会计准则体系是以企业持续经营为前提加以制定和规范的，涵盖了从企业成立到清算（包括破产）的整个期间的交易或者事项的会计处理。一个企业在不能持续经营时就应当停止使用这个假设，否则如仍按持续经营基本假设选择会计确认、计量和报告原则与方法，就不能客观地反映企业的财务状况、经营成果和现金流量，会误导会计信息使用者的经济决策。

三、会计分期假设

会计分期，是指将一个企业持续经营的生产经营活动划分为一个个连续的、长短相同的期间。会计分期的目的在于通过会计期间的划分，将持续经营的生产经营活动划分成连续、相等的期间，据以结算盈亏，按期编报财务报告，从而及时向财务报告使用者提供有关企业财务状况、经营成果和现金流量的信息。

根据持续经营假设，一个企业将按当前的规模和状态持续经营下去。但是，无论是企业的生产经营决策还是投资者、债权人等的决策都需要及时的信息，需要将企业持续的生产经营活动划分为一个个连续的、长短相同的期间，分期确认、计量和报告企业的财务状况、经营成果和现金流量。由于会计分期，才产生了当期与以前期间、以后期间的差别，才使不同类型的会计主体有了记账的基准，进而出现了折旧、摊销等会计处理方法。

在会计分期假设下，企业应当划分会计期间，分期结算账目和编制财务报告。各国所采用的会计年度一般都与本国的财政年度相同。我国以日历年度作为会计年度，即从每年的1月1日至12月31日为一个会计年度。会计年度确定后，一般按公历确定会计半年度、会计季度和会计月度。其中，凡是短于一个完整的会计年度的报告期间均称为中期。

四、货币计量假设

货币计量，是指会计主体在财务会计确认、计量和报告时以货币作为计量尺度，反映会计主体的生产经营活动。在会计的确认、计量和报告过程中之所以选择货币为基础进行计量，是由货币的本身属性决定的。货币是商品的一般等价物，是衡量一般商品价值的共同尺度，具有价值尺度、流通手段、贮藏手段和支付手段等特点。其他计量单位，如重量、长度、容积、台、件等，只能从一个侧面反映企业的生产经营情况，无法在量上进行汇总和比较，不便于会计计量和经营管理。只有选择货币这一共同尺度进行计量，才能全面反映企业的生产经营情况，所以，基本准则规定，会计确认、计量和报告选择货币作为计量单位。

货币本身也有价值，它是通过货币的购买力或物价水平表现出来的，但在市场经济条件下，货币的价值也在发生变动，币值很不稳定，甚至有些国家出现比较恶劣的通货膨胀，对货币计量提出了挑战。因此，一方面，我们在确定货币计量假设时，必须同时确立币值稳定假设，假设币值是稳定的，不会有大的波动，或前后波动能够被抵消。另一方面，如果发生恶性通货膨胀，就需要采用特殊的会计原则，如物价变动会计原则来处理有关的经济业务。

第二节 会计对象和会计要素

一、会计对象

会计对象是指会计核算和监督的内容，即会计所要反映和监督的客体。研究会计对象的目的，是要明确会计在经济管理中的活动范围，从而确定会计的任务，建立和发展会计的方法体系。

任何企业要从事生产经营活动，首先必须拥有一定数量的财产物资，这些财产物资的货币表现，被称为经营资金，简称资金。随着企业生产经营活动的不断进行，企业的资金也在不断地发生变化，如资金的取得与形成，资金的耗费与收回，资金的分配和积累等，这就是资金的运动。再生产过程是由生产、分配、交换和消费四个相互关联的环节所构成，它包括多种多样的经济活动，会计并不能反映和监督再生产过程的所有方面，而只能反映和监督用货币表现的那些方面。会计正是利用货币为主要计量尺度,以企业的资金运动为对象,对企业生产经营活动进行核算和监督的。企业再生产过程中的资金运动具体包括资金的取得与退出,资金的循环与周转、资金的耗费与收回等方面。

在不同的企业或单位,资金运动的形式和内容各有不同,会计核算和监督的对象也有所不同,即具体会计对象不同。例如,工业企业的会计对象是工业企业再生产过程中的资金(或资本)运动,商品流通企业的会计对象是商品流通企业在商品流通过程中的资金(或资本)运动。

以工业企业为例,这种资金运动可用图2-1表示:

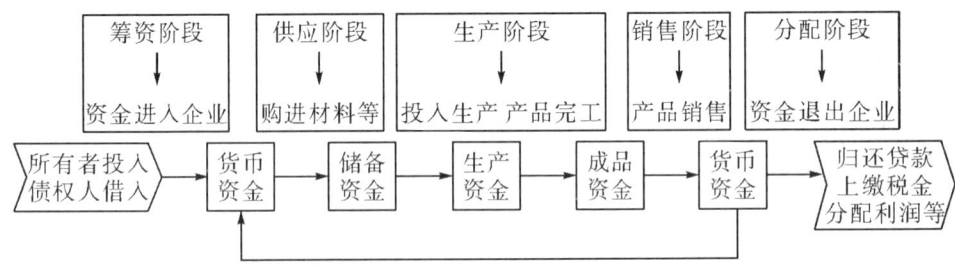

图 2-1 工业企业的资金运动

综上所述,会计对象可以概括为:企事业单位在日常经营活动或业务活动中所表现出的资金运动。

二、会计要素

前面讲述的会计对象是生产过程中的资金运动,但是这个概念太过笼统,太过抽象。在会计实践中,为了便于会计的分类核算,就有必要把会计对象做进一步的分类,这种对会计对象的具体分类就是会计要素。

企业会计基本准则规定,会计要素按照其性质分为资产、负债、所有者权益、收入、费用和利润,其中,资产、负债和所有者权益要素侧重于反映企业的财务状况,收入、费用和利润要素侧重于反映企业的经营成果。会计要素的界定和分类可以使财务会计系统更加科学严密,为投资者等财务报告使用者提供更加有用的信息。

(一)资产

1. 资产的定义及特征

资产是指企业过去的交易或者事项形成的、由企业拥有或者控制的、预期会给企业带来经济利益的资源。根据资产的定义,资产具有以下特征:

(1)资产应为企业拥有或者控制的资源

资产作为一项资源,应当由企业拥有或者控制,具体是指企业享有某项资源的所有权,或者虽然不享有某项资源的所有权,但该资源能被企业所控制。

企业享有资产的所有权,通常表明企业能够排他性地从资产中获取经济利益。一般而言,在判断资产是否存在时,所有权是考虑的首要因素。有些情况下,资产虽然不为企业所拥有，即企业并不享有其所有权，但企业控制了这些资产，同样表明企业能够从资产中获取经济利益，符合会计上对资产的定义。例如，某企业以融资租赁方式租入一项固定资产，尽管企业并不拥有其所有权，但是如果租赁合同规定的租赁期相当长，接近于该资产的使用寿命，表明企业控制了该资产的使用及其所能带来的经济利益，应当将其作为企业资产予以确认、计量和报告。

（2）资产预期会给企业带来经济利益

资产预期会给企业带来经济利益，是指资产直接或者间接导致现金和现金等价物流入企业的潜力。这种潜力可以来自企业日常的生产经营活动，也可以是非日常活动；带来经济利益的形式可以是现金或者现金等价物形式，也可以是能转化为现金或者现金等价物的形式，或者是可以减少现金或者现金等价物流出的形式。

资产预期能否会为企业带来经济利益是资产的重要特征。例如，企业采购的原材料、购置的固定资产等可以用于生产经营过程，制造商品或者提供劳务，对外出售后收回货款，货款即为企业所获得的经济利益。如果某一项资产预期不能给企业带来经济利益，那么就不能将其确认为企业的资产。前期已经确认为资产的项目，如果不能再为企业带来经济利益，也不能再确认为企业的资产。例如，待处理财产损失以及某些财务挂账等，由于不符合资产定义，均不应当确认为资产。

（3）资产是由企业过去的交易或者事项形成的

资产应当由企业过去的交易或者事项所形成，过去的交易或者事项包括购买、生产、建造行为或者其他交易或事项。换句话说，只有过去的交易或者事项才能产生资产，企业预期在未来发生的交易或者事项不形成资产。例如，企业有购买某存货的意愿或者计划，但是购买行为尚未发生，就不符合资产的定义，不能因此而确认存货资产。

2. 资产的确认条件

将一项资源确认为资产，需要符合资产的定义，还应同时满足以下两个条件：

（1）与该资源有关的经济利益很可能流入企业

从资产的定义来看，能否带来经济利益是资产的一个本质特征，但在现实生活中，由于经济环境瞬息万变，与资源有关的经济利益能否流入企业或者能够流入多少实际上带有不确定性。因此，资产的确认还应与经济利益流入的不确定性程度的判断结合起来。如果根据编制财务报表时所取得的证据，与资源有关的经济利益很可能（会计准则中对"很可能"的发生概率一般定为大于50%以上）流入企业，那么就应当将其作为资产予以确认；反之，不能确认为资产。

（2）该资源的成本或者价值能够可靠地计量

财务会计系统是一个确认、计量和报告的系统，其中可计量性是所有会计要素确认的重要前提，资产的确认也是如此。只有当有关资源的成本或者价值能够可靠地计量时，资产才能予以确认。在实务中，企业取得的许多资产都是发生了实际成本的，例如企业购买或者生产的存货，企业购置的厂房或者设备等，对于这些资产，只要实际发生的购买成本或者生产成本能够可靠计量,就视为符合了资产确认的可计量条件。在某些情况下,企业取得的资产没有发生实际成本或者发生的实际成本很小,例如企业持有的某些衍生金融工具形成的资产,对于这些资产,尽管它们没有实际成本或者发生的实际成本很小,但是如果其公允价值能够可靠计量的话,也被认为符合了资产可计量性的确认条件。

3. 资产的分类

企业的资产按其流动性的不同可以划分为流动资产和非流动资产。

(1) 流动资产是指可以在一年或者超过一年的一个营业周期内变现或者耗用的资产,主要包括库存现金、银行存款、应收及预付款项、存货等。

①库存现金是指企业持有的现款,也称现金。库存现金主要用于支付日常发生的小额、零星的费用或支出。

②银行存款是指企业存入某一银行账户的款项。该银行称为该企业的开户银行。企业的银行存款主要来自投资者投入资本的款项、负债融入的款项、销售商品的货款等。

③应收及预付款项是指企业在日常生产经营过程中发生的各项债权,包括应收款项(应收票据、应收账款、其他应收款等)和预付账款等。

④存货是指企业在日常的生产经营过程中持有以备出售,或者仍然处在生产过程中将消耗,或者在生产或提供劳务的过程中将要耗用的各种材料或物料,包括库存商品、半成品、在产品以及各类材料等。

(2) 非流动资产是指不能在一年或者超过一年的一个营业周期内变现或者耗用的资产,主要包括长期股权投资、固定资产、无形资产等。

①长期股权投资是指持有时间超过一年(不含一年)、不能变现或不准备随时变现的各种权益性投资。企业进行长期股权投资的目的,是为了获得较为稳定的投资收益或者对被投资企业实施控制或影响。

②固定资产是指为生产商品、提供劳务、出租或经营管理而持有的,使用寿命超过一个会计期间的有形资产,如房屋、建筑物、机器、机械、运输工具以及其他与生产经营有关的设备、器具、工具等。

③无形资产是指企业拥有或者控制的没有实物形态的可辨认的非货币性资产。无形资产包括专利权、非专利技术、商标权、著作权、土地使用权等。

(二) 负债

1. 负债的定义及特征

负债是指企业过去的交易或者事项形成的,预期会导致经济利益流出企业的现时义务。根据负债的定义,负债具有以下特征:

(1) 负债是企业承担的现时义务

负债必须是企业承担的现时义务,这是负债的一个基本特征。其中,现时义务是指企业在现行条件下已承担的义务。未来发生的交易或者事项形成的义务,不属于现时义务，不应当确认为负债。这里所指的义务可以是法定义务，也可以是推定义务。其中法定义务是指具有约束力的合同或者法律法规规定的义务，通常必须依法执行。例如，企业购买原材料形成应付账款，企业向银行借入款项形成借款，企业按照税法规定应当缴纳的税款等，均属于企业承担的法定义务，需要依法予以偿还。推定义务是指根据企业多年来的习惯做法、公开的承诺或者公开宣布的政策而导致企业将承担的责任，这些责任也使有关各方形成了企业将履行义务解脱责任的合理预期。

（2）负债预期会导致经济利益流出企业

预期会导致经济利益流出企业也是负债的一个本质特征，只有企业在履行义务时会导致经济利益流出企业的，才符合负债的定义，如果不会导致企业经济利益流出，就不符合负债的定义。在履行现时义务清偿负债时，导致经济利益流出企业的形式多种多样，例如用现金偿还或以实物资产形式偿还；以提供劳务形式偿还；以部分转移资产、部分提供劳务形式偿还；将负债转为资本等。

（3）负债是由企业过去的交易或者事项形成的

负债应当由企业过去的交易或者事项所形成。换句话说，只有过去的交易或者事项才形成负债，企业将在未来发生的承诺、签订的合同等交易或者事项，不形成负债。

2. 负债的确认条件

将一项现时义务确认为负债，需要符合负债的定义，还应当同时满足以下两个条件：

（1）与该义务有关的经济利益很可能流出企业

从负债的定义来看，负债预期会导致经济利益流出企业，但是履行义务所需流出的经济利益带有不确定性，尤其是与推定义务相关的经济利益通常需要依赖于大量的估计。因此，负债的确认应当与经济利益流出的不确定性程度的判断结合起来。如果有确凿证据表明，与现时义务有关的经济利益很可能流出企业，就应当将其作为负债予以确认；反之，如果企业承担了现时义务，但是导致经济利益流出企业的可能性若已不复存在，就不符合负债的确认条件，不应将其作为负债予以确认。

（2）未来流出的经济利益的金额能够可靠地计量

负债的确认在考虑经济利益流出企业的同时，对于未来流出的经济利益的金额应当能够可靠计量。对于与法定义务有关的经济利益流出金额，通常可以根据合同或者法律规定的金额予以确定，考虑到经济利益流出的金额通常在未来期间，有时未来期间较长，有关金额的计量需要考虑货币时间价值等因素的影响。对于与推定义务有关的经济利益流出金额，企业应当根据履行相关义务所需支出的最佳估计数进行估计，并综合考虑有关货币时间价值、风险等因素的影响。

3. 负债的分类

负债按照其偿还时间长短不同，可分为流动负债和长期负债。

（1）流动负债是指将在一年（含一年）或者超过一年的一个营业周期内偿还的债务，包括短期借款、应付账款、预收款项、应付职工薪酬、应交税费、应付股利、其他应付款等。

①短期借款是指企业从银行或其他金融机构借入的期限在一年（含一年）以下的各种借款。例如，企业从银行取得的、用来补充流动资金不足的临时性借款。

②应付账款是指企业由于赊购商品而产生的应向销售方支付但暂未支付的款项。

③预收款项是指企业由于向购买方销售商品、提供劳务等，根据有关协议预先向对方收取的款项。

④应付职工薪酬是指企业根据有关规定应付给本企业职工的薪酬等。

⑤应交税费是指企业按照税法规定应缴纳的各种税费，如企业所得税、增值税等。

⑥应付股利是指企业尚未支付的现金股利。

⑦其他应付款是指企业除应付票据、应付账款、应付职工薪酬、应交税费和应付股利等以外的其他各项应付、暂收款项。

（2）非流动负债是指偿还期超过一年或者超过一年的一个营业周期以上的债务，包括长期借款、应付债券、长期应付款、预计负债等。

①长期借款是指企业从银行或其他金融机构借入的期限在一年以上（不含一年）的各项借款。企业借入长期借款，主要是进行建设期比较长的长期工程项目。

②应付债券是指企业为筹集长期资金而实际发行的企业债券。

③长期应付款是指企业除长期借款和应付债券以外的其他长期应付款项，如企业融资租入固定资产时产生的长期应付款等。

④预计负债是指企业因对外提供担保、未决诉讼、产品质量保证、重组义务、亏损性合同等事项而确认的负债。

（三）所有者权益

1. 所有者权益的定义

所有者权益是指企业资产扣除负债后由所有者享有的剩余权益。公司的所有者权益又称为股东权益。所有者权益是所有者对企业资产的剩余索取权，它是企业资产中扣除债权人权益后应由所有者享有的部分，既可反映所有者投入资本的保值增值情况，又体现了保护债权人权益的理念。

2. 所有者权益的确认条件

所有者权益的确认、计量主要取决于资产、负债、收入、费用等其他会计要素的确认和计量。所有者权益即为企业的净资产，是企业资产总额中扣除债权人权益后的净额，反映所有者（股东）财富的净增加额。通常企业收入增加时，会导致资产的增加，相应地会增加所有者权益；企业发生费用时，会导致负债增加，相应地会减少所有者权益。因此，企业日常经营的好坏和资产负债的质量直接决定着企业所有者权益的增减变化和资本的保值增值。

3. 所有者权益的分类

所有者权益通常由实收资本（或股本）、资本公积（含资本溢价或股本溢价、其他资本公积）、盈余公积和未分配利润构成。

（1）实收资本（或股本）。实收资本是指投资者按照企业章程或合同、协议的约定，实际投入企业的资本。各种资产投到非股份制企业，则形成非股份制企业的实收资本；若投入到股份制企业，则形成股份制企业的股本。

（2）资本公积。资本公积是指归企业所有者共有的资本，主要来源于投资者或他人投入企业、所有权属于投资者并在金额上超过法定资本部分的资本或资产，包括资本（股本）溢价、接受现金捐赠、其他资本公积等。资本公积主要用于转增资本。

（3）盈余公积。盈余公积是指企业从税后利润中提取的公积金，包括法定盈余公积、任意盈余公积和法定公益金等。

（4）未分配利润。未分配利润是指企业的税后利润按照规定进行分配以后的剩余部分，这部分没有分配的利润留存在企业，可在以后年度进行分配。

4. 所有者权益和负债的区别

所有者权益和负债是企业取得资产的两种渠道，因而，债权人和所有者对企业的资产都拥有要求权。但两者在企业中所享有的权益却有着本质的不同：

（1）与企业经营管理的关系不同。债权人一般无权过问企业的经营管理活动，而企业的所有者有权以直接或间接的方式参与企业的选举、表决等决策活动。

（2）分享收益的形式不同。债权人享有以利息形式从企业费用中获得收益的权利；所有者则享有以红利形式从企业的税后利润中获得收益的权利。利息一般都是定期支付，与企业经营好坏无关；红利则由企业盈利多少而定，利厚多分，利薄少分，无利则不分。

（3）对企业资产的要求权不同。负债是债权人对企业资产的索偿权，当企业终止时，有权从企业的资产中优先索回其债权；而所有者权益是企业所有者对企业净资产的所有权，是一种剩余权利。

（4）企业的负债必须在债务到期时如数归还，而所有者权益则与企业共存。所有者投入企业的资本除以退伙、出让股权等方式回收外，一般不能直接从企业抽回。

（四）收入

1. 收入的定义及特征

收入是指企业在日常活动中形成的、会导致所有者权益增加的、与所有者投入资本无关的经济利益的总流入。根据收入的定义，收入具有以下特征：

（1）收入是企业在日常活动中形成的

日常活动是指企业为完成其经营目标所从事的经常性活动以及与之相关的活动。例如，工业企业制造并销售产品、商业企业销售商品、保险公司签发保单、咨询公司提供咨询服务、软件企业为客户开发软件、安装公司提供安装服务、商业银行对外贷款、租赁公司出租资产等，均属于企业的日常活动。明确界定日常活动是为了将收入与利得相区分，日常活动是确认收入的重要判断标准，凡是日常活动所形成的经济利益的流入应当确认为收入；反之，非日常活动所形成的经济利益的流入不能确认为收入，而应当计入利得。比如，处置固定资产属于非日常活动，所形成的净利益就不应确认为收入，而应当确认为利得。再如，无形资产出租所取得的租金收入属于日常活动所形成的，应当确认为收入，但是处置无形资产属于非日常活动，所形成的净利益，不应当确认为收入，而应当确认为利得。

（2）收入会导致所有者权益的增加

与收入相关的经济利益的流入应当会导致所有者权益的增加，不会导致所有者权益增加的经济利益的流入不符合收入的定义，不应确认为收入。例如，企业向银行借入款项，尽管也导致了企业经济利益的流入，但该流入并不导致所有者权益的增加，而使企业承担了一项现时义务，因此不应将其确认为收入，应当确认一项负债。

（3）收入是与所有者投入资本无关的经济利益的总流入

收入应当会导致经济利益的流入，从而导致资产的增加。例如，企业销售商品，应当收到现金或者在未来有权收到现金，才表明该交易符合收入的定义。但是，经济利益的流入有时是所有者投入资本的增加所致，而所有者投入资本的增加不应当确认为收入，应当将其直接确认为所有者权益。

2. 收入的确认条件

企业收入的来源渠道多种多样，不同收入来源的特征有所不同，其收入确认条件也往往存在一些差别，如销售商品、提供劳务、让渡资产使用权等。一般而言，收入只有在经济利益很可能流入从而导致企业资产增加或者负债减少、经济利益的流入额能够可靠计量时才能予以确认。一般而言，收入只有在经济利益很可能流入从而导致企业资产增加或者负债减少、经济利益的流入额能够可靠计量时才能予以确认。收入的确认至少应当符合以下条件：一是与收入相关的经济利益应当很可能流入企业；二是经济利益流入企业的结果会导致资产的增加或者负债的减少；三是经济利益的流入额能够可靠计量。

3. 收入的分类

收入可以有不同的分类。本书按照企业从事日常活动的性质，将收入分为销售商品收入、提供劳务收入、让渡资产使用权收入等。

（1）销售商品收入是指企业通过销售商品实现的收入，如工业企业制造并销售产品、商业企业销售商品等实现的收入。

（2）提供劳务收入是指企业通过提供劳务实现的收入，如咨询公司提供咨询服务、软件开发企业为客户开发软件、安装公司提供安装服务等实现的收入。

（3）让渡资产使用权收入是指企业通过让渡资产使用权实现的收入，如商业银行对外贷款、租赁公司出租资产等实现的收入。

（五）费用

1. 费用的定义及特征

费用是指企业在日常活动中发生的、会导致所有者权益减少的、与向所有者分配利润无关的经济利益的总流出。根据费用的定义，费用具有以下特征：

（1）费用是企业在日常活动中形成的

费用必须是企业在其日常活动中所形成的。这些日常活动的界定与收入定义中涉及的日常活动的界定相一致。因日常活动所产生的费用通常包括销售成本（营业成本）、管理费用等。将费用界定为日常活动所形成的，目的是为了将其与损失相区分，企业非日常活动所形成的经济利益的流出不能确认为费用，而应当计入损失。

（2）费用会导致所有者权益的减少

与费用相关的经济利益的流出应当会导致所有者权益的减少，不会导致所有者权益减少的经济利益的流出不符合费用的定义，不应确认为费用。

（3）费用是与向所有者分配利润无关的经济利益的总流出

费用的发生应当会导致经济利益的流出，从而导致资产的减少或者负债的增加（最终也会导致资产的减少）。其表现形式包括现金或者现金等价物的流出，存货、固定资产和无形资产等的流出或者消耗等。企业向所有者分配利润也会导致经济利益的流出，而该经济利益的流出属于投资者投资回报的分配，是所有者权益的直接抵减项目，不应确认为费用，应当将其排除在费用的定义之外。

2. 费用的确认条件

费用的确认除了应当符合定义外，也应当满足严格的条件，即费用只有在经济利益很可能流出从而导致企业资产减少或者负债增加、经济利益的流出能够可靠计量时才能予以确认。费用的确认至少应当符合以下条件：

（1）与费用相关的经济利益应当很可能流出企业；

（2）经济利益流出企业的结果会导致资产的减少或者负债的增加；

（3）经济利益的流出能够可靠地计量。

3. 费用的分类

费用按经济用途的不同，可以分为应计入产品成本的生产费用和不应计入产品成本的期间费用。

（1）生产费用是指应计入产品成本的费用，在产品的生产过程中的作用不一样，有的直接用于产品生产，有的间接用于产品生产。为了反映生产费用的具体用途，还可以进一步划分为直接材料费用、直接人工费用和制造费用等产品成本项目。

（2）期间费用与生产的产品没有直接关系，不属于生产费用，不能计入产品生产成本，而是直接计入发生当期的损益。期间费用包括管理费用、销售费用和财务费用。

（六）利润

1. 利润的定义及特征

利润是指企业在一定会计期间的经营成果。通常情况下，如果企业实现了利润，表明企业的所有者权益将增加，业绩得到了提升；反之，如果企业发生了亏损（即利润为负数），表明企业的所有者权益将减少，业绩下降。利润是评价企业管理层业绩的指标之一，也是投资者等财务报告使用者进行决策时的重要参考。利润最大的特征就是它不是一个独立的会计要素，是要依赖于收入和费用两大要素而存在的。

2. 利润的确认条件

利润反映收入减去费用、利得减去损失后的净额。利润的确认主要依赖于收入和费用以及利得和损失的确认。其金额的确定也主要取决于收入、费用、利得、损失金额的计量。利润的计算公式是：利润＝收入－费用。

3. 利润的分类

利润是收入减去费用后的净额。我国企业会计准则将企业利润分为三个层次即营业利润、利润总额、净利润。其具体内容及核算将在第五章第五节详细阐述，故在此不再讨论。

三、会计要素计量属性及其应用原则

（一）会计要素的计量属性

会计计量是为了将符合确认条件的会计要素登记入账并列报于财务报表而确定其金额的过程。企业应当按照规定的会计计量属性进行计量，确定相关金额。计量属性是指所予计量的某一要素的特性方面，如桌子的长度、铁矿的重量、楼房的面积等。从会计角度，计量属性反映的是会计要素金额的确定基础，主要包括历史成本、重置成本、可变现净值、现值和公允价值等。

1. 历史成本

历史成本，又称为实际成本，就是取得或制造某项财产物资时所实际支付的现金或其他等价物。在历史成本计量下，资产按照其购置时支付的现金或者现金等物的金额，或者按照购置资产时所付出的对价的公允价值计量。负债按照其因承担现时义务而实际收到的款项或者资产的金额，或者承担现时义务的合同金额，或者按照日常活动中为偿还负债预期需要支付的现金或者现金等价物的金额计量。

2. 重置成本

重置成本又称现行成本，是指按照当前市场条件，重新取得同样一项资产所需支付的现金或现金等价物金额。在重置成本计量下，资产按照现在购买相同或者相似资产所需支付的现金或者现金等价物的金额计量。负债按照现在偿付该项债务所需支付的现金或者现金等价物的金额计量。在实务中，重置成本多应用于盘盈固定资产的计量等。

3. 可变现净值

可变现净值，是指在正常生产经营过程中，以资产预计售价减去进一步加工成本和预计销售费用以及相关税费后的净值。在可变现净值计量下，资产按照其正常对外销售所能收到的现金或者现金等价物的金额扣减该资产至完工时估计将要发生

的成本、估计的销售费用以及相关税费后的金额计量。可变现净值通常应用于存货资产减值情况下的后续计量。

4. 现值

现值是指对未来现金流量以恰当的折现率进行折现后的价值,是考虑货币时间价值的一种计量属性。在现值计量下,资产按照预计从其持续使用和最终处置中所取得的未来净现金流入量的折现金额计量。负债按照预计期限内需要偿还的未来净现金流出量的折现金额计量。

5. 公允价值

在公允价值计量下,资产和负债按照市场参与者在计量日发生的有序交易中,出售资产所能收到或者转移负债所需支付的价格计量。

(二) 各种计量属性之间的关系

在各种会计要素计量属性中,历史成本通常反映的是资产或者负债过去的价值,而重置成本、可变现净值、现值以及公允价值通常反映的是资产或者负债的现时成本或者现时价值,是与历史成本相对应的计量属性。公允价值相对于历史成本而言,具有很强的时间概念,也就是说,当前环境下某项资产或负债的历史成本可能是过去环境下该项资产或负债的公允价值,而当前环境下某项资产或负债的公允价值也许就是未来环境下该项资产或负债的历史成本。一项交易在交易时点通常是按公允价值交易的,随后就变成了历史成本,资产或者负债的历史成本许多就是根据交易时有关资产或者负债的公允价值确定的。在应用公允价值时,当相关资产或者负债不存在活跃市场的报价或者不存在同类或者类似资产的活跃市场报价时,需要采用估值技术来确定相关资产或者负债的公允价值,而在采用估值技术估计相关资产或者负债的公允价值时,现值往往是比较普遍的一种估值方法,在这种情况下,公允价值就是以现值为基础确定的。

(三) 计量属性的应用原则

我国会计准则规定,企业在对会计要素进行计量时,一般应当采用历史成本,采用重置成本、可变现净值、现值、公允价值计量的,应当保证所确定的会计要素金额能够取得并可靠计量。

企业会计准则体系适度、谨慎地引入公允价值这一计量属性,是因为随着我国资本市场的发展,越来越多的股票、债券、基金等金融产品在交易所挂牌上市,使得这类金融资产的交易已经形成了较为活跃的市场,因此,我国已经具备了引入公允价值的条件。在这种情况下,引入公允价值,更能反映企业的实际情况,对投资者等财务报告使用者的决策更具有相关性。

在引入公允价值过程中,我国充分考虑了国际财务报告准则中公允价值应用的三个级次:第一,资产或负债等存在活跃市场的,活跃市场中的报价应当用于确定其公允价值;第二,不存在活跃市场的,参考熟悉情况并自愿交易的各方最近进行的市场交易中使用的价格或参照实质上相同或相似的其他资产或负债等的市场价格确定其公允价值；第三，不存在活跃市场，且不满足上述两个条件的，应当采用估值技术等确定公允价值。

企业会计准则体系引入公允价值是适度、谨慎和有条件的。原因是考虑到我国尚属新兴和转型的市场经济国家，如果不加限制地引入公允价值，有可能出现公允价值计量不可靠，甚至借机人为操纵利润的现象。

第三节　会计等式

会计等式，也称会计平衡公式或会计方程式，它是对各会计要素的内在经济关系利用数学公式所作的概括表达，即反映各会计要素数量关系的等式。会计等式反映各会计要素之间的联系，是复式记账、试算平衡和编制会计报表的理论依据。

一、静态的会计等式

任何企业要从事生产经营活动，都必须拥有一定数量的能给企业带来经济利益的资源，这些资源就形成企业的资产，在会计核算上以货币形式表现。企业中任何资产都有与其相应的权益要求，谁提供了资产谁就对资产拥有索偿权，这种索偿权在会计上称为权益。资产总是与权益相对应的，有一定数额的资产，就必然有一定数额的权益，反之有一定数额的权益，就必然有一定数额的资产。这样就形成了最初的会计等式：

资产＝权益

这里的权益包括所有者权益和债权人权益。企业除了从投资者处获得经营所需的资产外，还可以通过向债权人借款等方式取得所需资产，而债权人对企业的资产同样获得求偿权，且债权人的权益优先于投资者。于是上述会计等式也可以表述为：

资产＝债权人权益＋所有者权益

或　资产＝负债＋所有者权益

上述会计等式，表明某一会计主体在某一特定时点所拥有的各种资产及债权人和投资者（即所有者）对企业资产要求权的基本情况，是最基本的等式，它是会计复式记账法的理论基础，也是编制资产负债表的基础。

二、动态的会计等式

企业的目标就是在从事生产经营活动中获取收入，实现利润。企业在取得收入的同时，也必然要发生相应的费用。企业通过收入与费用的比较，才能计算确定一定期间的盈利水平，确定当期实现的利润总额。当收入大于费用时，企业就获得了利润，反之则为亏损。于是便产生了下列公式：

收入－费用＝利润

上述会计等式说明了收入、费用和利润三大会计要素的内在关系，是编制利润表的理论依据。因此，又称之利润表等式。

三、综合的会计等式

"资产=负债+所有者权益"等式反映的是企业某一时点的全部资产及其相应的来源情况，是反映资金运动的静态公式；"收入-费用=利润"等式反映的是某企业某一时期的盈利或亏损情况，是反映资金运动的动态公式，但仅从这两个等式还不能完整反映会计六大要素之间的关系。将上述两个等式可合并为：

资产=负债+所有者权益+（收入-费用）

或　资产=负债+所有者权益+利润

企业定期按照会计准则规定结算并计算出当期取得的利润，在按规定分配给投资者（股东）之后，余下的部分归投资者共同享有，也是所有者权益的组成部分。因此上述等式又回复到：

资产=负债+所有者权益

由此可见，"资产=负债+所有者权益"等式是会计的基本等式，通常称之为基本会计等式或会计恒等式。"收入-费用=利润"和"资产=负债+所有者权益+（收入-费用）"等式虽不是基本会计等式，但"收入-费用=利润"等式是对基本会计等式的补充；"资产=负债+所有者权益+（收入-费用）"等式是基本会计等式的发展，它将财务状况要素，即资产、负债和所有者权益，和经营成果要素，即收入、费用和利润，进行有机结合，完整地反映了企业财务状况和经营成果的内在联系。

四、会计等式的恒等性

从上面的分析可以看出，在任何一个时点上，一个企业有多少的资产，也就一定有与其相适应的权益；反之，有多少权益也就必然要表现为多少资产。"资产=负债+所有者权益"这个公式永远是平衡的，无论企业规模多么庞大，业务多么复杂，永远不会破坏这个恒等式。因为一个企业经济事项虽然数量多，花样繁，但归纳起来不外乎就两大类九小类：

（一）经济事项的发生，导致等式左右双方同增同减

经济事项的发生，导致等式左右双方同增同减即资产方与负债和所有者权益方以同等金额或增或减，不会破坏平衡关系。

1. 经济事项的发生，导致等式左边的资产项目增加，同时等式右边的负债项目也以相同金额增加，故等式保持平衡。

【例2-1】扬城有限责任公司2022年1月1日资产权益情况如下（单位：万元）：

资产=负债+所有者权益

5 000＝1 000+4 000

本月3日向银行申请的贷款500万元已到账，则：

资产（5 000+500）＝负债（1 000+500）+所有者权益4 000

5 500＝1 500+4 000

2. 经济事项的发生，导致等式左边的资产项目增加，同时等式右边的所有者权益项目也以相同金额增加，故等式保持平衡。

【例2-2】接上例，本月5日收到投资者追加的固定资产投资，该固定资产确认的价值为200万元，则：

资产（5 500+200）＝负债1 500+所有者权益（4 000+200）

5 700＝1 500+4 200

3. 经济事项的发生，导致等式左边的资产项目减少，同时等式右边的负债项目也以相同金额减少，故等式保持平衡。

【例2-3】接上例，本月6日用银行存款偿还上月所欠货款100万元，则：

资产（5 700-100）＝负债（1 500-100）+所有者权益4 200

5 600＝1 400+4 200

4. 经济事项的发生，导致等式左边的资产项目减少，同时等式右边的所有者权益项目也以相同金额减少，故等式保持平衡。

【例2-4】接上例，本月8日经相关部门批准同意，企业以银行存款减资1 000万元，则：

资产（5 600-1 000）＝负债1 400+所有者权益（4 200-1 000）

4 600＝1 400+3 200

（二）经济事项的发生，导致等式左右双方各自内部一增一减

即资产方内部一增一减，增减金额相等，不会破坏平衡关系；负债和所有者权益方内部一增一减，增减金额相等，不会破坏平衡关系。

1. 经济事项的发生，导致等式左边，即资产方项目内部一增一减，但增减金额相等，故等式保持平衡。

【例2-5】接上例，本月10日用银行存款200万元购买原材料，则：

资产（4 600-200+200）＝负债1 400+所有者权益3 200

4 600＝1 400+3 200

2. 经济事项的发生，导致等式右边的负债项目内部一增一减，但增减金额相等，故等式保持平衡。

【例2-6】接上例，本月11日向银行借入短期借款200万元，直接偿还前欠货款，则：

资产4 600＝负债（1 400-200+200）+所有者权益3 200

4 600＝1 400+3 200

3. 经济事项的发生，导致等式右边的所有者权益项目内部一增一减，但增减金额相等，故等式保持平衡。

【例2-7】接上例，本月13日用盈余公积转增资本300万元，则：

资产 4 600＝负债 1 400+所有者权益（3 200-300+300）

4 600＝1 400+3 200

4. 经济事项的发生，导致等式右边的负债项目增加，而所有者权益项目减少，但增减金额相等，故等式保持平衡。

【例2-8】接上例，本月15日宣布分派上年度利润500万元，则：

资产 4 600＝负债（1 400+500）+所有者权益（3 200-500）

4 600＝1 900+2 700

5. 经济事项的发生，导致等式右边的所有者权益项目增加，而负债项目减少，但增减金额相等，故等式保持平衡。

【例2-9】接上例，本月20日，扬城有限责任公司所欠华联公司200万债务，经双方协商同意将此笔负债转为对扬城有限责任公司的投资，则：

资产 4 600＝负债（1 900-200）+所有者权益（2 700+200）

4 600＝1 700+2 900

通过以上九个例题的论证可以看出，经济业务的发生会引起基本会计等式左右两边发生等额增加或减少，或只引起会计等式的左边或右边内部要素的等额增减，但无论哪类经济业务发生都不会破坏基本会计等式的平衡关系。把握资产和权益的平衡关系这一理论依据，对于后面正确理解和运用复式记账法具有十分重要的意义。

第四节　会计记账基础

在实务中，企业交易或者事项的发生时间与相关货币收支时间有时并不完全一致。例如，款项已经收到，但销售并未实现；或者款项已经支付，但并不是为本期生产经营活动而发生的。因此如何确定收入、成本和费用的归属期就成了会计记账基础要解决的问题。我国企业会计准则规定了两种记账基础，即收付实现制和权责发生制。

一、收付实现制

收付实现制，也称现收现付制或现金收付制。它是以是否实际收到或付出货币资金作为确定本期收入和费用的标准。在收付实现制下，凡是本期实际收款的收入和付款的费用，不管其是否归属于本期，都应作为本期的收入和费用处理；相反，凡是本期未曾收款的收入和付款的费用，都不作为本期的收入和费用处理。收付实现制是完全按照实际收付货币资金的时期作为收入和费用应归属的期间，故也称现金收付制。

收付实现制的会计核算比较简便。采用收付实现制无须设置"应收账款""预收账款""应付账款""预付账款"等账户,也无须对账簿记录进行账项调整。

目前,我国的行政单位会计采用收付实现制,事业单位会计除经营业务可以采用权责发生制外,其他大部分业务均采用收付实现制。

二、权责发生制

权责发生制亦称应收应付制,是指企业按收入的权利和支出的义务是否归属于本期来确认收入、费用的标准,而不是按款项的实际收支是否在本期发生,也就是以应收应付为标准。在权责发生制下,凡是属于本期实现的收入和发生的费用,不论款项是否实际收到或实际付出,都应作为本期的收入和费用入账;凡是不属于本期的收入和费用,即使款项在本期收到或付出,也不作为本期的收入和费用处理。由于它不涉及款项是否实际支出,而以收入和费用是否归属本期为准,所以称为应计制。

权责发生制相对于收付实现制来讲会计核算比较复杂,首先,一般要设置"应收账款""预收账款""应付账款""预付账款"等账户,期末还要进行必要的账项调整;其次,权责发生制计算企业的盈亏比较合理。采用权责发生制时,计入本期的收入和费用,是以应否归属于本期为标准,两者之间存在合理的配比关系,所以用以计算的本期盈亏就比较正确、合理。

为了更加真实、公允地反映企业特定会计期间的财务状况和经营成果,我国会计基本准则明确规定,企业在会计确认、计量和报告中应当以权责发生制为基础。

三、收付实现制和权责发生制的举例说明

【例2-10】扬城有限责任公司2022年第一季度发生以下经济业务:

(1) 1月份销货的货款收入80 000元于当月收到,2月份销货款20 000元和3月份销货款10 000元均于3月份收到。

(2) 一季度各月应负担的短期借款利息分别为10 000元,款项于3月份支付。

(3) 1月份预付本年度报刊订阅费共2 400元。

(4) 公司于2月份预付一年(2022年2月至2023年1月)的保险费1 200元。

(5) 公司于2月份购买办公用品一批8 000元,款项未付。

要求:分别按照权责发生制和收付实现制计算2022年1月份、2月份和3月份的利润。

分析:

(1) 在权责发生制下,1月份销货的货款收入80 000元于当月收到,属于1月份收入,2月份销货款20 000元和3月份销货款10 000元虽然均于3月份收到,但应分别归属于2月份的收入20 000元和3月份的收入10 000元。

在收付实现制下,1月份销货的货款收入80 000元于当月收到,属于1月份收入,2月份销货款20 000元和3月份销货款10 000元均于3月份收到,都应属于3

月份的收入共计 30 000 元，2 月份的收入为 0。

(2) 在权责发生制下，一季度的短期借款利息款尽管于 3 月份支付，但 1 月份、2 月份和 3 月份都应该负担短期借款利息费用，金额分别为 10 000 元。

在收付实现制下，一季度的短期借款利息款都在 3 月份支付，即 3 月份的利息费用支出为 30 000 元，而 1 月份和 2 月份的短期借款利息为 0。

(3) 在权责发生制下，1 月份预付本年 12 个月的报刊订阅费 2 400 元，每个月都应负担 200 元的费用，故 1 月份、2 月份和 3 月份的费用各为 200 元。

在收付实现制下，1 月份预付本年 12 个月的报刊订阅费 2 400 元，应全部计入 1 月份的费用 2 400 元，2 月份和 3 月份的费用为 0。

(4) 在权责发生制下，2 月份预付一年 12 个月的保险费 1 200 元，那么从 2022 年的 2 月份到 2023 年的 1 月份，每个月都应该负担 100 元的费用，即 2022 年的 2 月份和 3 月份的保险费用各为 100 元，而 1 月份的保险费用为 0。

在收付实现制下，2 月份预付一年保险费 1 200 元，应全部计入 2 月份的费用，1 月份和 3 月份的费用为 0。

(5) 在权责发生制下，公司 2 月份购买办公用品 8 000 元，尽管款项没有支付，也应计入 2 月份的费用。

在收付实现制下，公司于 2 月份购买办公用品一批 8 000 元，款项没有支付，故 2 月份的费用为 0。

将以上分析的结果归纳为表 2-1。

表 2-1 权责发生制和收付实现制下的计算结果表　　　　单位：元

经济业务	权责发生制						收付实现制					
	1 月份		2 月份		3 月份		1 月份		2 月份		3 月份	
	收入	费用	收入	费用	收入	费用	收入	费用	收入	费用	收入	费用
(1)	80 000		20 000		10 000		80 000				30 000	
(2)		10 000		10 000		10 000						30 000
(3)		200		200		200		2 400				
(4)				100		100				1 200		
(5)				8 000								
利润	69 800		1 700		−300		77 600		−1 200		0	

通过上面的例子可以看出，针对相同的经济交易，分别按权责发生制和收付实现制确认特定会计期间的收入和费用及利润结果存在差异。权责发生制下确认的收入和费用的结果较好地体现了收入和费用的"配比原则"，更具有理论上的合理性，更符合企业的经济实质。但是由于没有考虑实际收到和支付的现金，单纯依靠权责发生制下确认的利润结果不能准确反映企业的现金流量，从而导致不能反映利润的质量。收付实现制运用虽然比较简单，但不能准确反映企业实际的财务状况和经营

业绩。在当前现金为主的观念下，企业现金流的信息越来越为信息使用者所重视。因此，信息使用者通常需要综合利用财务状况、经营业绩和现金流量等会计信息，才能做出正确的决策。

第五节　会计核算的基本程序和方法

一、会计核算的基本程序

会计核算的基本程序是指对发生的经济业务进行会计数据处理与信息加工的程序。它包括会计确认、会计计量、会计记录和会计报告等程序。

（一）会计确认

1. 会计确认的概念

会计确认就是指依据一定的标准，确认某经济业务事项能否记入会计信息系统，并列入会计报告的过程。也就是说，是否记录、何时记录、当作哪一项会计要素来记录；应否记入财务报表、何时记入、当作哪一项会计要素来报告。

2. 会计确认的标准

会计确认的标准包括：

第一，必须符合会计要素的定义。将某一经济业务事项确认为资产、负债或所有者权益，该业务事项必须分别符合资产、负债和所有者权益的定义；同样将某一经济业务事项确认为收入、费用或利润，该业务事项应分别符合收入、费用和利润要素的定义。

第二，此项经济业务或会计事项可以用货币进行计量。对某一经济业务事项进行确认，该业务事项流入或流出的经济利益能够可靠的计量，否则会计确认就没有任何意义。

第三，有关的经济利益很可能流入或流出企业。这里的"很可能"表示经济利益流入或流出的可能性在50%以上。

3. 会计确认的步骤

会计确认包括初始确认和再确认两个步骤。

（1）初始确认

初始确认也称为初次确认，是指当企业发生各项经济业务时，确定反映各项经济业务的原始经济信息是否可进入本企业会计核算系统，应记入哪个会计要素及相应的会计账簿以及应何时记入。具体而言，即对企业生产经营活动中产生的大量原始数据，按照一定的标准进行辨认，确定它是否属于交易或会计事项，并通过填制和审核会计凭证的方法，登记到相关的账簿中。

（2）再次确认

再次确认又称第二次确认，是指对会计账簿中记录的会计信息是否应列入财务报表以及如何列入财务报表的过程。再次确认实际上是对已经形成的会计信息再提纯、再加工,以保证会计信息的真实性和正确性。

通过上述分析可以看出,会计确认是会计核算基本程序中最为关键的一步。它是对经济业务事项进行定性,主要解决某项经济业务能不能纳入会计核算系统的问题,如果不能进入会计核算系统,也就不会再进入到后面的程序中了。

(二)会计计量

会计计量是指在会计确认的过程中,根据被计量对象的计量属性,选择运用一定的计量基础和计量单位,确定应记录项目金额的会计处理过程。简单地说就是指入账的会计业务事项应按什么样的金额予以记录和报告。

会计计量包括计量单位和计量属性。货币计量通常以元、百元、千元、万元等为计量单位。计量属性是指计量对象可供计量的某种特性或标准,如资产计量有历史成本、重置成本、可变现净值、公允价值等属性。

(三)会计记录

会计记录是指各项经济业务经过确认、计量后,采用一定的文字、金额和方法在账户中加以记录的过程,包括以原始凭证为依据编制记账凭证,再以记账凭证为依据登记账簿。会计记录包括序时记录和分类记录。在记录的生成方式上,又有手工记录和电子计算机记录。

会计记录是会计确认和计量的具体体现,它反映每笔经济业务事项是如何入账的。会计记录的目的是按照国家统一的会计制度的规定,将经济业务事项具体记录在凭证、账簿等会计资料中。

(四)会计报告

会计报告是指以账簿记录为依据,采用表格和文字形式,将会计数据提供给信息使用者的手段。具体来讲,会计报告就是在会计确认、会计计量、会计记录的基础上,对凭证、账簿等会计资料做进一步的归纳整理,通过会计报表、会计报表附注和其他相关信息等将财务会计信息提供给会计信息使用者。

二、会计核算方法

会计方法,是指从事会计工作所使用的各种技术方法,一般包括会计核算方法、会计分析方法和会计检查方法。其中,会计核算方法是会计方法中最基本的方法,本课程主要介绍会计核算方法。会计核算方法主要有以下七种。

(一)设置账户

设置账户是对会计核算的具体内容进行分类核算和监督的一种专门方法。由于会计对象的具体内容是复杂多样的,要对其进行系统的核算和经常性监督,就必须对经济业务进行科学的分类,以便分门别类地、连续地记录,据以取得多种不同性质、符合经营管理所需要的信息和指标。设置账户的具体内容将在第三章详细讲解。

(二)复式记账

复式记账是指对所发生的每项经济业务,以相等的金额,同时在两个或两个以上相互联系的账户中进行登记的一种记账方法。采用复式记账方法，可以全面反映每一笔经济业务的来龙去脉，而且可以防止差错和便于检查账簿记录的正确性和完整性，是一种比较科学的记账方法。复式记账的具体内容将在第四章和第五章详细阐述。

（三）填制和审核凭证

会计凭证是记录经济业务，明确经济责任，作为记账依据的书面证明。正确填制和审核会计凭证，是会计核算和监督经济活动财务收支的基础，是做好会计工作的前提。填制和审核凭证的具体内容将在第六章讲解。

（四）登记会计账簿

登记会计账簿简称记账，是以审核无误的会计凭证为依据，在账簿中分类、连续、完整地记录各项经济件业务，以便为经济管理提供完整、系统的会计核算资料。账簿记录是重要的会计资料，是进行会计分析、会计检查的重要依据。登记会计账簿的具体内容将在第七章讲解。

（五）成本计算

成本计算是按照一定对象归集和分配生产经营过程中发生的各种费用，以便确定各该对象的总成本和单位成本的一种专门方法。产品成本是综合反映企业生产经营活动的一项重要指标。正确地进行成本计算，可以考核生产经营过程的费用支出水平，同时又是确定企业盈亏和制定产品价格的基础，并为企业进行经营决策，提供重要数据。成本计算的具体内容将融合在第五章企业经济业务核算中去详细讲解。

（六）财产清查

财产清查是指通过盘点实物，核对账目，以查明各项财产物资实有数额的一种专门方法。通过财产清查，可以提高会计记录的正确性，保证账实相符。同时，还可以查明各项财产物资的保管和使用情况以及各种结算款项的执行情况，以便对积压或损毁的物资和逾期未收到的款项，及时采取措施，进行清理和加强对财产物资的管理。财产清查的具体内容将在第八章详细讲解。

（七）编制会计报表

编制会计报表是指以特定表格的形式，定期并总括地反映企业、行政事业单位的经济活动情况和结果的一种专门方法。会计报表主要以账簿中的记录为依据，经过一定形式的加工整理而产生一套完整的核算指标，用来考核、分析财务计划和预算执行情况以及编制下期财务和预算的重要依据。编制会计报表的具体内容将在第九章详细阐述。

三、会计工作流程

以上会计核算的七种方法，虽各有特定的含义和作用，但并不是独立的，而是相互联系，相互依存，彼此制约的。它们构成了一个完整的方法体系，在会计核算中，应正确地运用这些方法。

会计核算工作程序如图 2-2 所示。

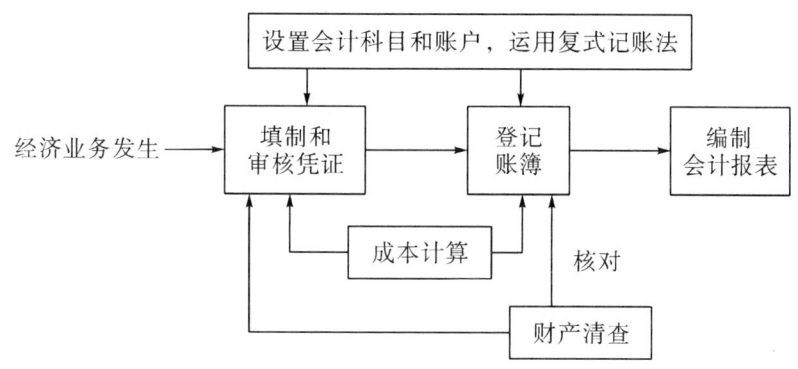

图 2-2　会计核算工作程序

这些方法相互配合运用的程序是：

（1）经济业务发生后，取得和填制会计凭证；

（2）按会计科目对经济业务进行分类核算，并运用复式记账法在有关会计账簿中进行登记；

（3）对生产经营过程中各种费用进行成本计算；

（4）对账簿记录通过财产清查加以核实，保证账实相符；

（5）期末，根据账簿记录资料和其他资料，进行必要的加工计算，编制会计报表。

复习思考题

一、名词解释

1. 会计假设
2. 会计对象
3. 会计要素
4. 权责发生制
5. 收付实现制
6. 会计确认

二、单选题

1. 在市场经济条件下，会计的对象是企事业单位在日常经营活动或业务活动中所表现出的（　　）。

A. 全部经济活动　　　　　　　　B. 商品运动

C. 资金运动　　　　　　　　　　D. 财产物资运动

2. 导致产生本期与非本期概念的会计核算基本前提是（　　）。

A. 会计主体　　　　　　　　　　B. 持续经营

C. 会计分期　　　　　　　　　　D. 货币计量

3. 下列交易事项中，会使会计等式的资产和权益两方同时增加的是（　　）。

A. 收到投资人的投资款存入银行

B. 购买原材料一批，以银行存款支付

C. 以银行存款偿付前欠的货款

D. 以现金支付购入固定资产的运杂费用

4. 按照权责发生制的要求，应确认为本期收入的是（　　）。

A. 本月销售产品款未收到　　　　B. 上月销货款本月收存银行

C. 本月预收下月货款存入银行　　D. 收到上月仓库租金存入银行

5. 关于货币计量假设，下列说法不正确的是（　　）。

A. 采用货币作为唯一计量单位

B. 采用货币作为统一计量单位

C. 我国的会计核算应以人民币为记账本位币

D. 货币计量为会计核算提供了必要的手段

6. 以应计收入和应计费用为标准计算本期损益的记账基础是（　　）。

A. 实地盘存制　　　　　　　　　B. 永续盘存制

C. 收付实现制　　　　　　　　　D. 权责发生制

7. 负债和所有者权益都是（　　）的重要组成部分。

A. 利润　　　　　　　　　　　　B. 权益

C. 债权人权益　　　　　　　　　D. 长期负债

8. 以下各项目中属于资产的有（　　）。

A. 短期借款　　　　　　　　　　B. 存货

C. 实收资本　　　　　　　　　　D. 应付利润

9. 某企业本期期初资产总额为 100 000 元，本期期末负债总额比期初减少 10 000元，所有者权益比期初增加 30 000 元。该企业期末资产总额是（　　）。

A. 90 000 元　　　　　　　　　　B. 130 000 元

C. 100 000 元　　　　　　　　　D. 120 000 元

10. 在下列会计核算的基本假设中，确定了会计核算空间范围的是（　　）。

A. 会计主体　　　　　　　　　　B. 持续经营

C. 会计分期　　　　　　　　　　D. 货币计量

三、多选题

1. 根据权责发生制原则，应计入本期收入或费用的业务有（　　）。

A. 预收货款 10 000 元

B. 销售产品价款 25 000 元，款未收到

C. 预付下年报刊订阅费 800 元

D. 销售产品价款 5 000 元，款已于上月收到

E. 预提车间修理费 500 元

2. 企业的净资产包括（　　）。

A. 投入资本　　　　　　　　B. 资本公积

C. 盈余公积　　　　　　　　D. 已分配利润

E. 未分配利润

3. 下列各项经济业务中，会使企业资产总额和权益总额发生同时增加变化的有（　　）。

A. 向银行借入半年期的借款，已转入本企业银行存款账户

B. 赊购设备一台，设备已经交付使用

C. 收到某投资者投资转入的一批材料，材料已验收入库

D. 向投资者分配利润

E. 用银行存款购买原材料，已入库

4. 下列各项中，属于会计核算基本前提的有（　　）。

A. 会计主体　　　　　　　　B. 持续经营

C. 货币计量　　　　　　　　D. 会计分期

E. 会计确认

5. 会计要素的计量属性包括（　　）。

A. 历史成本　　　　　　　　B. 重置成本

C. 可变现净值　　　　　　　D. 现值

E. 公允价值

6. 根据资产定义，下列各项中，体现资产特点的有（　　）。

A. 企业所拥有或控制　　　　B. 带来经济利益的资源

C. 能以货币计量　　　　　　D. 伴随着收入的取得

E. 过去交易或事项形成的

7. 下列经济业务中，只引起会计恒等式两方中一方变化的有（　　）。

A. 从银行取得贷款已存入银行　　B. 以银行存款购进材料

C. 购进材料未付款　　　　　　　D. 以借款直接偿还应付款

E. 提取公积金

8. 下列各项中，属于流动资产的有（　　）。

A. 机器设备　　　　　　　　B. 完工产品

C. 银行存款　　　　　　　　D. 应收账款

E. 专利权

9. 根据我国《企业会计准则》的规定，会计要素包括（　　）。

A. 资产和费用　　　　　　　　B. 负债和收入

C. 资金占用和资金来源　　　　D. 利润和所有者权益

E. 会计科目和账户

10. 下列资产项目与权益项目之间的变动符合资金运动规律的有（　　）。
A. 资产某项目增加与权益某项目减少
B. 资产某项目减少与权益某项目增加
C. 资产方某项目增加而另一项目减少
D. 权益方某项目增加而另一项目减少
E. 资产方某项目与权益方某项目同时增加或同时减少相同的数额

四、判断题

1. 会计主体假设确立了会计核算的空间范围，持续经营和会计分期假设确立了会计核算的时间长度，而货币计量则为会计核算提供了必要手段。（　　）
2. 权责发生制和收付实现制采用的不同的记账基础和方法是建立在会计分期假设基础上的。（　　）
3. 资产、负债和所有者权益是反映企业财务状况的会计要素，收入、费用和利润是反映企业经营成果的会计要素。（　　）
4. 会计等式揭示了会计要素之间的内在联系，是设置账户、进行复式记账、编制会计报表的依据。（　　）
5. 企业银行存款提现，该业务会引起资产与负债的同时减少。（　　）
6. 所有者权益是指企业投资人对企业资产的所有权。（　　）
7. 收入会导致经济利益的流入，利得不会导致经济利益的流入。（　　）
8. 企业非日常活动所形成的经济利益的流入不能确认为收入。（　　）
9. 按照权责发生制原则的要求，企业收到货币资金必定意味着本月收入的增加。（　　）
10. 会计的方法就是指会计核算的方法。（　　）

五、业务题

（一）目的：练习会计等式的平衡关系

资料：华联有限责任公司2022年年初及年末资产负债表上列示的资产总额和负债总额如下表所示：

华联有限责任公司资产负债总额表　　　　单位：元

项目	期初余额	期末余额
资产	800 000	900 000
负债	200 000	100 000

要求：分别下列三种情况计算该企业本年度的利润：
1. 本年度股东投资不变，总费用为160 000元，试问本年度利润和营业收入各

是多少？

2. 本年度增加投资20 000元，利润是多少？

3. 年度中曾收回投资30 000元，但又增加投资10 000元，其利润是多少？

（二）目的：练习权责发生制和收付实现制的计算

资料：华联有限责任公司2022年6月份发生以下几项业务：

1. 销售商品一批，总售价72 000元，已收讫；

2. 预收货款24 000元，商品将在下月交付；

3. 预付下季度仓库租金10 800元；

4. 出售商品35件，总售价84 000元将于下月收到；

5. 支付本月水电费30 000元；

6. 当年3月份已预付本年度第二季度的财产保险费36 000元。

要求：分别采用权责发生制和收付实现制计算6月份净损益。

（三）目的：练习会计要素及会计等式

资料：华联有限责任公司6月末各项目余额如下：

1. 出纳员处存放现金1 700元；

2. 存入银行的存款2 939 300元；

3. 投资者投入的资本金13 130 000元；

4. 向银行借入三年期的借款500 000元；

5. 向银行借入半年期的借款300 000元；

6. 原材料库存417 000元；

7. 生产车间正在加工的产品584 000元；

8. 产成品库存520 000元；

9. 应收外单位产品货款43 000元；

10. 应付外单位材料货款45 000元；

11. 持有至到期投资60 000元；

12. 公司办公楼价值5 700 000元；

13. 公司机器设备价值4 200 000元；

14. 公司运输设备价值530 000元；

15. 公司的资本公积金960 000元；

16. 公司的盈余公积金440 000元；

17. 外欠某企业设备款200 000元；

18. 拥有某企业发行的三年期公司债券650 000元；

19. 上年尚未分配的利润70 000元。

要求：（1）划分各项目的类别（资产、负债或所有者权益），并将各项目金额填入资产负债表中。

（2）计算资产、负债、所有者权益各要素金额合计。

資产负债表　　　　　　　　　　　　　单位：元

项目序号	金额		
	资产	负债	所有者权益
合计			

六、案例分析题

资料：某管理咨询公司是我国一家大型的上市公司，公司最近发生了下列经济业务，该公司会计做了相应的处理：

1. 3月10日，甲从公司出纳处拿了3 800元现金给自己购买了一套名牌西服，会计将3 800元记为公司的办公费支出，理由是：甲是公司的最大股东，公司的钱也有甲的一部分。

2. 3月15日，会计将3月1—15日的收入、费用汇总后计算出半个月的利润，并编制了财务报表。

3. 3月30日，计提固定资产折旧，采用双倍余额递减法，而本月前计提折旧均采用直线法。

4. 3月30日，收到海华公司预付的下个季度的管理咨询费用30 000元，会计将其作为3月份的收入处理。

5. 3月30日，预付下季度报刊费700元，会计将其作为3月份的管理费用处理。

要求：根据上述资料，分析该公司的会计在处理上述经济业务时是否完全正确，若有错误，主要违背了哪些相关规定。

第三章
会计科目与账户

本章介绍了会计科目和会计账户，而设置会计科目与账户是会计核算的首要方法。通过本章的学习，要求理解会计科目的定义及设置意义；掌握设置会计科目的原则；掌握会计科目体系的分类；熟悉企业会计科目表；了解账户的概念及设置意义；掌握账户的基本结构和分类。本章学习的重点是掌握设置会计科目的原则、掌握会计科目与账户的联系和区别以及账户的基本结构和分类。学习的难点是账户的基本结构和分类。

第一节 会计科目

一、会计科目的定义及设置意义

（一）会计科目的定义

如前所述，会计对象是某一特定对象所发生的能够用货币表现的经济业务，即资金运动；而会计要素是对会计对象所作的基本分类，如我国会计准则将会计对象分为六大会计要素，即资产、负债、所有者权益、收入、费用、利润。但是，在会计核算中，如果仅仅是按照会计要素作为会计数据的归类标准，未免过于笼统，难以满足会计信息使用者的要求。这是因为，企业的经营业务错综复杂，即使涉及同一种会计要素，也往往反映的是具有不同性质和内容的对象，如资产要素包括货币资金、存货、应收账款、固定资产、无形资产等；负债要素包括从银行或其他金融机构取得的借款，还包括由于购进存货从购货方取得的应付款项等。因此，为了全面、系统地核算和监督企业单位所发生的经济活动，分门别类地为经济管理提供会计核算资料，就需要对每一类会计要素作进一步详细的分类。

会计科目就是对会计要素所作的进一步分类，是对每一会计要素所包括的具体内容再按其一定的特点和管理要求进行分类所形成的项目或名称。例如，企业的机器设备、房屋和建筑物，作为劳动手段，具有使用时间较长、单位价值较大、实物形态相对不变的特点，将其归为一类，设置"固定资产"会计科目；生产产品用的原材料、辅助材料、燃料和包装物等，作为劳动对象，具有在生产中一次被消耗，其价值一次转移的特点,将其归为一类,设置"原材料"会计科目;为了满足管理上费用预算和控制的要求,对在企业生产车间范围内发生的物料消耗、办公费、管理人员的工资、修理费等,具有间接费用的特点,将其归为一类,设置"制造费用"会计科目。

(二)设置会计科目的意义

设置会计科目,对会计核算和管理有着非常重大的意义。首先,设置会计科目,是反映资金运动的重要手段。每一个会计科目反映一类相关的经济业务,所以各个会计科目可从不同的方面反映资金运动的总体状况。其次,设置会计科目,是组织会计核算的依据,是进行各项会计记录和提供各项会计信息的基础。为了连续、系统、全面地反映和监督经济业务发生所引起会计要素的增减变动,便于向会计信息的使用者提供所需的会计信息,企业应根据自身的生产经营特点设置相应的账户。要想科学、合理地设置企业会计核算的账户,其前提条件是确定相应的会计科目。会计科目是账户开设的依据,是账户的名称。因此设置会计科目,是正确组织会计核算的一个重要条件,是复式记账、编制记账凭证、登记账簿、成本计算、财产清查、编制报表等会计核算方法的基础。

二、设置会计科目的原则

会计科目是进行会计核算的起点。会计科目较之于会计要素能更为具体地反映企业的资金运动状况,为相关会计信息使用者提供更为具体的会计信息。会计科目的确定是否合理,对于系统地提供会计信息,提高会计工作的效率以及有条不紊地组织会计工作都有很大影响。鉴于此,在其设置过程中应努力做到科学、合理、实用,因此在设置会计科目时应遵循下列基本原则:

(一)应结合会计要素的特点,全面、系统地反映会计要素的内容

会计主体的会计科目及其体系应能够全面、系统地反映会计对象的全部内容,不能有任何遗漏。就单个会计科目而言,每个会计科目都应具备独特的内容,能独立地说明会计要素的某一方面。换句话说,各个科目之间的核算内容是互相排斥的,不同的会计科目反映不同的核算内容,不同的会计科目之间具有互斥性;就会计科目的整体而言,会计科目及其体系应能够全面、系统地反映会计对象的全部内容,要使设置的整套会计科目能够反映所有的经济业务,所有经济业务都有特定的会计科目来反映。同时,会计科目的设置还应结合会计要素的特点来设置。也就是说,设置会计科目时,除了各行各业共性的会计科目外,还应根据各行业会计要素的具体特点,设置相应的会计科目。如:工业企业的主要经营活动是制造工业产品,因而就必须设置反映生产耗费、成本计算的会计科目,如"制造费用""生产成本"等科目;商品流通企业不从事产品生产加工,其基本经营活动是购进和销售商品,因此必须设置反映和监督商品流通业务的会计科目,如"库存商品""商品进销差价"等科目;而行政事业单位既不从事产品加工生产,也不从事商品流通,其会计核算主要是对国家拨付的预算资金的运动情况进行反映和监督,因此必须设置反映和监督经费收入和经费支出情况的会计科目,如"事业收入""事业支出"等科目。

(二) 应结合会计目标的要求,满足信息使用者的需要

会计的目标,是向信息使用者提供有用的会计信息,不同的信息使用者对企业提供的会计信息要求有所不同。因此,设置会计科目时既要满足企业内部加强经营管理并提高经济效益的需要,要求尽可能提供详细、具体的资料;还要满足政府部门加强宏观调控并制定方针政策的需要,满足投资人、债权人及有关方面对企业经营和财务状况作出准确判断的需要,要求提供比较综合的数据。为满足上述要求及便于会计资料整理和汇总的需要,在设置会计科目时要适当分设总分类科目和明细科目。总分类科目提供总括核算指标,主要满足企业外部有关方面的需要;明细分类科目是对总分类科目的进一步分类,提供明细核算指标,主要满足加强内部经营管理的需要。

(三) 应做到统一性和灵活性相结合

统一性是指企业必须根据国家统一的会计制度或会计准则的规定设置会计科目(一级科目),并力求在时间上保持前后一致。灵活性是指企业在不影响会计核算要求和会计报表的汇总,以及对外提供统一的财务会计报告的前提下,可以根据实际情况自行增设、减少或者合并某些会计科目;企业在不违背会计科目使用原则的基础上确定适合本企业的会计科目名称;明细科目的设置,除会计制度或会计准则规定者以外,企业可自行确定,以此来保证会计核算指标在一个部门乃至全国范围内综合汇总以及满足本单位经营管理的需要。多年以来,我国通常由财政部在会计制度中统一规定会计科目的名称、编号和内容。2006年月2月我国发布了《企业会计准则》,与此配套,2006年10月发布了《企业会计准则——应用指南》,该应用指南提供了企业会计科目设置的指引,提供了每一个会计科目的核算范围、核算内容和核算方法。企业可根据自身的经营特点和管理需要从中选择并确定本企业会计核算所需的会计科目。

(四) 应保持适应性与稳定性相结合

适应性是指会计科目的设置要随着社会经济环境和本单位经济活动的变化而变化,如:随着金融工具的创新,为了核算企业衍生金融工具的公允价值及其变动形成的资产或负债,企业要相应设置"衍生工具"或"套期工具"等会计科目。稳定性是指会计科目的设置为便于会计资料的汇总及在不同时期的对比分析应保持相对的稳定。会计科目的稳定性主要表现为会计科目的名称、含义及所包含的内容应保持相对稳定,只有会计科目具有相对稳定性,会计核算资料才具有可比性。会计科目的设置,是由会计制度和会计准则加以规定的,因此,为了保证会计科目设置的相对稳定性,会计制度和会计准则的制定也应保持相对稳定。

(五) 会计科目名称要言简意赅,并进行适当的分类和编号

所谓言简意赅,是指每一会计科目所涵盖的范围和内容要有明确的界定,其名

称要名副其实并具有高度的概括性；所谓适当的分类和编号是指为了便于把握会计科目所反映的经济业务内容和主要满足会计电算化的需要，会计科目要按其经济内容进行适当的分类，并根据会计科目按其经济内容的分类和项目的流动性或主次以及级次进行编号。

三、会计科目的分类

会计科目由于分类标准不同，可以分为不同的类型。会计科目一般按内容和级次两种标准分类，科目的内容反映各科目之间的横向联系，科目的级次反映科目内部的纵向联系。

（一）会计科目按其内容分类

会计科目是会计要素的具体分类项目。按会计科目所反映的会计要素的内容进行分类，是会计科目基本的分类之一。我国自2007年1月1日起在上市公司范围内执行的《企业会计准则——应用指南》将会计科目分为资产类科目、负债类科目、所有者权益类科目、共同类科目、成本类科目和损益类科目六大类。

1. 资产类科目

资产类科目按其流动性，具体又可分为以下两类科目：

（1）流动资产类科目。这类科目的特点是资产的变现周期在一年以内或不超过一个营业周期，例如"库存现金""银行存款""应收账款""原材料"等科目。

（2）非流动资产类科目。这类科目的特点是资产的变现周期超过一年或一个营业周期，例如"固定资产""无形资产""长期股权投资"等科目。

2. 负债类科目

负债类科目按其流动性，具体又可分为以下两类科目：

（1）流动负债类科目。这类科目的特点是负债的偿还期在一年以内，例如"短期借款""应付职工薪酬""应付账款"等科目。

（2）非流动负债类科目。这类科目的特点是负债的偿还期超过一年以上，例如"长期借款""应付债券"等科目。

3. 共同类科目

此类科目既可核算资产，也可核算负债。如"衍生工具""套期工具""被套期项目"等科目：

4. 所有者权益类科目

所有者权益类科目具体又可分为以下四类科目。

（1）投入资本类科目。例如"实收资本"科目。

（2）非经营因素形成的所有者权益类科目。例如"资本公积"科目。

（3）经营因素形成的所有者权益类科目。例如"盈余公积"等科目。

（4）反映利润会计要素的会计科目。如"本年利润"及"利润分配"。由于企业实现的利润或发生的亏损，其最终承担者是所有者，所以将其归并到所有者权益类科目。

5. 成本类科目

这类科目是用来归集产品生产成本或提供劳务发生的成本，具体来说可分为以下两类。

（1）直接记入成本类科目。例如"生产成本""劳务成本"等科目。

（2）分配记入成本类科目。例如"制造费用"科目。

6. 损益类科目

这类科目的特点是其项目均是形成利润的要素。损益类科目具体来说可分为以下两类。

（1）反映收入类科目。例如"主营业务收入""其他业务收入"等科目。

（2）反映费用类科目。例如"主营业务成本""管理费用""销售费用"等科目。

为了便于编制会计凭证、登记账簿、查阅账目，适应会计信息电算化处理的需要，还应在会计科目分类的基础上，为每个会计科目编一个固定的号码，这些号码称为会计科目编号，简称科目编号。科目编号能清楚地表示会计科目所属的类别及其在类别中的位置。财政部通常在会计制度和会计准则中，统一编制会计科目的编号、类别和名称，企业可结合实际情况自行确认会计科目编号。企业在填制记账凭证、登记账簿时，应填制会计科目的名称，或者同时填写会计科目的名称和编号，但不准只填写会计科目的编号而不填写会计科目的名称。在会计信息系统中，应在账套设置中建立"会计科目名称及编码表"，在凭证输入时只输入科目代码，科目名称由系统自动产生，以适应电算化的会计处理。

表3-1为2006年10月颁布的《企业会计准则——应用指南》会计科目名称和编号的简要列表。

表3-1 会计科目表

编号	会计科目名称	编号	会计科目名称
一、资产类		二、负债类	
1001	库存现金	2001	短期借款
1002	银行存款	2201	应付票据
1012	其他货币资金	2202	应付账款
1101	交易性金融资产	2203	预收账款
1121	应收票据	2211	应付职工薪酬
1122	应收账款	2221	应交税费
1123	预付账款	2231	应付利息
1131	应收股利	2232	应付股利
1132	应收利息	2241	其他应付款

表3-1(续)

编号	会计科目名称	编号	会计科目名称
1221	其他应收款	2501	长期借款
1231	坏账准备	2502	应付债券
1401	材料采购	2701	长期应付款
1402	在途物资		三、共同类
1403	原材料	3001	清算资金往来
1404	材料成本差异	3101	衍生工具
1405	库存商品		四、所有者权益类
1406	发出商品	4001	实收资本
1408	委托加工物资	4002	资本公积
1411	周转材料	4101	盈余公积
1471	存货跌价准备	4103	本年利润
1511	长期股权投资	4104	利润分配
1512	长期股权投资减值准备		五、成本类
1521	投资性房地产	5001	生产成本
1531	长期应收款	5101	制造费用
1601	固定资产	5202	劳务成本
1602	累计折旧		六、损益类
1603	固定资产减值准备	6001	主营业务收入
1604	在建工程	6051	其他业务收入
1605	工程物资	6111	投资收益
1606	固定资产清理	6301	营业外收入
1701	无形资产	6401	主营业务成本
1702	累计摊销	6402	其他业务成本
1703	无形资产减值准备	6403	税金及附加
1711	商誉	6601	销售费用
1801	长期待摊费用	6602	管理费用
1901	待处理财产损溢	6603	财务费用
		6701	资产减值损失
		6711	营业外支出
		6801	所得税费用

（二）会计科目按级次分类

会计科目按级次分类，就是按会计科目提供核算指标的详细程度进行分类，分为总分类科目和明细分类科目。

1. 总分类科目

总分类科目也称为一级科目或总账科目，它是对会计要素的具体内容进行总括分类，提供总括核算指标信息的会计科目，如"固定资产""原材料""应交税费""实收资本"等科目。为了满足国家宏观经济管理的需要，一级科目原则上由财政部或主管部门统一制定。表3-1所列示的会计科目都是一级科目。

2. 明细分类科目

明细分类科目简称明细科目，是对总分类科目进一步分类的科目，是为了提供更详细、更具体的会计信息给使用者而设置的。如有些总分类科目反映的经济内容比较广泛，可以在总分类科目下，先设置二级科目（也称为子目），在二级科目下再设置三级科目（也称细目），二级科目和三级科目都统称为明细科目。在手工会计核算下，企业一般设置到二级、三级科目。应该说明的是，并不是所有的一级科目都需要分设二级科目和三级科目，科目设置到第几级，应根据会计信息使用者所需信息的详细程度来决定。此外，随着会计信息处理的电算化，有的企业如果业务较复杂，出于管理上的需要，也可以在三级科目下再设置四级科目，甚至五级科目。有一些明细科目是国家统一规定设置的，如国家统一规定应在"应交税费"一级会计科目下应设置"应交增值税""未交增值税""应交消费税"等二级会计科目，在"应交增值税"二级科目下还应设置"进项税额""已交税金""销项税额"等专栏。明细科目除会计准则规定设置的以外，多数明细科目由企业根据自身的实际情况自行设置。例如，某些钢铁冶炼企业的原材料数量品种繁多，为了满足会计核算的需要，先设"原材料"为一级科目，再按原材料类别开设"原料及主要材料""辅助材料"等二级会计科目，再在"原料及主要材料"下设"金属材料"和"非金属材料"为三级科目，最后设"黑色金属材料""有色金属材料"等为四级科目。在教学过程中，为了简单明地表现不同级别的会计科目之间的关系，通常用"——"连接来说明各级别科目之间的所属关系，明细分类科目的写法如"原材料——原料及主要材料——金属材料——黑色金属材料"：先写一级科目的名称"原材料"，在其后划一短横线"——"，再写上明细分类科目的名称即可。

会计科目按提供指标详细程度的分类如表3-2所示。

表 3-2 会计科目按级次分类

总分类科目	明细分类科目	
（一级科目）	二级科目（子目）	明细科目（细目）
生产成本	基本生产成本	A 产品
		B 产品
		C 产品
	辅助生产成本	供水车间
		供电车间
		机修车间

第二节 会计账户

一、账户的概念及设置的意义

（一）账户的定义

会计科目只是对会计对象的具体内容进行分类核算的项目名称，这些项目的本身仅表示其所反映的会计要素的内容，如果只有分类的项目，而没有具有一定格式的记账实体，还不能把发生的经济业务连续、系统、完整地记录下来。因此，要进行会计核算，还必须根据设置的会计科目开设相应的账户，在账户上记录会计对象具体内容的增减变动及结存情况。

账户是指根据会计科目开设的，具有一定格式和结构，用来连续地分类记录和反映会计要素增减变动情况及其结果的一种工具。

（二）设置的意义

由于账户能够反映会计要素的增减变动及结余情况，设置账户对于企业进行会计核算具有重要作用。首先，设置账户能按照经营管理的要求分类地记载和反映企业所发生的经济业务。通过设置和运用账户，对企业发生的经济业务进行整理分类、科学归纳，再分门别类地记录，可以提供各类会计要素的动态和静态指标。其次，设置账户能为编制财务会计报告提供重要依据。财务会计报告是定期地对企业日常核算资料进行汇总、综合，以全面、系统地反映企业财务状况和经营成果的重要信息文件。财务会计报告的信息是否准确，在很大程度上取决于账户的记录结果是否正确，因为财务会计报告是以账户的期末余额和本期发生额为基础进行编制的。账户的记录发生错误将直接影响会计报表信息的准确性。因此，合理地设置账户，正确地将经济业务记入账户，是会计核算工作最基本、最重要的环节。

（三）会计科目与账户的联系和区别

账户是根据会计科目设置的，会计科目是账户的名称，但账户与会计科目是两个不同的概念，它们之间既有联系又有区别。账户与会计科目之间的联系表现在：二者都是对会计对象的具体内容即对会计要素进行的分类，故二者的名称和反映的内容是一致的，二者的性质与分类也是一致的。它们之间的本质区别是：会计科目仅仅是对会计要素具体内容进行分类的项目名称，会计科目只表明某项经济内容，而账户不仅表明相同的经济内容，而且还具有一定的结构格式，并通过其结构反映某项经济内容的增减变动情况。由于账户是根据会计科目设置的，并按照会计科目命名，两者的称谓及核算内容完全一致，因而在实际工作中，会计科目与账户往往作为同义语来理解，互相通用，不严格加以区分。

二、账户的格式和结构

账户与会计科目的区别在于账户具有一定的格式和结构，用来分类连续地记录和反映会计要素增减变动情况及其结果。账户的格式和结构是指账户的组成部分，以及如何在账户中记录会计要素的增加、减少及其余额。由于经济业务所引起的各项会计要素的变动，从数量上看不外是增加和减少两种情况，因此，账户的结构也相应地分为两个基本部分，用来分别记录各会计要素的增加额和减少额。账户的基本结构通常划分为左、右两方，一方登记增加额，另一方登记减少额。至于哪一方登记增加额，哪一方登记减少额，则由所采用的记账方法和所记录的经济内容决定。账户的基本结构不会因企业实际所使用的账户具体格式不同而发生变化。通常用一条水平线和一条将水平线平分的垂直线来表示账户的基本结构，这种被简化的账户格式称为T型账户（亦称丁字型账户），其格式如图3-1所示。

图3-1　T型账户

把账户的基本结构具体地做成固定格式，就形成了账簿中的账页。当然对于一个完整的账户而言，除了必须有反映增加额和减少额两栏外，还应包括其他栏目，以反映其他相关内容，这些内容都体现在账簿中。因此，账簿中一个完整的账户结构一般应包括以下内容（见表3-3）：①账户的名称，即会计科目；②日期，即经济业务发生的日期；③凭证编号，即账户记录的来源和依据；④摘要，即经济业务的简要说明；⑤金额，即增加额、减少额和余额。

表 3-3　账户名称（会计科目）　　　　　　　　　单位：元

日期	凭证编号	摘要	增加额	减少额	余额

上述账户格式是手工记账经常采用的格式，其中有专设的两栏，分别记录经济业务的增加额和减少额，增减相抵后的差额，称为账户的余额。余额按其表示的时间不同，分为期初余额和期末余额。一个会计期间开始时记录的余额称为期初余额，结束时记录的余额称为期末余额。在连续登记账户的情况下，账户的本期期末余额即为下期期初余额。因此，每个账户一般有四个金额要素，即期初余额、本期增加发生额、本期减少发生额和期末余额。账户如有期初余额，首先应当在记录增加额的那一方登记，经济业务发生后，要将增减内容记录在相应的栏内。将一定期间记录的账户增加方的金额进行合计，称为增加发生额；将一定期间记录的账户减少方的金额进行合计，称为减少发生额。正常情况下，账户这四个金额要素之间的关系如下：

本期期末余额=本期期初余额+本期增加发生额−本期减少发生额

每个账户的本期发生额反映的是该类经济内容在本期内变动的情况，而期末余额则反映的是变动的结果。在教学过程中，通常将每类经济业务的本期增加发生额、本期减少发生额和期末（期初）余额都分别记入 T 型账户左右两方来表示。如，某企业某一期间"银行存款"账户的记录如图 3-2 所示：

左方	银行存款	右方
期初余额　100 000		
本期增加　50 000	本期减少	30 000
80 000		60 000
本期增加发生额　130 000	本期减少发生额　90 000
期末余额　140 000		

图 3-2　T 型账户记录

根据图 3-2 账户记录，可以清楚了解到银行存款账户期初余额为 100 000 元，本期增加发生额合计 130 000 元，本期减少发生额合计 90 000，期末余额 140 000 元。

三、账户的分类

为了核算复杂的经济业务,需要设置一系列的账户。每个账户都有不同的核算内容,其用途和结构也不尽相同,但彼此间却存在着密切的联系,构成一个完整的账户体系。通过了解账户在不同标准下的具体分类,掌握账户的用途、结构及其反映的经济内容,能更好地运用账户进行经济业务核算。

(一)账户按其内容分类

账户最本质的特征在于它所能反映的经济内容。账户按经济内容分类是账户分类的基础。由于我国《企业会计准则——应用指南》将会计科目分为资产类科目、负债类科目、所有者权益类科目、共同类科目、成本类科目和损益类科目六大类,因此根据会计科目开设的账户也分为六大类:资产类账户、负债类账户、所有者权益类账户、共同类账户、成本类账户和损益类账户。

1. 资产类账户

资产类账户是指根据资产类会计科目开设的账户。这类账户是用来反映当期企业资产的增减变动及其期初期末的结存情况。

2. 负债类账户

负债类账户是指根据负债类会计科目开设的账户。这类账户是用来反映当期企业债务的增减变动及其期初期末结存情况的账户。

3. 所有者权益类账户

所有者权益类账户是指根据所有者权益科目开设的账户。这类账户是用来反映企业所有者权益增减变动及其期初期末结存情况的账户。

4. 共同类账户

共同类账户是指根据共同类会计科目开设的账户。这类账户兼有资产类和负债类账户的特点,其性质视账户的余额而定,在借贷记账法下,余额在借方表示为资产,余额在贷方表示为负债,如"衍生工具""套期工具""被套期项目"等账户。

5. 成本类账户

成本类账户是指根据成本类会计科目开设的账户。这类账户是用来归集在生产产品和提供劳务过程中发生的各项成本费用。该类账户主要用来计算产品和劳务的成本,如"生产成本""制造费用""劳务成本"等。成本类账户与资产类账户的关系十分密切,企业各项资源在耗费之前表现为资产,资产一经生产耗用就转化为成本费用。因此,成本类账户的期末余额属于资产。

6. 损益类账户

损益类账户是指根据损益类会计科目开设的账户。这类账户与损益的计算直接相关,包括那些用来反映各项收入和各类费用支出的账户。按损益的性质和内容不同,可以分为以下三类:①反映营业损益的账户,如"主营业务收入""主营业务成本""其他业务收入""其他业务成本""销售费用"等账户。②反映营业外收支的账户，如"营业外收入""营业外支出"等账户。③反映所得税的账户，如"所得税费用"账户。这类账户的期末必须将相关数据结转到"本年利润"账户的借方或贷方，因此，期末没有余额。

(二) 账户按提供信息的详细程度分类

账户是根据会计科目设置的，而会计科目又分为总分类科目和明细科目，因此，账户按所提供信息的详细程度和统驭关系则分为总分类账户和明细分类账户。

1. 总分类账户

根据总分类会计科目开设总分类账户，用以提供总括分类的核算指标。总分类账户一般只用货币作为计量单位，如"原材料"总分类账户提供有关材料增减变动及其结存总额等总括资料，但它只能总括地反映材料的总和，不能详细说明每一种材料的数量及金额的增减变化及其结存情况。

2. 明细分类账户

根据明细分类会计科目开设的明细分类账户除了用货币作为计量单位外，有的还用实物量度（如件、千克等）来满足明细核算的需要。如在"原材料"账户下，按照每一种材料分别设置明细分类账户，详细、具体地反映每种材料的数量及金额的增减变化及其结存情况。

总分类账户和所属的明细分类账户的核算内容是相同的，只是反映经济业务的详细程度不同。总分类账户是所属明细分类账户的总括资料，明细分类账户是总分类账户的具体详细的说明。因此，有时又把总分类账户称为"统驭账户"，而把明细分类账户称为"辅助账户"。

(三) 账户按与会计报表的关系分类

账户按与会计报表的关系分类，可以分为资产负债表账户和利润表账户。

1. 资产负债表账户

资产负债表账户是指编制资产负债表所要依据的账户。资产负债表账户包括资产类账户、负债类账户、所有者权益类账户和共同类账户四类，分别与资产负债表中的资产、负债和所有者权益项目相对应。如果"生产成本"账户期末有借方余额，表示在产品的成本，也应列入资产负债表的存货项目。

2. 利润表账户

利润表账户，也称为损益表账户，是指编制利润表所依据的账户。利润表账户包括收入类账户和费用支出类账户两类。这类账户是根据利润表的项目设置的。

账户按列入会计报表进行分类，目的在于通过这些账户的具体核算，提供编制会计报表所需要的数据资料。

(四) 账户按期末余额分类

账户按期末余额分类，分为实账户和虚账户两类。

1. 实账户

实账户，又称为永久性账户，通常是指期末结账后有余额的账户。实账户的期末余额代表着企业的资产、负债和所有者权益。在借贷记账法下，实账户按期末余额的方向，又可以分为借方余额账户和贷方余额账户。借方余额账户是指账户的借方发生额表示增加，贷方发生额表示减少，期末余额一定在借方的账户。资产类账户一般都是借方余额。贷方余额账户是指账户的贷方发生额表示增加，借方发生额表示减少，期末余额一定在贷方的账户。负债类和所有者权益类账户的期末余额一般都在贷方。

2. 虚账户

虚账户，又称为临时性账户，通常是指期末结账后无余额的账户。因为它们只在经营期间存在发生额，而在期末因结转而余额不存在，所以称为临时性账户。虚账户的发生额反映企业的损益情况，因此损益表账户通常都是虚账户。

复习思考题

一、名词解释

1. 会计科目
2. 总分类科目
3. 明细分类科目
4. 账户
5. 实账户
6. 虚账户

二、单选题

1. 下列关于账户期末余额的表述正确的是（　　）。

A. 本期期末余额＝本期期初余额

B. 本期期末余额＝本期期初余额＋本期增加发生额－本期减少发生额

C. 本期期末余额＝本期增加发生额＋本期减少发生额

D. 本期期末余额＝本期期初余额＋本期减少发生额－本期增加发生额

2. 下列关于账户结构说法正确的是（　　）。

A. 账户一方如果记增加，另一方肯定记减少

B. 账户左方固定记增加，右方固定记减少

C. 账户左方固定记减少，右方固定记增加

D. 账户左右双方同时记增加

3. 下列项目中，属于资产类账户的有（　　）。

A. 应付账款　　　　　　　　B. 累计折旧

C. 财务费用　　　　　　　　D. 本年利润

4. 制造费用按经济内容分类属于（　　）账户。

A. 资产类　　　　　　　　　B. 损益类

C. 成本类　　　　　　　　　D. 所有者权益类

5. 关于会计科目的表述，错误的是（　　）。

A. 会计科目是账户的名称

B. 会计科目是对会计要素进一步分类

C. 会计科目是对会计对象所作的基本分类

D. 会计科目不具有结构

6. 明细分类账户是根据（　　）开设的。

A. 资产类科目　　　　　　　　　B. 损益类科目

C. 总分类科目　　　　　　　　　D. 明细分类科目

7. 下列关于总分类账户说法错误的是（　　）。

A. 根据总分类会计科目开设　　　B. 提供总括分类的核算指标

C. 一般只用货币作为计量单位　　D. 可用实物量度来满足核算的需要

8. 账户最基本的分类是（　　）。

A. 按经济内容分类　　　　　　　B. 按级次分类

C. 按期末是否有余额分类　　　　D. 按列入会计报表分类

9. 下列按经济内容分类，属于成本类账户的是（　　）。

A. 生产成本　　　　　　　　　　B. 原材料

C. 在途物资　　　　　　　　　　D. 在建工程

10. 下列关于共同类账户，说法错误的是（　　）。

A. 根据共同类会计科目开设的账户

B. 兼有资产类和负债类账户的特点

C. 其性质视账户的余额而定，在借贷记账法下，余额在借方表示为资产，余额在贷方表示为负债

D. 兼有资产类和所有者权益账户的特点

三、多选题

1. "应收账款——四川食品公司"账户属于（　　）。

A. 资产类账户　　　　　　　　　B. 负债类账户

C. 总分类账户　　　　　　　　　D. 明细分类账户

E. 收入类账户

2. 下列项目中，属于资产类账户的有（　　）。

A. 应收账款　　　　　　　　　　B. 累计折旧

C. 预收账款　　　　　　　　　　D. 本年利润

E. 利润分配

3. 下列项目中，属于负债类账户的有（　　）。

A. 应付账款　　　　　　　　　　B. 预付账款

C. 预收账款　　　　　　　　　　D. 本年利润

E. 税金及附加

4. 下列关于会计科目和账户的关系说法正确的是（　　）。
A. 会计科目是账户的名称
B. 账户是根据会计科目在账簿中开设的户头
C. 会计科目只是一种分类，不具有结构
D. 账户具有一定格式和结构
E. 账户只是一种分类，不具有结构

5. 设置会计科目时应遵循下列基本原则（　　）。
A. 应结合会计要素的特点，全面、系统地反映会计要素的内容
B. 应保持适应性与稳定性相结合
C. 应做到统一性和灵活性相结合
D. 应结合会计目标的要求，满足信息使用者的需要
E. 会计科目名称要言简意赅，并进行适当的分类和编号

6. 我国《企业会计准则——应用指南》将会计科目分为以下（　　）类。
A. 资产类科目
B. 负债类科目
C. 所有者权益类科目
D. 成本类科目
E. 损益类科目

7. 账户结构一般应包括以下内容（　　）。
A. 账户的名称
B. 日期
C. 凭证编号
D. 摘要
E. 金额

8. 会计科目按提供核算指标的详细程度进行分类，可分为（　　）。
A. 总分类科目
B. 资产类科目
C. 共同类科目
D. 明细分类科目
E. 资产负债表类科目

9. 下列属于虚账户的是（　　）。
A. 销售费用
B. 制造费用
C. 主营业务收入
D. 本年利润
E. 预收账款

10. 账户按与会计报表的关系分类，可以分（　　）。
A. 资产负债表账户
B. 利润表账户
C. 现金流量表账户
D. 所有者权益变动表账户
E. 合并会计报表账户

四、判断题

1. 总分类账户和所属的明细分类账户的核算内容是相同的，只是反映经济业务的详细程度不同。（　　）

2. 期末没有余额的账户都是虚账户。（   ）
3. 收入费用类账户是虚账户。（   ）
4. 账户是根据会计科目开设的，所以账户就是会计科目，两者没有区别。（   ）
5. 会计科目是账户的名称，具有一定格式和结构，可以反映会计要素的增减变动。（   ）
6. 会计科目按提供核算指标的详细程度进行分类，可分为总分类科目和明细分类科目。（   ）
7. 会计科目是对会计要素所作的进一步分类。相应地，我国《企业会计准则——应用指南》将会计科目分为资产、负债、所有者权益、收入、费用和利润六大类。（   ）
8. 账户按其所反映的经济内容分类是账户分类的基础。（   ）
9. 明细分类账户是总分类账户的具体详细的说明，又称为统驭账户。（   ）
10. 资产类、负债类及所有者权益类账户是实账户。（   ）

五、业务题

目的：练习会计科目和会计账户的分类。

资料：下列是华联有限责任公司有关的业务。

（1）存放在出纳处的库存现金。
（2）存在开户银行里的款项。
（3）企业购买的机器设备。
（4）企业向银行借入的3个月期限的临时周转借款。
（5）向银行借入期限为2年的借款。
（6）应付给外单位的材料款。
（7）收到所有者投入的资本。
（8）客户所欠的货款。
（9）应支付的职工工资。
（10）支付的银行利息。
（11）以前年度积累的未分配利润。
（12）企业管理部门的办公用品费。
（13）企业销售产品的收入。
（14）企业车队对外出租汽车的收入。
（15）仓库中存放的已完工产品。
（16）在加工中的在产品。
（17）企业的广告费。
（18）仓库中存放的材料。

（19）按合同约定预付的购买材料款。
（20）按合同约定预收的销售商品款。

要求：（1）请判断各项经济业务所涉及科目名称。

（2）按经济内容分类，指出上述会计科目所属的类别。

（3）对上述会计科目对应设置的账户按期末是否有余额分类。

六、案例分析题

资料：9月1日开学时，小明从家里带来现金500元；9月15日，爸爸来学校看他给了现金1 000元；9月20日，他花了现金300元给饭卡充值。

要求：

（1）到9月30日他还有多少现金？

（2）小明可以设置哪个账户来核算他现金的增减变动及结余情况？

（3）说明该账户的四个数量指标以及它们之间的关系。

第四章
复式记账

本章详细阐述了会计核算的基本原理和方法。通过本章的学习，要求了解记账方法的种类；理解复式记账的理论依据；熟练掌握借贷记账法下账户结构、记账规则和试算平衡；了解会计账户的对应关系与对应账户；掌握会计分录的具体编制方法；掌握总分类账户与明细分类账户的平行登记方法。本章学习的重点是复式记账的理论依据，借贷记账法的记账符号、账户结构、记账规则和试算平衡；运用借贷记账方法编制会计分录；总分类账户与明细分类账户的平行登记及其平衡关系。本章学习的难点是借贷记账法的记账符号、账户结构、记账规则和试算平衡；运用借贷记账方法编制会计分录。

第一节 复式记账原理

一、记账方法概述

（一）记账方法

在会计核算体系中，设置会计科目和账户后，还需要采用一定的记账方法将会计要素的增减变动登记在账户中。记账方法是根据一定的原理将经济业务记入账户的技术方法。具体而言，是根据单位所发生的经济业务（或会计事项），采用特定的记账符号并运用一定的记账原理（程序和方法），在账簿中进行登记的方法。从会计产生和发展历史来看，它经历了从单式记账法到复式记账法的发展历程。

（二）记账方法的种类

按照登记经济业务方式的不同，记账方法可以分为单式记账法和复式记账法两种。

1. 单式记账法

单式记账法是对发生的每一笔经济业务，只在一个账户中进行登记的记账方法。这种记账方法一般只记录现金和银行存款的收付业务及债权债务结算业务，而不登记实物的收付业务。例如，"以银行存款1 000元购买原材料"这笔经济业务，若采用单式记账法记账，只在"银行存款"账户上记录银行存款减少1 000元，不同时在"原材料"账户上记录原材料增加 1 000 元。显然，这种记账方法只能反映经济业务的一个侧面，不能清晰地反映银行存款减少的原因以及"银行存款"和"原材料"之间存在的关系。

单式记账法是比较简单、不完整的记账方法，其账户与账户之间没有必然的内在联系，会计记录之间也不存在相互钩稽的关系，因此，不能全面、系统地反映经济业务的来龙去脉，也不便于检查账簿记录的正确性。单式记账法适用于经济业务简单的企业，而难以适应经济业务比较复杂的企业单位的要求。15 世纪前后随着复式记账法的采用和完善，单式记账法逐渐被复式记账法取代，目前一般不采用。

2. 复式记账法

复式记账法是从单式记账法发展演变而来的。复式记账法是指对每一笔经济业务所引起的资金增减变动，都要以相等的金额同时在两个或两个以上相互联系的账户中进行登记的方法。相对于单式记账法，复式记账法最主要的特点在于会计记录的双重性。例如，"以银行存款 1 000 元购买原材料"这笔经济业务，若采用复式记账法记账，不仅要在"银行存款"账户上记录银行存款减少 1 000 元，同时还要在"原材料"账户上记录原材料增加 1 000 元。显然，这种记账方法能反映经济业务的来龙去脉，能清晰地反映"银行存款"和"原材料"账户之间存在的对应关系。

与单式记账法相比，复式记账法是一种科学的记账方法，优点主要有以下两点：

（1）对发生的每一笔经济业务都要在两个或两个以上相互联系的账户中登记，使得各账户之间形成了严密的对应关系，不仅可以了解每一项经济业务涉及资金运动的来龙去脉，还可以通过各个会计要素的增减变化全面地、系统地了解企业整个资金运动的过程和结果，为经济管理提供需要的会计信息。

（2）由于复式记账法要求以相等的金额在两个或两个以上相互联系的账户中同时登记，因此可以对账户记录的结果进行试算平衡，以检查账簿记录的正确性。如果记账中有错误，这种平衡关系就会被破坏。

在我国，复式记账法按其采用的记账符号和记账规则的不同，可以划分为借贷记账法、增减记账法和收付记账法三种具体方法。其中，以"借"和"贷"作为记账符号的借贷记账法是最早产生的复式记账法，也是世界各国普遍采用的记账方法。借贷记账法于 19 世纪初由日本传入我国，开始在一些企业使用。新中国成立后，为了使借贷记账法更加通俗、易懂，创建了以"增"和"减"为记账符号的增减记账法和以"收"和"付"为记账符号的收付记账法，并一度分别在商业企业和行政、事业单位广泛应用。但是，这两种记账方法在记账规则、试算平衡等方面，均不如借贷记账法科学、严密，而且三种复式记账方法同时运用，造成全国会计工作十分混乱。因此，为了深化我国经济体制改革，进一步扩大对外开放，吸引外资，1993 年 7 月 1 日，我国制定了与国际惯例衔接的会计准则，要求所有企业都必须使用借贷记账法进行账务处理，之后又要求行政事业单位也从收付记账法改为借贷记账法。记账方法的统一可以规范会计核算工作和提高信息的可比性，便于与其他国家进行经济交流。下面只介绍借贷复式记账法的内容。

二、复式记账的原理

复式记账法是一种科学的记账方法，它是建立在会计等式的基础上，并以此作为理论依据。基本的会计等式为资产＝负债＋所有者权益。若考虑收入和费用，综合的会计等式为资产＋费用＝负债＋所有者权益＋收入。会计等式反映了资金运动的内在规律性，任何经济业务的发生都不会破坏会计等式的恒等。企业的资金运动对会计等式的影响概括起来不外乎四种情形：

（1）会计等式左右双方同时增加。
（2）会计等式左右双方同时减少。
（3）会计等式左边一增一减。
（4）会计等式右边一增一减。

从上述内容可看出，会计等式主要揭示了三个方面的内容：会计主体各要素之间的数量平衡关系；各会计要素增减变化的相互联系；等式有关因素之间的对立统一关系，即等式左边内部或右边内部一增一减，存在对立关系，而等式左右双方同增同减，存在统一关系。这三个关系相应的对复式记账提出了三个方面的要求：数量平衡关系要求每一次记账的增加减少的金额要平衡；增减变化的相互关系要求在一个账户中记录的同时必然要在另一个或一个以上相关账户中进行记录；对立统一关系要求按相反方向记账，即若规定等式左边资产类和费用类账户借方记增加，贷方记减少，则记账规则必然是有借必有贷，借贷必相等。记账规则决定了等式右边账户的结构必然和左边账户结构相反，即负债类、所有者权益类和收入类账户借方记减少，贷方记增加。

复式记账正是根据会计等式的上述要求，规定对每一笔经济业务所引起的资金增减变动，都以相等的金额同时在两个或两个以上相互联系的账户中进行登记。如果企业对经济业务的登记符合复式记账原理，记账的结果必然使一定时期全部账户的借贷方金额平衡，期末会计等式左右双方账户借贷余额的合计数平衡。在任何时点，会计恒等式"资产＝负债＋所有者权益"或"资产＋费用＝负债＋所有者权＋收入"均能成立，即双方保持着平衡关系。

由此可见，会计等式决定了复式记账法账户的结构、记账规则和试算平衡，因此，会计等式是复式记账的理论基础。

第二节　借贷记账法

借贷记账法，就是以"借""贷"作为记账符号，按照"有借必有贷、借贷必相等"的记账规则，在两个或两个以上的账户中全面地、相互联系地记录每笔经济业务的一种复式记账方法。它是最早的复式记账方法，也是目前世界各国通用的、最科学的、最完善的复式记账法。借贷记账法的理论基础是会计恒等式，即"资产=负债+所有者权益"。其基本内容包括以下几方面：

一、记账符号

在复式记账法下，账户的金额栏都分为左右两方，而借贷记账法则将左方规定为借方，右方规定为贷方。1494年意大利数学家卢卡·帕乔利出版的专著《算术、几何、比及比例概要》中对借贷记账法进行了详细描述。借贷记账法起源于12世纪末13世纪初意大利的北方城市，在那个时期，西方资本主义的商品经济有了初步的发展，为了适应商业资本和借贷资本经营者的需要，逐渐形成了借贷记账方法。借贷记账法最先应用于意大利的银行业中，那时借贷资本家按债权和债务关系开设户头，将收进的款项记在债权人名下，称为"贷"，表示欠人，即债务增加；将付出的款项记在债务人名下，称为"借"，表示人欠，即债权增加。以此反映银行业借贷资金往来的情况。这就是"借""贷"两字最初的含义，分别表示债权、债务的变化。随着社会经济不断地发展，经济活动的内容也逐渐复杂起来，借贷记账法逐渐被推广应用，不仅应用于货币资金的借贷业务，而且应用于非货币性业务，并逐渐扩展到登记财产物资及其经营损益等内容的增减变动。这样"借""贷"两字逐渐脱离了原有债权、债务的字面含义，变成纯粹的记账符号，且转变为会计上的专门术语。到了15世纪，借贷记账法逐渐发展完善起来，与此同时，西方的会计学者提出了借贷记账法的理论依据，即"资产=负债+所有者权益"这一会计恒等式，这一理论确立了借贷记账法的记账规则，进而使借贷记账法成为一种科学的记账方法，为世界各国普遍采用。作为记账符号，"借"和"贷"两字应该理解为账户上两个对立的方向，即一方表示增加，另一方则表示减少，至于哪一方表示增加，哪一方表示减少，要看账户反映的经济内容和账户的性质。

二、账户结构

按照借贷记账法规定，账户的基本结构是：每一个账户都分为"借""贷"两方，通常情况下，账户的左方为借方，右方为贷方。账户的借贷两方是对立的、相反的，即对于每个账户来说，如果借方记录增加额，那么账户的贷方一定是登记减少额，反之亦然。那么一个账户既可以记录增加额，又可以记录减少额，究竟哪方登记增加金额，哪方登记减少金额，则取决于账户所反映的经济内容和账户本身的性质。

（一）资产类账户

资产类账户的结构为：账户的借方登记资产的增加额，贷方登记资产的减少额。在一个会计期间内，借方记录的合计数称为本期借方发生额；贷方记录的合计数称为本期贷方发生额；每一会计期间的期末（如月末）将本期借方发生额与本期贷方发生额相比较，其差额称为期末余额。期末余额的方向一般与增加额方向相同，资产类账户的期末余额一般在借方，期末余额将转入下期，成为下一个会计期间的期初余额。资产类账户期末余额的计算可表述为：

期末借方余额=期初借方余额+本期借方发生额-本期贷方发生额

资产类账户结构如图4-1所示：

借方	资产类账户	贷方
期初余额		
增加额		减少额
本期发生额		本期发生额
期末余额		

图4-1　资产类账户的结构

（二）负债和所有者权益类账户的结构

负债类账户的结构根据会计恒等式，资产要素与负债要素的金额变化关系为同时等额增加或减少，再根据借贷记账法的记账规则，资产增加记入借方，则负债同时等额增加必须记入贷方；相反资产减少记入贷方，则负债同时等额减少必须记入借方。同理，期初余额与本期增加额之和一般大于本期减少额（否则账户性质也会发生改变，不再是负债，而转化成了企业的资产），因此余额方向也与增加额方向相同，表示期末尚未偿还的负债。借贷记账法是以"资产=负债+所有者权益"这一会计等式为理论依据的，从等式可以看出，资产在等式的左边，负债和所有者权益在等式的右边，左右两边永远相等，亦应永远对立，因此负债和所有者权益类账户的结构应该与资产类账户的结构相反，即贷方登记负债和所有者权益的增加额，借方登记负债和所有者权益的减少额。每一会计期间的期末（如月末）将借方发生额与贷方发生额进行比较，其差额称为期末余额。负债和所有者权益类账户的期末余额一般在贷方，期末余额将转入下期，成为下一个会计期间的期初余额。负债和所有者权益类账户期末余额的计算可表述为：

期末贷方余额=期初贷方余额+本期贷方发生额-本期借方发生额

负债和所有者权益类账户的结构如图4-2所示：

借方	负债和所有者权益类账户	贷方
减少额	期初余额 增加额	
本期发生额	本期发生额 期末余额	

图 4-2 负债和所有者权益类账户的结构

（三）成本类账户

企业在生产产品提供劳务的过程中要有材料、人工等各种耗费，这些耗费在生产中形成产品和劳务的成本，期末若尚未生产完工，就表现为在产品和劳务的成本。因此，可以将成本看作是一种资产。成本类账户的结构与资产类账户的结构是基本相同的，即账户的借方登记成本的增加额，账户的贷方登记成本的减少额，期末余额一般在借方。成本类账户期末余额的计算可表述为：

期末借方余额=期初借方余额+本期借方发生额-本期贷方发生额

成本类账户的结构，同资产类账户的结构一致（见图4-1）。

（四）损益类账户

损益类账户按反映的具体内容不同，可以分为收入类账户和费用类账户。企业的主要目的是获得利润，而企业在销售产品取得收入的同时，也必须付出一定的费用。前已述及，收入最终会导致所有者权益的增加，而费用最终会导致所有者权益的减少，因此，收入类账户的结构与所有者权益类账户的结构相同，费用类账户的结构与所有者权益类账户的结构相反。即收入类账户的贷方登记收入的增加额，借方登记收入的减少额；费用类账户的借方登记费用的增加额，贷方登记费用的减少额。根据"收入-费用=利润"这一会计等式，收入和费用最终要转到"本年利润"账户，因此收入类和费用类账户与前述账户不同，最终是没有余额的。收入类和费用类账户的结构如图4-3、图4-4所示：

借方	收入类账户	贷方
本期减少及转出额		本期增加额
本期发生额		本期发生额

图 4-3　收入类账户的结构

借方	费用类账户	贷方
本期增加额		本期减少及转出额
本期发生额		本期发生额

图 4-4　费用类账户的结构

综上所述，借、贷两方，对于不同的账户所表示的经济内容不同，总结来看，借字可以表示资产、成本、费用的增加和负债、所有者权益、收入的减少；贷字可以表示资产、成本、费用的减少和负债、所有者权益、收入的增加；各类账户的期末余额一般在其记录增加的一方。因此，在实际业务中，我们可以根据账户余额所在方向来判断账户的性质，一般来说，资产类账户的余额在借方，负债和所有者权益类账户的余额在贷方。

三、记账规则

记账规则是采用复式记账法时应遵守的法则。根据借贷记账法账户结构的原理，决定了每一笔经济业务所引起的资金变化，必然在记入有关账户借方的同时，也要记入其他相关账户的贷方，而且金额相等。因此，根据资金变化的这一规律，可以将借贷记账法的记账规则概括为："有借必有贷，借贷必相等"。"有借必有贷"表示在一个账户中记借方，必须同时在另一个或几个账户中记贷方；或者在一个账户中记贷方，必须同时在另一个或几个账户中记借方。"借贷必相等"表示记入借方的金额和记入贷方的金额必须相等。

在运用借贷记账法登记经济业务时，通常要遵循以下步骤：

首先，根据发生的经济业务，确定经济业务所涉及的会计要素及账户的类别；

其次，分析经济业务所涉及的账户名称及其增减的金额；

最后，根据上述分析，确定该经济业务应记入相关账户的借方或贷方，以及各账户应记金额，保证借方与贷方的金额相等。

下面以扬城有限责任公司2022年3月份发生的经济业务为例来说明借贷记账法的应用。

【例4-1】2022年3月1日，扬城有限责任公司接受新华公司的投资100万元，款项已经存入银行。

分析：这笔经济业务使得扬城有限责任公司的资产和所有者权益两个会计要素同时增加，一方面使资产增加了100万元，应该在"银行存款"账户的借方登记；另一方面使所有者权益增加了100万元，应该在"实收资本"账户的贷方登记（见图4-5、图4-6）。

【例4-2】2022年3月3日，扬城有限责任公司从银行取得借款40万元，期限为6个月，款项已经存入银行。

分析：这笔经济业务使得扬城有限责任公司的资产和负债两个会计要素同时增加，一方面使资产增加了40万元，应该在"银行存款"账户的借方登记；另一方面使负债增加了40万元，应该在"短期借款"账户的贷方登记（见图4-7、图4-8）。

【例4-3】2022年3月10日，扬城有限责任公司用银行存款10万元买入一台机器设备，已投入使用。

分析：这笔经济业务使得扬城有限责任公司的资产这个会计要素发生变化，出现了资产内部一增一减的情况。一方面付出款项使资产减少了10万元，应该在"银行存款"账户的贷方登记；另一方面购入机器设备使资产增加了10万元，应该在"固定资产"账户的借方登记（见图4-9、图4-10）。

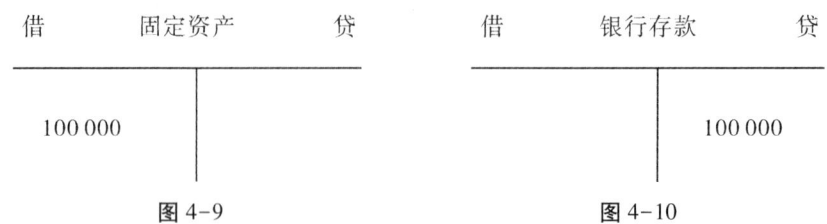

图 4-9　　　　　　　　　图 4-10

【例 4-4】2022 年 3 月 11 日，扬城有限责任公司向东方公司购入商品 20 万元，已用银行存款支付 15 万元，剩余 5 万元货款暂欠。

分析：这笔经济业务使得扬城有限责任公司的资产和负债两个会计要素发生变化，一方面购买商品使资产增加了 20 万元，应该在"库存商品"账户的借方登记，由于用银行存款支付，资产同时也减少了 15 万元，应该在"银行存款"账户的贷方登记；另一方面货款暂欠，使负债增加了 5 万元，应该在"应付账款"账户的贷方登记（见图 4-11、图 4-12、图 4-13）。

图 4-11　　　　　　图 4-12　　　　　　图 4-13

【例 4-5】2022 年 3 月 15 日，扬城有限责任公司用银行存款偿还前欠东方公司货款 2 万元。

分析：这笔经济业务使得扬城有限责任公司的资产和负债两个会计要素同时减少，一方面使资产减少了 2 万元，应该在"银行存款"账户的贷方登记；另一方面使负债减少了 2 万元，应该在"应付账款"账户的借方登记（见图 4-14、图 4-15）。

图 4-14　　　　　　　　　图 4-15

【例 4-6】2022 年 3 月 15 日，扬城有限责任公司用现金支票从银行提取现金 1 000 元，以供零星使用。

分析：这笔经济业务使得扬城有限责任公司的资产这个会计要素发生变化，出现了资产内部一增一减的情况。一方面开出现金支票使资产减少了 1 000 元，应该在"银行存款"账户的贷方登记；另一方面提取现金使资产增加了 1 000 元，应该在"库存现金"账户的借方登记（见图 4-16、图 4-17）。

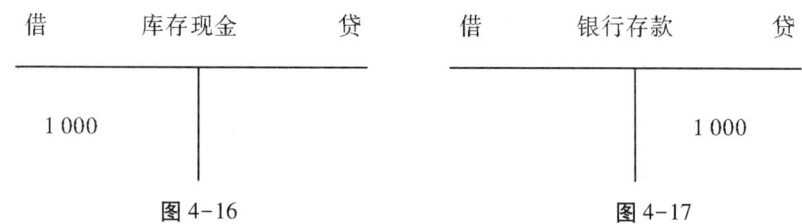

图 4-16　　　　　　　　　　图 4-17

【例 4-7】2022 年 3 月 20 日，扬城有限责任公司销售产品取得收入 20 万元，款项已经存入银行。

分析：这笔经济业务使得扬城有限责任公司的资产和收入两个会计要素同时增加，一方面销售收到货款使资产增加了 20 万元，应该在"银行存款"账户的借方登记；另一方面销售产品使收入增加了 20 万元，应该在"主营业务收入"账户的贷方登记（见图 4-18、图 4-19）。

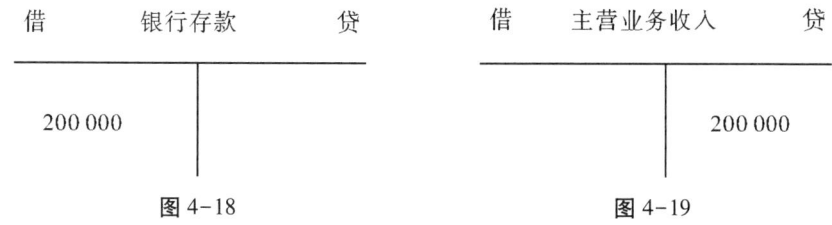

图 4-18　　　　　　　　　　图 4-19

【例 4-8】月末，结转已售产品成本 15 万元。

分析：这笔经济业务使得扬城有限责任公司的费用和资产两个会计要素发生变化，一方面销售产品使资产减少了 15 万元，应该在"库存商品"账户的贷方登记；另一方面使销售成本增加了 15 万元，应该在"主营业务成本"账户的借方登记（见图 4-20、图 4-21）。

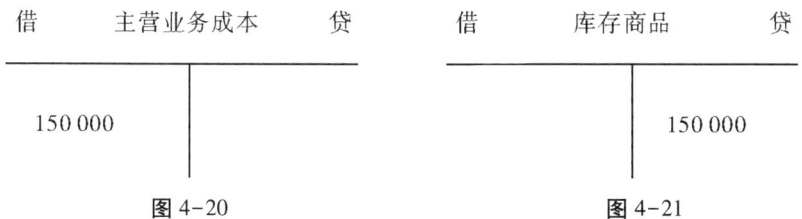

图 4-20　　　　　　　　　　图 4-21

【例 4-9】月末，将上述主营业务成本账户余额结转至"本年利润"账户。

分析：这笔经济业务使得扬城有限责任公司的费用和所有者权益两个会计要素同时减少，一方面使主营业务成本转出了 15 万元，在"主营业务成本"账户的贷方登记；另一方面使所有者权益减少，在"本年利润"账户的借方登记 15 万元（见

图4-22、图4-23)。

图4-22　　　　　　　　　图4-23

【例4-10】月末,将上述主营业务收入账户余额结转至"本年利润"账户。

分析:这笔经济业务使得扬城有限责任公司的收入和所有者权益两个会计要素发生变化,一方面使主营业务收入转出了20万元,在"主营业务收入"账户借方登记;另一方面使所有者权益增加,在"本年利润"账户的贷方登记20万元(见图4-24、图4-25)。

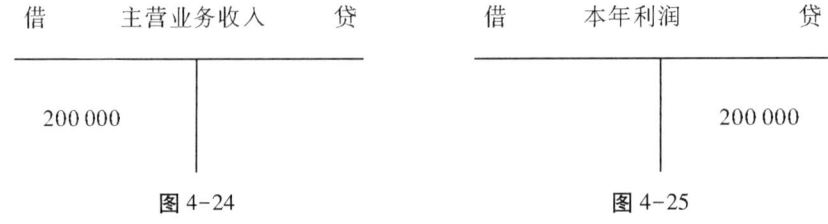

图4-24　　　　　　　　　图4-25

通过上述分析可看出,采用借贷记账法,在每项经济业务发生后,都会在相关账户中形成一种相互对立又相互依存的关系,这种借方账户与贷方账户之间的相互依存的关系,称为账户的对应关系,具有对应关系的账户称为对应账户。如【例4-7】"2022年3月20日,扬城有限责任公司销售产品取得收入20万元,款项已经存入银行"这一经济业务中,"银行存款"与"主营业务收入"之间存在对应关系,因此"银行存款"与"主营业务收入"就形成了对应账户,即"银行存款"的对应账户是"主营业务收入",反之,"主营业务收入"的对应账户是"银行存款"。账户之间对应关系的存在是因为会计恒等式恒等关系的存在,反过来说这种账户之间的对应关系是会计恒等关系的具体表现,应用这种对应关系可以了解经济业务的来龙去脉,可以检查账户记录是否正确。

企业的经济业务纷繁复杂,为了准确地将经济业务及时登记到相应账户中,在经济业务发生后首先要编制会计分录。会计分录是按照借贷记账法记账规则的要求,标明某项经济业务应借应贷账户名称及金额的一种记录。即会计分录包括三个要素:账户的名称、方向("借"或"贷")和金额。在实际工作中,编制会计分录是通过填制记账凭证来完成的。如上述例题在记入账户前应编制如下会计分录:

(1) 借:银行存款　　　　　　　　　　　　　　　1 000 000
　　　贷:实收资本　　　　　　　　　　　　　　　　　1 000 000

（2）借：银行存款　　　　　　　　　　　　　　　　　400 000
　　　贷：短期借款　　　　　　　　　　　　　　　　　　400 000
（3）借：固定资产　　　　　　　　　　　　　　　　　100 000
　　　贷：银行存款　　　　　　　　　　　　　　　　　　100 000
（4）借：库存商品　　　　　　　　　　　　　　　　　200 000
　　　贷：银行存款　　　　　　　　　　　　　　　　　　150 000
　　　　　应付账款　　　　　　　　　　　　　　　　　　50 000
（5）借：应付账款　　　　　　　　　　　　　　　　　20 000
　　　贷：银行存款　　　　　　　　　　　　　　　　　　20 000
（6）借：库存现金　　　　　　　　　　　　　　　　　1 000
　　　贷：银行存款　　　　　　　　　　　　　　　　　　1 000
（7）借：银行存款　　　　　　　　　　　　　　　　　200 000
　　　贷：主营业务收入　　　　　　　　　　　　　　　　200 000
（8）借：主营业务成本　　　　　　　　　　　　　　　150 000
　　　贷：库存商品　　　　　　　　　　　　　　　　　　150 000
（9）借：本年利润　　　　　　　　　　　　　　　　　150 000
　　　贷：主营业务成本　　　　　　　　　　　　　　　　150 000
（10）借：主营业务收入　　　　　　　　　　　　　　200 000
　　　　贷：本年利润　　　　　　　　　　　　　　　　　200 000

通过上述例子，可以看出会计分录的基本格式为：借方会计科目写在上面，贷方会计科目向右移两格写在借方会计科目的下面，金额用阿拉伯数字，数字后不写"元"。

会计分录有简单会计分录和复合会计分录之分。简单会计分录就是指一个借方账户与另一个贷方账户相对应所组成的会计分录，即"一借一贷"的会计分录。复合会计分录就是指两个以上的账户相对应组成的会计分录。它所反映的账户对应关系，可以是一个借方账户同几个贷方账户发生对应关系，或一个贷方账户同几个借方账户发生对应关系，或几个借方账户同几个贷方账户发生对应关系，即"一借多贷、一贷多借或多借多贷"的会计分录。复合会计分录实质上是由几个简单会计分录组合成的，如上述【例4-4】的业务所编制的会计分录，可以分解成以下两个简单的会计分录：

借：库存商品　　　　　　　　　　　　　　　　　　150 000
　　贷：银行存款　　　　　　　　　　　　　　　　　　　150 000
借：库存商品　　　　　　　　　　　　　　　　　　50 000
　　贷：应付账款　　　　　　　　　　　　　　　　　　　50 000

编制复合会计分录可以全面反映某些经济业务的全貌，简化记账手续。需要注意的是，多借多贷的复合分录会混淆账户之间的对应关系，不利于账户记录的检查，因此为了保持账户对应关系清楚，一般不宜把不同类型的经济业务合并在一起编制多借多贷的会计分录。

将前述会计分录编制完成后，还要把相应的金额登记到相应的账户上，这个过程称为过账。过账可以分为以下几个步骤：

（1）根据期初资料开设 T 型总分类账户和明细分类账户，登记期初余额；
（2）根据会计分录登记 T 型账户的发生额；
（3）期末结出各账户本期发生额合计和期末余额；
（4）在登记总分类账户和明细账分类账户时，应该采用平行登记法。

由于平行登记法内容较多，为了便于学习，下面例子仅登记总分类账户，平行登记法内容请见本节后面的内容。

现假设扬城有限责任公司 2022 年 3 月 1 日成立，期初没有余额，将 3 月份发生的经济业务记入账户，记录结果如下（见图 4-26～图 4-35）：

借	银行存款	贷
（1）1 000 000	（3）100 000
（2）400 000	（4）150 000
（7）200 000	（5）20 000
	（6）1 000
本期发生额1 600 000	本期发生额271 000
期末余额1 329 000	

图 4-26

借	库存现金	贷
（6）1 000	
本期发生额1 000	本期发生额0
期末余额1 000	

图 4-27

借	实收资本	贷
	（1）1 000 000
本期发生额0	本期发生额1 000 000
	期末余额1 000 000

图 4-28

借	固定资产	贷
（3）100 000	
本期发生额100 000	本期发生额0
期末余额100 000	

图 4-29

借　　　库存商品　　　贷	借　　　短期借款　　　贷
（4）200 000　　　（8）150 000	（2）400 000
本期发生额200 000　本期发生额150 000	本期发生额0　　本期发生额400 000
期末余额50 000	期末余额 400 000

图 4-30　　　　　　　　　　图 4-31

借　　　应付账款　　　贷	借　　　主营业务收入　　　贷
(5)20 000　　　（4）50 000	(10)200 000　　（7）200 000
本期发生额20 000　本期发生额50 000	本期发生额200 000　本期发生额200 000
期末余额30 000	期末余额0

图 4-32　　　　　　　　　　图 4-33

借　　　主营业务成本　　　贷	借　　　本年利润　　　贷
(8)150 000　　　（9）150 000	(9)150 000　　（10）200 000
本期发生额150 000　本期发生额150 000	本期发生额150 000　本期发生额200 000
期末余额0	期末余额50 000

图 4-34　　　　　　　　　　图 4-35

四、试算平衡

运用借贷记账法的记账规则在账户上记录经济业务的过程中，为了保证或检查一定时期内所发生的经济业务在账户中登记的正确性和完整性，需要在一定时期终了时，对账户记录进行试算平衡。依据会计恒等式的平衡关系和借贷记账法的记账规则，确立科学的、简便的、用于检查和验证账户记录是否正确的方法，以便找出错误及其原因，及时予以改正。这种检查和验证账户记录正确性的方法，在会计上称之为试算平衡。借贷记账法试算平衡有两种形式：

（一）发生额试算平衡

在借贷记账法下，每一项经济业务都按照"有借必有贷，借贷必相等"的记账规则记账。这样每一笔经济业务所编制的会计分录的借方账户金额与贷方账户金额相等，而且到期末将该期所有会计分录的数据进行汇总后，所有账户的借方发生额合计与所有账户的贷方发生额合计必然也相等。这种平衡关系用公式表示如下：

本期全部账户借方发生额合计＝本期全部账户的贷方发生额合计

这种依据借贷记账法记账规则来检验一定时期内账户发生额是否正确的方法，称为发生额试算平衡法。

（二）余额试算平衡

期末将所有账户的余额计算出来后，凡是借方余额的账户都表示资产，凡是贷方余额的账户都表示负债或所有者权益，根据"资产＝负债＋所有者权益"会计恒等式的平衡原理，所有账户的借方余额合计与所有账户的贷方余额合计也应相等，即

期末全部账户借方余额合计＝期末全部账户的贷方余额合计

这种利用会计等式的原理来检验一定时期内账户余额是否正确的方法，称为余额试算平衡法。

当每个计算期结束时，在已经结出各账户的本期发生额和期末余额后，上述的试算平衡是通过编制"本期发生额试算平衡表"和"期末余额试算平衡表"进行的。根据上述例题扬城有限公司的账户记录编制发生额试算平衡表（如表 4-1 所示）和期末余额试算平衡表（如表 4-2 所示）；也可将本期发生额和期末余额合并在一张表上进行试算平衡（如表 4-3 所示）。

表 4-1　总分类账户发生额试算平衡表

2022 年 3 月 31 日　　　　　　　　　　　　单位：元

账户名称	本期发生额	
	借方	贷方
银行存款	1 600 000	271 000
库存现金	1 000	
库存商品	200 000	150 000
固定资产	100 000	
短期借款		400 000
应付账款	20 000	50 000
实收资本		1000 000

表4-1(续)

账户名称	本期发生额	
	借方	贷方
主营业务成本	150 000	150 000
主营业务收入	200 000	200 000
本年利润	150 000	200 000
合计	2 421 000	2 421 000

表 4-2　总分类账户期末余额试算平衡表

2022 年 3 月 31 日　　　　　　　　　　　　　　单位：元

账户名称	期末余额	
	借方余额	贷方余额
银行存款	1 329 000	
库存现金	1 000	
库存商品	50 000	
固定资产	100 000	
短期借款		400 000
应付账款		30 000
实收资本		1 000 000
本年利润		50 000
合计	1 480 000	1 480 000

表 4-3　总分类账户发生额及期末余额试算平衡表

2022 年 3 月 31 日　　　　　　　　　　　　　　单位：元

账户名称	本期发生额		期末余额	
	借方	贷方	借方余额	贷方余额
银行存款	1 600 000	271 000	1 329 000	
库存现金	1 000		1 000	
库存商品	200 000	150 000	50 000	
固定资产	100 000		100 000	
短期借款		400 000		400 000
应付账款	20 000	50 000		30 000

表4-3(续)

账户名称	本期发生额		期末余额	
	借方	贷方	借方余额	贷方余额
实收资本		1 000 000		1 000 000
主营业务成本	150 000	150 000		
主营业务收入	200 000	200 000		
本年利润	150 000	200 000		50 000
合计	2 421 000	2 421 000	1 480 000	1 480 000

通过编制期末余额与本月发生额试算平衡表可以检查本期账务记录是否正确。如经过试算期末余额与本月发生额均平衡，可以初步认为本期账务记录是正确的。当然试算平衡表并不能发现账务处理过程中的所有错误，有些错误，如记账时将借贷双方漏记、重记、记错方向或记错账户等，通过试算平衡是不能发现的，还必须辅以其他检查方法进行核对，所以，试算平衡只能说明账户记录基本正确。需要注意的是，不管进行发生额试算平衡还是余额试算平衡，所用到的账户一般都是总分类账户。至于总分类账户和明细分类账户的发生额试算平衡或余额试算平衡，下面将会进行具体讲述。

五、总分类账户和明细分类账户平行登记

通过上述对借贷记账法记账程序的讲解和运用，我们知道，企业对发生的每一项经济业务编制会计分录后，都要在相关账户中进行登记，这个过程称为过账。而账户按其提供指标的详细程度不同可分为总分类账户和明细分类账户。总分类账户对其下属的明细分类账户起到控制和统驭的作用，反过来明细分类账户对其上级总分类账户起到辅助和补充说明作用，两者的关系是控制与被控制的关系。总分类账户和明细分类账户的关系，决定了两者的"平行登记"原则。即对于需要进行明细核算的每一项经济业务，过账时，在记入有关的总分类账户的同时，也要记入总分类账户所属的明细分类账户，而且登记的方向相同，金额相等，这种登记总分类账户和明细分类账户的方法称为平行登记。平行登记要点可以概括为以下四方面：

（1）依据相同，即每一项经济业务发生后，依据相同的会计凭证登记总分类账户和所属明细分类账户。

（2）同时登记。"同时"指的是同一个会计期间，即对于同一笔经济业务，记入总分类账户和记入相对应的明细分类账户的工作必须在同一个会计期间内完成。

（3）方向相同。对于同一笔经济业务，记入总分类账户和明细分类账户的方向应相同，即总分类账户记在借方，其所属明细分类账户亦记在借方；总分类账户记在贷方，其所属明细分类账户亦记在贷方。

（4）金额相等。对于同一笔经济业务，记入总分类账户的金额应与记入其所属明细分类账户的金额或金额之和相等。下面举例进行说明。

【例4-11】扬城有限责任公司期初原材料账户和应付账款账户的余额资料如表4-4所示。

表4-4 "原材料"账户和"应付账款"账户的期初余额　　　单位：元

账户名称	借方余额	贷方余额
原材料	50 000	
其中：A材料	40 000	
B材料	10 000	
应付账款		60 000
其中：东方公司		45 000
南海公司		15 000

假设扬城有限责任公司本月发生以下经济业务（涉及的增值税忽略）：

（1）向东方公司购进材料17 000元，其中，A材料9 000元，B材料8 000元，款项尚未支付。

（2）向南海公司购进A材料1 800元，B材料6 200元，货款尚未支付。

（3）生产领用原材料，其中A材料5 000元，B材料2 200元。

（4）用银行存款偿还东方公司部分货款10 000元，南海公司部分货款5 000元。

根据上述业务编制会计分录如下：

（1）借：原材料——A材料　　　　　　　　　　　　　　9 000
　　　　　　　——B材料　　　　　　　　　　　　　　8 000
　　　贷：应付账款——东方公司　　　　　　　　　　　17 000
（2）借：原材料——A材料　　　　　　　　　　　　　　1 800
　　　　　　　——B材料　　　　　　　　　　　　　　6 200
　　　贷：应付账款——南海公司　　　　　　　　　　　8 000
（3）借：生产成本　　　　　　　　　　　　　　　　　　7 200
　　　贷：原材料——A材料　　　　　　　　　　　　　5 000
　　　　　　　——B材料　　　　　　　　　　　　　　2 200
（4）借：应付账款——东方公司　　　　　　　　　　　10 000
　　　　　　　——南海公司　　　　　　　　　　　　5 000
　　　贷：银行存款　　　　　　　　　　　　　　　　　15 000

遵循平行登记的原则，登记原材料和应付账款总分类账户和相应的明细分类账户如下（见图4-36~图4-41）：

借	原材料	贷
期初余额:50 000		
(1) 17 000	(3) 7 200	
(2) 8 000		
本期发生额25 000	本期发生额7 200	
期末余额67 800		

图 4-36

借	应付账款	贷
(4) 15 000	期初余额:60 000	
	(1) 17 000	
	(2) 8 000	
本期发生额15 000	本期发生额25 000	
	期末余额70 000	

图 4-37

借	原材料——A材料	贷
期初余额:40 000		
(1) 9 000	(3) 5 000	
(2) 1 800		
本期发生额10 800	本期发生额5 000	
期末余额45 800		

图 4-38

借	原材料——B材料	贷
期初余额:10 000		
(1) 8 000	(3) 2 200	
(2) 6 200		
本期发生额14 200	本期发生额2 200	
期末余额22 000		

图 4-39

借	应付账款——东方公司	贷
	期初余额:45 000	
(4) 10 000	(1) 17 000	
本期发生额10 000	本期发生额17 000	
	期末余额52 000	

图 4-40

借	应付账款——南海公司	贷
	期初余额:15 000	
(4) 5 000	(2) 8 000	
本期发生额5 000	本期发生额8 000	
	期末余额18 000	

图 4-41

平行登记完毕之后，总分类账户和相应的明细分类账户之间应满足以下四组等式关系，可以作为检验会计账簿登记是否正确的标准之一：

（1）总分类账户期初余额＝所属明细分类账户期初余额合计。
（2）总分类账户本期借方发生额＝所属明细分类账户借方发生额合计。
（3）总分类账户本期贷方发生额＝所属明细分类账户贷方发生额合计。
（4）总分类账户期末余额＝所属明细分类账户期末余额合计。

为了保证账户记录的正确性，应经常将总分类账户和明细分类账户记录进行核对，保持账账相符。核对的一般方法是：先编制有关明细分类账户本期发生额及余额表，然后再将其与总分类账户核对。根据上例编制"原材料"明细分类账户本期发生额和余额表（如表4-5所示）和"应付账款"明细分类账户本期发生额和余额表（如表4-6所示）。

表4-5 "原材料"明细分类账户本期发生额和余额表　　　　单位：元

材料名称	期初借方余额	本期发生额 借方	本期发生额 贷方	期末借方余额
A材料	40 000	10 800	5 000	45 800
B材料	10 000	14 200	2 200	22 000
合计	50 000	25 000	7 200	67 800

表4-6 "应付账款"明细分类账户本期发生额和余额表　　　　单位：元

往来单位名称	期初贷方余额	本期发生额 借方	本期发生额 贷方	期末贷方余额
东方公司	45 000	10 000	17 000	52 000
南海公司	15 000	5 000	8 000	18 000
合计	60 000	15 000	25 000	70 000

由上述两表可看出，表4-5中合计栏各项数额分别与"原材料"总分类账户的期初余额、本期发生额、期末余额相等，表4-6中合计栏各项数额分别与"应付账款"总分类账户的期初余额、本期发生额、期末余额相等，表明"原材料"及"应付账款"总分类账户与其所属明细分类账户的平行登记基本正确。

复习思考题

一、名词解释

1. 复式记账法
2. 借贷记账法
3. 对应账户
4. 会计分录
5. 试算平衡
6. 平行登记

二、单选题

1. 负债类账户期末余额一般在（   ）。
   A. 贷方   B. 借方和贷方
   C. 借方或贷方   D. 借方
2. 复式记账的理论依据是（   ）。
   A. 记账规则   B. 会计等式
   C. 会计要素   D. 会计科目
3. 所有者权益类账户的期末余额等于（   ）。
   A. 期初贷方余额+本期贷方发生额-本期借方发生额
   B. 期初借方余额+本期贷方发生额-本期借方发生额
   C. 期初借方余额+本期借方发生额-本期贷方发生额
   D. 期初贷方余额+本期借方发生额-本期贷方发生额
4. 期末一般没有余额的账户是（   ）。
   A. 资产类账户   B. 负债类账户
   C. 损益类账户   D. 所有者权益类账户
5. 累计折旧是（   ）。
   A. 负债类账户   B. 资产类账户
   C. 损益类账户   D. 所有者权益类账户
6. 简单会计分录是指（   ）。
   A. 一借一贷的会计分录   B. 一借多贷的会计分录
   C. 一贷多借的会计分录   D. 多借多贷的会计分录
7. 用银行存款偿还银行借款，所引起的变动是（   ）。
   A. 一项资产减少，一项负债增加
   B. 一项资产增加，一项负债减少
   C. 一项资产减少，一项负债减少
   D. 一项资产增加，一项负债增加
8. 负债类账户的结构特点是（   ）。

A. 借方登记负债的增加，贷方登记负债的减少，期末余额在贷方
B. 借方登记负债的减少，贷方登记负债的增加，期末余额在贷方
C. 借方登记负债的增加，贷方登记负债的减少，期末一般无余额
D. 借方登记负债的减少，贷方登记负债的增加，期末一般无余额

9. 按经济内容分类，下列属于成本类账户的是（　　）。
A. 管理费用　　　　　　　　　　B. 财务费用
C. 制造费用　　　　　　　　　　D. 在途物资

10. 账户期末余额在借方时，一般表示为（　　）。
A. 资产　　　　　　　　　　　　B. 负债
C. 所有者权益　　　　　　　　　D. 收入

三、多选题

1. 借贷记账法下，账户的哪一方登记增加数，哪一方登记减少数，取决于（　　）。
A. 账户所反映的经济内容　　　　B. 账户本身的性质
C. 记账的符号　　　　　　　　　D. 记账的规则
E. 试算平衡表

2. 下列关于本年利润账户说法正确的是（　　）。
A. 贷方记利润增加　　　　　　　B. 借方记利润减少
C. 属于所有者权益类账户　　　　D. 属于实账户
E. 属于损益类账户

3. 借贷记账法下的试算平衡不能发现的错误有（　　）。
A. 漏记经济业务
B. 重记经济业务
C. 借贷科目颠倒
D. 只登记借方金额，未登记贷方金额
E. 只登记贷方金额，未登记借方金额

4. 借贷记账法的试算平衡包括（　　）。
A. 发生额试算平衡　　　　　　　B. 余额试算平衡
C. 有借必有贷，借贷必相等　　　D. 平行登记
E. 期末余额=期初余额+借方发生额-贷方发生额

5. 借贷记账法下，"借"字表示（　　）。
A. 资产的增加　　　　　　　　　B. 所有者权益的增加
C. 负债的减少　　　　　　　　　D. 损益类账户的减少
E. 费用的减少

6. 下列账户中，贷方登记增加的是（　　）。

A. 主营业务收入 B. 销售费用
C. 银行存款 D. 实收资本
E. 短期借款

7. 借贷记账法的试算平衡公式表示为：
A. 期末贷方余额＝期初贷方余额＋本期贷方发生额－本期借方发生额
B. 资产＝负债＋所有者权益＋收入－费用
C. 本期全部账户借方发生额合计＝本期全部账户的贷方发生额合计
D. 全部账户期末借方余额合计＝全部账户的期末贷方余额合计
E. 期末余额＝期初余额＋本期借方发生额－本期贷方发生额

8. 下列账户借方记增加的有（　　）。
A. 投资收益 B. 其他业务收入
C. 主营业务收入 D. 制造费用
E. 应收账款

9. 总分类账户和明细分类账户的平行登记要点是（　　）。
A. 依据相同 B. 金额相等
C. 方向一致 D. 同时登记
E. 数量相等

10. 下列账户借方记增加的有（　　）。
A. 管理费用 B. 其他业务收入
C. 制造费用 D. 财务费用
E. 营业外收入

四、判断题

1. 会计的记账方法经历了从单式记账到复式记账的发展历程。（　　）
2. 复式记账法是一种科学的记账方法，它可以完整地反映资金运动的来龙去脉，可以对账户记录的结果进行试算平衡。（　　）
3. 最早的复式记账法是借贷记账法，它产生于15世纪。（　　）
4. 复式记账法的理论依据是会计等式。（　　）
5. 资产类、成本类、费用类账户的借方登记增加，贷方登记减少。（　　）
6. 会计分录包含三个要素：账户的名称、方向和金额。（　　）
7. 负债类、所有者权益类、收入类账户的借方登记增加，贷方登记减少。（　　）
8. 复式记账法的记账规则是"平行登记"原则。（　　）
9. 在登记总分类账户及其所属的明细账户时，应遵守"有借必有贷，借贷必相等"的记账规则。（　　）
10. 根据会计等式的平衡原理，一定期间所有账户的借方发生额合计必然等于

所有账户的贷方发生额合计。   (   )

五、业务题

（一）目的：练习借贷记账法下账户的结构

要求：写出下列账户增加、减少是在借方或贷方，若该账户有余额，指出余额一般在哪一方（借方或贷方）。

账户结构

账户名称	增加	减少	余额
库存商品			
应收账款			
预收账款			
在建工程			
生产成本			
制造费用			
累计折旧			
实收资本			
财务费用			
主营业务收入			
销售费用			

（二）目的：练习账户金额计算方法

资料：华联有限责任公司 2022 年 12 月有关账户的资料如下：

账户金额计算表   单位：元

账户名称	期初余额 借方	期初余额 贷方	本期发生额 借方	本期发生额 贷方	期末余额 借方	期末余额 贷方
原材料	10 000		5 000	( )	12 000	
累计折旧		5 000	( )	2 000		6 000
预收账款		( )	500	1 000		4 500
应付账款		12 000	6 000	2 000		( )
生产成本	60 000		8 000	( )	53 000	
制造费用	0		2 000	( )	0	
实收资本		100 000	0	20 000		( )

续表

账户名称	期初余额 借方	期初余额 贷方	本期发生额 借方	本期发生额 贷方	期末余额 借方	期末余额 贷方
利润分配		( )	30 000	80 000		55 000
主营业务收入		( )	60 000	60 000		0
销售费用	0		3 000	( )	0	

要求：在上表括弧内填上相应金额。

（三）目的：练习借贷记账法

资料：华联有限责任公司 2022 年 1 月份发生以下经济业务。

（1）以银行存款购入不需要安装的机器设备 10 000 元。

（2）收到南方公司归还以前所欠销货款 60 000 元存入银行。

（3）生产产品领用库存材料价值 45 000 元。

（4）从银行提取库存现金 21 000 元，备发工资。

（5）产品生产完毕验收入库，结转完工产品成本为 35 000 元。

（6）从银行借入短期借款 200 000 元，存入银行。

（7）从丰华公司购入材料价值 10 000 元，材料验收入库，货款暂欠。

（8）以银行存款归还以前所欠丰华公司货款 10 000 元。

（9）收到投资者投入的资本 120 000 元，存入银行。

（10）销售产品收入 2 000 元，已存入银行。

要求：1. 假设不考虑相关税费，根据上述经济业务编制会计分录。

2. 根据上述业务编制发生额试算平衡表。

（四）目的：练习平行登记

资料：1. 华联有限责任公司 2022 年 8 月 1 日"原材料""应付账款"两个账户的期初余额资料如下：

原材料：

甲材料	1 500 千克	单价 10 元/千克	金额 15 000 元
乙材料	1 000 千克	单价 20 元/千克	金额 20 000 元
合计			金额 35 000 元

应付账款：

乐丰公司　　　　　30 000 元
融合公司　　　　　 6 000 元
合计　　　　　　　36 000 元

2. 华联有限责任公司 2022 年 8 月发生如下经济业务

(1) 6 日，生产领用材料一批。

甲材料	1 000 千克	单价 10 元/千克	金额 10 000 元
乙材料	500 千克	单价 20 元/千克	金额 10 000 元
合计			金额 20 000 元

(2) 11 日，向乐丰公司购入甲材料 3 000 千克，单价 10 元/千克，材料已经验收入库，款项尚未支付。

(3) 25 日，用银行存款 5 000 元归还欠融合公司的货款。

要求：

1. 根据以上经济业务，编制会计分录。

2. 采用 T 型账户开设原材料总分类账户和明细分类账户以及应付账款总账和明细账，进行平行登记。

六、案例分析题

资料 1：小李学了复式记账后，用借贷记账法对表姐的小本生意进行记录，基本情况如下：

(1) 2022 年 11 月 10 日，投入本金 1 000 元，向朋友借入 500 元。

(2) 2022 年 11 月 10 日，进货一批，付货款 1 200 元。

(3) 2022 年 11 月 25 日，将 11 月 10 日所进货物销售，共得货款 2 000 元，货款已收。

(4) 2022 年 12 月 2 日，又进货一批，成本 5 000 元，货款未付。

(5) 2022 年 12 月 31 日，将 12 月 2 日所进货物销售，共得货款 7 000 元，货款尚未收到。

要求：请用会计要素分析 2022 年 12 月 31 日该小商铺的资产、负债、所有者权益和开业以来的收入、费用、利润各是多少。（不考虑相关税费）

资料 2：2022 年 12 月 31 日，小李发现期末的余额试算平衡表不平，资产总额小于负债与所有者权益总额 20 元，其妻子打电话给小李，催其回家并询问加班的原因，当得知这一情况后，其妻子说：自己补 20 元账不就平了吗？小李说：试算平衡表不平说明本期账务记录肯定存在错误，我要把它查出来。小李妻子回答说：我明白了，要等你的试算表平衡了，说明没有错账，你就可以回家了。

要求：请分析小李妻子的说法是否正确。为什么？

第五章
企业主要经济业务的核算

本章主要阐述借贷记账法在制造企业的应用。通过本章的学习，熟悉制造企业主要经济业务的内容；掌握制造企业主要经济业务的账务处理方法及相应账户的用途、结构及相互之间的对应关系；了解利润的形成过程及税后利润分配的顺序；理解收入确认的条件；重点掌握材料采购成本及产品成本构成的计算，财务成果形成及利润分配业务的账务处理方法；进一步理解账户的用途和结构。本章学习的重点在于熟练运用借贷记账法对制造企业日常发生的主要经济业务进行核算。学习的难点是材料采购成本及产品生产成本的计算，利润的形成及利润分配，各项主要经济业务账务处理过程中相关账户的内容及具体应用。

第一节 资金筹集业务的核算

为了进一步掌握借贷记账法的运用，下面以制造业日常发生的主要经济业务为例，系统地说明企业如何运用借贷记账法进行日常账务处理。制造企业的主要任务是生产产品，其生产经营过程主要包括供应过程、生产过程和销售过程。制造企业的资金运动包括资金的投入，资金的循环和周转，资金的退出。首先，企业要从各种渠道筹集生产经营所需要的资金，然后企业运用筹集到的资金开展正常的经营业务。企业从各种渠道筹集的资金，首先表现为货币资金形态，随着生产经营过程的不断进行，这些资金形态不断转化，从货币资金依次转为固定资金、储备资金、生产资金、成品资金，最终又回到货币资金形态，形成经营资金的循环和周转。最后，企业经营实现的利润，一部分要以所得税费用的形式上缴国家，形成国家的财政收入，另一部分即税后利润，要按照规定的程序在各有关方面进行合理的分配，如果发生了亏损，还要按照规定的程序进行弥补。通过利润分配，一部分资金要退出企业，一部分资金要以留存收益等形式继续参加企业的资金周转。综上所述，制造企业在经营过程中发生的主要经济业务内容包括：资金筹集业务；供应过程业务；生产过程业务；销售过程业务；财务成果业务。

企业筹集资金是资金运动的起点。企业要进行生产经营业务，就必须拥有经营活动所需要的资金,这是企业开展生产经营活动的基础。我国《企业法人登记管理条例》规定,企业在办理企业法人登记(具备企业法人条件)或营业登记(不具备企业法人条件)时,必须具备符合国家规定并与其生产经营和服务规模相适应的资金数额。企业向工商行政管理部门注册登记的资本额,称注册资本。2013年我国对公司法进行了第四次修改,修改后的公司法自2014年3月1日起施行。公司法修改后,放宽了公司注册资本的要求,除了法律、行政法规和国务院另有规定外,取消了最低注册资本要求,也不再要求实缴注册资本。公司的注册资本实行认缴制,公司登记机关只登记股东认缴的注册资本总额,无须登记实收资本,也不再收取验资证明文件。公司应对股东的出资额、出资时间、出资方式和非货币出资缴付比例进行约定并记载于公司章程。

企业的资金来源主要有两种渠道:一是所有者投入的资本。所有者将资金投入企业进而对企业资产享有要求权,形成企业的所有者权益。二是向债权人借入的资金。债权人将资金借给企业进而对企业资产享有要求权,形成企业的负债。债权人的要求权和投资人的要求权统称为权益,但由于二者存在着本质区别,两种权益的会计处理也必然有着显著的差异。

一、所有者投入资本的核算

所有者投入的资本是企业所有者权益的重要来源之一。企业的所有者权益的来源包括所有者投入的资本、直接计入所有者权益的利得和损失、留存收益等。所有者投入的资本包括实收资本(股本)和资本公积;直接计入所有者权益的利得和损失,是指不应计入当期损益,会导致所有者权益发生增减变动的、与所有者投入资本或者与向所有者分配利润无关的利得或者损失;留存收益是企业在经营过程中所实现的利润留存于企业的部分,包括盈余公积和未分配利润。

(一)实收资本

1. 实收资本的含义

实收资本是指投资者按照企业章程或合同、协议的约定,实际投入企业的资本金以及按照有关规定由资本公积金、盈余公积金转为资本的资金。它是企业注册登记的法定资本总额的来源,表明所有者对企业的基本产权关系,是企业永久性的资金来源。股份有限公司对股东投入的资本称为"股本",其余企业一般称为"实收资本"。

2. 实收资本的分类

所有者向企业投入资本,即形成企业的资本金。企业的资本金按照投资主体的不同可以分为国家资本金、个人资本金、法人资本金和外商资本金。国家资本金是指有权代表国家投资的政府部门或者机构以国有资产投入企业形成的资本金。法人资本金是指其他法人单位以其依法可以支配的资产投入企业形成的资本金。个人资本金是指社会公众以个人合法财产投入企业形成的资本金。外商资本金是指外国投资者以及我国香港、澳门和台湾地区投资者向企业投资而形成的资本金。

（二）资本公积

1. 资本公积的含义

资本公积是指投资者或者他人投入到企业、所有权归全体投资者所有且金额超过法定资本部分的资本，是企业所有者权益的重要组成部分。资本公积从本质上讲属于投入资本的范畴，但是这种投入不在核定的注册资本之内，因为我国还有部分公司实行最低注册资本限额及注册资本实缴制，按照法律的规定，不得将资本公积当作实收资本（或股本）入账。资本公积是一种准资本，它可以按法定程序转增资本。资本公积的主要用途，就在于转增资本，即在办理增资手续后用资本公积转增实收资本，按所有者原有投资比例增加投资人的实收资本。

2. 资本公积来源

资本公积主要来源于企业收到投资者的出资额超出其在注册资本（或股本）中所占份额的投资及直接计入所有者权益的各种利得和损失，即包括资本溢价（股本溢价）和其他资本公积两部分。在不同类型的企业中，所有者投入资本大于其在注册资本（或股本）中所占份额的差额的表现形式有所不同，在股份有限公司，表现为超面值缴入股本，即实际出资额大于股票面值的差额，称为股本溢价。在其他企业，则表现为资本溢价。在企业创立时，出资者认缴的出资额即为其注册资本，应全部记入"实收资本"科目，此时不会出现资本溢价。而当企业重组并有新投资者加入时，为了维护原有投资者的权益，补偿原投资者资本的风险价值以及其在企业资本公积和留存收益中享有的权益，新投资者如果需要获得与原投资者相等的投资比例，就需要付出比原投资者在获取该投资比例时所投入的资本更多的出资额，从而产生资本溢价。其他资本公积是指除了资本溢价（股本溢价）以外来源形成的资本公积，主要指按会计准则规定未在其他综合收益中核算的直接计入所有者权益的利得和损失，如企业接受股东（或股东的子公司）的资本性投入直接或间接代为偿债、债务豁免或捐赠。

（三）投入资本的核算

企业接受投资者投入的资金，应按公允价值入账。对于收到的货币资金投资，一般是按照实际收到的投资额入账；对于收到的实物等其他形式投资，应按照投资合同或协议约定的价值入账，但合同或协议约定的价值不公允的除外。投资者投入货币资金或实物时，应借记"银行存款""库存现金""固定资产"和"无形资产"等账户；而贷记"实收资本"（或股本）账户；而对于实际收到的货币资金额或投资各方确认的资产价值超过其在注册资本中所占的份额的部分，应贷记"资本公积——资本溢价或股本溢价"账户。因此，为了核算和监督所有者投入资金的情况及资金进入企业后的占用情况，应设置"实收资本""资本公积""库存现金""银行存款""固定资产"和"无形资产"等账户。

1. "实收资本"账户

"实收资本"账户是所有者权益类账户,用于核算企业实际收到投资人投入资本的增减变动及结果。由于企业组织形式不同,所有者投入资本的会计核算方法也有所不同。股份有限公司对股东投入的资本应设置"股本"科目,其余企业一般设置"实收资本"科目,核算企业实际收到的投资人投入的资本。该账户贷方登记企业实际收到投资人投入资本的数额;借方一般没有发生额,只有在投资人依法定程序抽回投资时,则登记在"实收资本"账户的借方;期末余额在贷方,表示投资人投入资本的结存数额。实收资本应按照资本金投资主体的不同设置明细账户,进行明细核算。

2. "资本公积"账户

"资本公积"账户是所有者权益类账户,用于核算资本公积的增减变动及其结余情况。本账户贷方登记从不同渠道取得的资本公积即资本公积的增加数,借方登记用资本公积转增资本即资本公积的减少数,期末余额在贷方,表示企业期末资本公积的结存数。根据不同来源形成的资本公积金,资本公积应设置"资本溢价""其他资本公积"等明细账户。

3. "库存现金"账户

"库存现金"账户是资产类账户,用以核算库存现金收入、支出和结存情况。"库存现金"账户借方登记收到的现金,贷方登记支出的现金,余额在借方,表示库存现金结余。

4. "银行存款"账户

"银行存款"账户是资产类账户,用以核算企业存放在银行的款项。向银行存入款项时,记入其借方;从银行支付款项时,记入其贷方;余额在其借方,表示银行存款的结存额。

5. "无形资产"账户

"无形资产"账户用于核算企业持有的无形资产成本,包括专利权、非专利技术、商标权、著作权、土地使用权等。"无形资产"账户借方登记取得无形资产的成本,贷方登记出售无形资产转出的无形资产账面余额,期末借方余额,反映企业无形资产的成本。本账户应按无形资产项目设置明细账,进行明细核算。

6. "固定资产"账户

"固定资产"账户是资产类账户,用以核算企业持有固定资产原始价值的增减变动及其结余情况。原始价值是指企业取得固定资产时所发生的全部支出,也就是固定资产的历史成本。企业取得固定资产时,固定资产原始价值增加,记入借方,固定资产原始价值减少时,记入贷方;余额在借方,表示现有固定资产原始价值的结余额。该账户应按照固定资产的种类设置明细分类账户,进行明细分类核算。在使用该账户时,必须注意只有当固定资产达到预定可使用状态,其原价已经形成,才可以记入"固定资产"账户。

【例5-1】2022年12月1日，扬城有限责任公司收到国家投入资本金 300 000 元，存入银行。

这笔经济业务的发生，一方面使得企业的银行存款增加 300 000 元；另一方面企业收到国家投资，使企业的资本金增加 300 000 元。因此，这项经济业务涉及"银行存款"和"实收资本"两个账户。银行存款的增加是企业资产的增加，应记入"银行存款"账户的借方；资本金的增加是所有者权益的增加，应记入"实收资本"账户贷方。其分录为：

借：银行存款　　　　　　　　　　　　　　　　　　　　　300 000
　　贷：实收资本——国家资本金　　　　　　　　　　　　　　300 000

【例5-2】2022年12月1日，扬城有限责任公司收到东方公司投入新建的厂房一幢，协商确定的价值为 150 000 元，厂房已验收使用。

接受固定资产投资的企业，在办理了固定资产移交手续之后，应按投资合同或协议约定的价值加上应支付的相关税费作为固定资产的入账价值，但合同或协议约定价值不公允的除外。这项经济业务的发生，一方面使企业固定资产增加 150 000 元；另一方面企业收到法人单位的投资，使企业资本金增加 150 000 元。因此，这项经济业务涉及"固定资产"和"实收资本"两个账户。固定资产的增加是企业资产的增加，应记入"固定资产"账户的借方；资本金的增加是所有者权益的增加，应记入"实收资本"账户的贷方。其分录为：

借：固定资产——房屋建筑物　　　　　　　　　　　　　　　150 000
　　贷：实收资本——法人资本金——东方公司　　　　　　　　150 000

【例5-3】2022年12月1日，扬城有限责任公司接受维方公司以一块土地使用权作为投资，经投资双方共同确认的价值为 450 000 元，已办完各种手续。

这项经济业务的发生，一方面使企业无形资产增加 450 000 元；另一方面企业收到企业投资者的无形资产投资，使企业资本金增加 450 000 元。因此，这项经济业务涉及"无形资产"和"实收资本"两个账户。无形资产的增加是企业资产的增加，应记入"无形资产"账户的借方；资本金的增加是所有者权益的增加，应记入"实收资本"账户贷方。其会计分录为：

借：无形资产——土地使用权　　　　　　　　　　　　　　　450 000
　　贷：实收资本——法人资本金——维方公司　　　　　　　　450 000

【例5-4】2022年12月1日，扬城有限责任公司接受南海公司的投资 400 000 元，按照协议约定的投资比例，其中 320 000 元作为实收资本，另 80 000 元作为资本公积，款项存入银行。

这笔经济业务的发生，一方面使得企业的银行存款增加 400 000 元；另一方面企业收到法人单位投资，增加了公司的所有者权益，其中 320 000 元属于法定份额计入实收资本，超过法定份额的 80 000 元作为资本公积。因此，这项经济业务涉及"银行存款""实收资本"和"资本公积"三个账户。银行存款的增加是企业资产的增加,应记入"银行存款"账户的借方;资本金的增加是所有者权益的增加,应记入"实收资本"和"资本公积"账户贷方。其分录为:

借:银行存款　　　　　　　　　　　　　　　　　　　400 000
　　贷:实收资本——法人资本金——南海公司　　　　　320 000
　　　　资本公积——资本溢价　　　　　　　　　　　　80 000

【例5-5】2022年12月2日,扬城有限责任公司经股东大会批准,将公司的资本公积20 000元转增资本。

这笔经济业务的发生,一方面增加了公司的实收资本,另一方面减少了公司的资本公积,是一项所有者权益内部转化的业务。因此,这项经济业务涉及"实收资本"和"资本公积"两个账户。实收资本的增加是所有者权益的增加,应记入"实收资本"账户的贷方;资本公积的减少是所有者权益的减少,应记入"资本公积"账户借方。其分录为:

借:资本公积　　　　　　　　　　　　　　　　　　　20 000
　　贷:实收资本　　　　　　　　　　　　　　　　　　20 000

二、借入资金的核算

借入资金是指企业向债权人借入的资金。债权人包括其他企业、个人、银行或其他金融机构。其中,向银行借款是企业借入资金的主要渠道,企业向商业银行或其他金融机构借入资金,从而形成企业与银行或其他金融机构的债务关系,企业是债务人,银行是企业的债权人。债权人无权参与企业的经营管理和收益的分配,只要求企业按期归还本金和利息,即企业在借款期满时要予以归还,并要按期支付利息。企业向银行或其他金融机构借入的款项,按偿还期限的长短不同可分为短期借款和长期借款。

(一) 短期借款业务的核算

1. 短期借款的含义

短期借款是指企业为了满足其生产经营活动对资金的临时需要而向银行或其他金融机构借入的、偿还期限在一年以内(含一年)或超过一年的一个营业周期内的各种借款。短期借款属于应付金额确定的流动负债。企业取得各种短期借款时,应遵守银行或其他金融机构的有关规定,经贷款单位审核批准订立借款合同后方可取得借款。企业从银行借入的款项是有偿使用的,因此,短期借款必须按期归还本金并按时支付利息。

2. 短期借款利息的确认与计量

短期借款的利息支出属于企业在理财活动过程中为筹集资金而发生的一项耗费,在会计核算中,企业应将其作为期间费用(财务费用)加以确认。由于短期借款利息的支付方式和支付时间不同,会计处理的方法也有一定的区别。如果银行对企业的短期借款按月计收利息,或者虽在借款到期收回本金时一并收回利息,但利息数额不大，企业可以在收到银行的计息通知或在实际支付利息时，直接将发生的利息费用计入当期损益（财务费用）；如果银行对企业的短期借款采取按季或半年等较长期间计收利息，或者是在借款到期收回本金时一并计收利息且利息数额较大，为了正确地计算各期损益额，保持各个期间损益额的均衡性，企业通常按权责发生制核算基础的要求，采取预提的方法按月预提借款利息，记入"应付利息"账户，待季度或半年等结息期终了或到期支付利息时，再冲销"应付利息"账户。短期借款利息的计算公式为：

短期借款利息=借款本金×利率×时间

3. 短期借款的核算

为了核算和监督借入资金的增减变化及利息的计算和支付情况，反映与银行或其他金融机构发生的债权债务结算关系，在核算中应设置"短期借款""财务费用""应付利息"等账户。

（1）"短期借款"账户

"短期借款"账户是负债类账户，用以核算企业向银行或其他金融机构借入的期限在一年以内（含一年）的各种借款本金的增减变动及其结余情况。企业取得短期借款时，记入贷方；归还短期借款时，记入借方；余额在贷方，表示尚未归还的短期借款本金结余额。本账户应按照借款种类、贷款人和币种的不同进行明细分类核算。因此，企业取得短期借款时，借记"银行存款"账户，贷记"短期借款"账户；偿还借款本金时，借记"短期借款"账户，贷记"银行存款"账户。

（2）"财务费用"账户

"财务费用"账户是损益类账户，用以核算企业为筹集生产经营所需资金等而发生的各种筹资费用，包括利息支出（减利息收入）、佣金、汇兑损失（减汇兑收益）以及相关的手续费、企业发生的现金折扣或收到的现金折扣等。企业发生财务费用时，记入借方，发生的应冲减财务费用的利息收入、汇兑收益以及期末转入"本年利润"账户的财务费用净额（即财务费用支出大于收入的差额，如果收入大于支出则进行反方向的结转），记入贷方；结转后该账户期末应无余额。财务费用账户应按照费用项目设置明细账户，进行明细分类核算。

（3）"应付利息"账户

"应付利息"账户是负债类账户，用以核算企业按照合同约定应支付的利息，包括短期借款、长期借款、企业债券等应支付的利息。按合同利率计算确定的应付未付利息，记入贷方；实际支付利息时，记入借方；贷方余额表示企业应付未付的利息。

当利息采用按月支付时，由于利息支付期与归属期一致，因此支付本月利息时，借记"财务费用"账户，贷记"银行存款"账户；当利息采取按季或半年等较长期间支付利息时，由于利息支付期与归属期不一致，因此应采取按月预提利息的方法核算短期借款利息。期末计算预提借款利息时，借记"财务费用"账户，贷记"应付利息"账户；支付利息时，借记"应付利息"账户，贷记"银行存款"账户。如果实际支付的利息与预提的利息之间有差额,按已预计的利息金额,借记"应付利息"账户,按实际支付的利息金额与预提的金额的差额(尚未提取的部分),借记"财务费用"账户,按实际支付的利息金额,贷记"银行存款"账户。

【例5-6】扬城有限责任公司因生产经营的临时性需要,于2022年12月1日向银行申请取得期限为3个月的借款100 000元,存入银行。

该项经济业务的发生,一方面使企业银行存款增加100 000元,另一方面使企业负债增加100 000元。因此,这项经济业务涉及"银行存款"和"短期借款"两个账户。银行存款的增加是企业资产的增加,应记入"银行存款"账户的借方;短期借款的增加是负债的增加,应记入"短期借款"账户的贷方,作分录如下:

 借:银行存款   100 000
   贷:短期借款   100 000

【例5-7】接上例,扬城有限责任公司取得的上述借款年利率为9%,借款合同约定到期一次还本付息,月末预提本月借款利息。

尽管借款合同约定利息是到期支付的,但按权责发生制的要求,企业应采取按月预提的方法预计本月借款利息750元(100 000×9%/12)。借款利息属于企业的一项财务费用,因此,该项经济业务涉及"财务费用"和"应付利息"两个账户。财务费用的增加是企业费用的增加,应记入"财务费用"账户的借方;应付利息的增加是负债的增加,应记入"应付利息"账户的贷方,作分录如下:

 借:财务费用   750
   贷:应付利息   750

【例5-8】2022年12月1日,扬城有限责任公司向银行借入期限为6个月的借款200 000元,款项已存入银行。

该项经济业务的发生,一方面使企业银行存款增加200 000元,另一方面使企业负债增加200 000元。因此,该项经济业务涉及"银行存款"和"短期借款"两个账户。银行存款的增加是企业资产的增加,应记入"银行存款"账户的借方;短期借款的增加是负债的增加,应记入"短期借款"账户的贷方。其分录为:

 借:银行存款   200 000
   贷:短期借款   200 000

【例5-9】接上例,扬城有限责任公司取得的上述借款年利率为9%,借款合同约定按月付息,到期还本。2022年12月31日,扬城有限责任公司用银行存款1 500元支付本月的银行借款利息。

该项经济业务的发生,一方面使企业银行存款减少1 500元;另一方面本月利息支出使企业财务费用增加1 500元。因此,该项经济业务涉及"银行存款"和"财务费用"两个账户。银行存款的减少是企业资产的减少,应记入"银行存款"账户的贷方;企业发生的短期借款利息应当直接计入当期损益,记入"财务费用"账户的借方,作分录如下:

借：财务费用　　　　　　　　　　　　　　　　　　　　　1 500
　　贷：银行存款　　　　　　　　　　　　　　　　　　　　　1 500

【例5-10】2022年12月31日，扬城有限责任公司同年10月1日借入的期限为3个月、年利率为9%的200 000元借款已到期。企业用银行存款归还到期的短期借款本息共计204 500元，企业已按月预提之前两个月的利息3 000元。

该项经济业务的发生，一方面使企业银行存款减少204 500元，另一方面使短期借款本金减少200 000元，应付利息减少3 000元，本期财务费用增加1 500元。因此，该项经济业务涉及"银行存款""短期借款""应付利息"和"财务费用"四个账户。银行存款的减少是企业资产的减少，应记入"银行存款"账户的贷方；短期借款的减少是负债的减少，应记入"短期借款"账户的借方；应付利息的减少是负债的减少，应记入"应付利息"账户的借方；借款利息的增加是企业费用的增加，应记入"财务费用"账户的借方。其分录为：

借：短期借款　　　　　　　　　　　　　　　　　　　　　200 000
　　财务费用　　　　　　　　　　　　　　　　　　　　　　1 500
　　应付利息　　　　　　　　　　　　　　　　　　　　　　3 000
　　贷：银行存款　　　　　　　　　　　　　　　　　　　　204 500

（二）长期借款业务的核算

1. 长期借款的含义

长期借款是指企业向银行或其他金融机构借入的偿还期限在1年以上（不含1年）的各种借款。长期借款一般是企业为扩大经营规模而购置固定资产、改扩建工程、研发无形资产等而借入的款项。它是企业长期负债的重要组成部分，必须按规定用途使用，加强管理与核算。

2. 长期借款的利息费用

长期借款的利息费用应按照权责发生制记账基础的要求，按期计算提取计入所购建资产的成本（即予以资本化）或直接计入当期损益（财务费用）。长期借款利息核算的内容将在后续课程"中级财务会计"中学习。

3. 长期借款的核算

企业对于长期借款的本金应设置"长期借款"账户进行核算；借款期间产生的利息通过"应付利息"核算。"长期借款"账户属于负债类账户，用来核算和监督企业借入的期限在1年以上（不含1年）的各种借款。其贷方登记企业借入的各种长期借款的本金；借方登记各种长期借款的本金归还数额；期末为贷方余额，表示企业尚未偿还的各种长期借款。该账户可按贷款单位和贷款种类进行明细分类核算。

企业借入长期借款时，应按实际收到的金额，借记"银行存款"账户，贷记"长期借款"账户；计算利息时，借记"在建工程""财务费用"等账户，贷记"应付利息"账户；偿还借款、支付利息时，借记"长期借款""应付利息"账户，贷记"银行存款"账户。

【例 5-11】 扬城有限责任公司为建造一座厂房（工期 2 年），于 2022 年 12 月 31 日向银行取得期限为 3 年的人民币借款 2 000 000 元，存入银行。该公司当即将该借款投入到厂房的建造过程中。借款年利率为 9%，合同规定按年分期付息到期还本，单利计算。

该笔经济业务的发生，一方面使企业的银行存款增加，另一方面使企业的长期借款负债增加。因此，该项经济业务涉及"银行存款"和"长期借款"两个账户。银行存款的增加是企业资产的增加，应记入"银行存款"账户的借方；长期借款的增加是负债的增加，应记入"长期借款"账户的贷方。其分录为：

借：银行存款　　　　　　　　　　　　　　　　　2 000 000
　　贷：长期借款　　　　　　　　　　　　　　　　　2 000 000

扬城有限责任公司应从 2023 年 1 月 31 日起，于每月月末计提借款利息，并于计提的当期计入所购建资产的成本（即予以资本化）或直接计入当期损益（财务费用）。单利计息的情况下，其利息的计算方法与短期借款利息计算方法相同，每月的利息为 15 000 元（2 000 000×9%×1/12）。

2025 年 12 月 31 日借款到期时，扬城有限责任公司按合同规定到期还本。该项经济业务的发生，一方面使企业银行存款减少 2 000 000 元，另一方面使企业负债减少 2 000 000 元。因此，该项经济业务涉及"银行存款"和"长期借款"两个账户。银行存款的减少是企业资产的减少，应记入"银行存款"账户的贷方；长期借款的减少是负债的减少，应记入"长期借款"账户的借方。其分录为：

借：长期借款　　　　　　　　　　　　　　　　　2 000 000
　　贷：银行存款　　　　　　　　　　　　　　　　　2 000 000

第二节　供应过程业务的核算

供应过程是制造企业生产过程的第一个阶段。供应过程的主要经济活动有两种：一是采购材料，购买一定数量的所需原材料，为产品生产储备足够的劳动对象；二是购置固定资产，如厂房、设备等，为生产产品准备必要的劳动资料。企业购买固定资产、原材料，要支付相关买价税费和各种采购费用，因此，企业要正确计算固定资产的价值和原材料采购成本，要办理原材料的验收入库，同时还要与供应商进行货款债务的结算，这些构成供应过程业务核算的主要内容。概括而言，供应过程的核算包括材料采购业务的核算和固定资产购置业务的核算。

一、材料采购业务的核算

企业要进行正常的生产经营活动，必须及时采购材料，以满足生产和管理的需要。材料是劳动对象，在产品生产过程中，材料经过劳动者的加工而改变其原有的实物形态，或者构成产品实体的一部分，或者在生产过程中作为辅助材料而被消耗掉，而它的价值也就一次性地全部转移到产品中去，构成产品成本的重要组成部分。为了生产经营过程顺利地进行，企业在供应过程中，应根据采购合同有计划地采购材料，既要防止储备不足影响生产，也要避免超储备造成资金浪费。在企业材料采购过程中，主要涉及材料购进、入库和款项结算三个方面。材料购进由企业采购部门办理，材料入库由材料仓库办理收料手续并保管，会计部门根据采购部门和材料仓库转来的有关单据，与供货方结算款项，支付材料购进的货款和运输费、装卸费等各种采购费用并登记入账。

材料的日常核算可以按照实际成本计价，也可以按照计划成本计价，具体采用哪一种方法，由企业根据具体情况自行决定。材料的计划成本计价较为复杂，相关的内容将在后续课程"中级财务会计"中学习。

（一）外购原材料实际成本的构成

在企业的经营规模较小，材料的种类不多而且材料的收、发业务的发生也不是很频繁的情况下，企业可以按照实际成本计价方法组织材料的收、发核算。原材料按实际成本法核算是指原材料日常收发及结存，无论是总分类核算还是明细分类核算，均按照实际成本进行计价的方法。

我国《企业会计准则第1号——存货》规定，企业取得存货应当按照成本进行计量。外购存货的成本即存货的采购成本，指企业物资从采购到入库前所发生的全部合理支出，包括购买价款、相关税费、运输费、装卸费、保险费以及其他可归属于存货采购成本的费用。对于制造企业，购入原材料的实际成本由以下几项内容组成：

（1）购买价款。购买价款是指企业购入的材料或商品的发票账单上列明的价款，但不包括按规定可以抵扣的增值税额。

（2）采购过程中发生的运杂费，如运输费、装卸费、保管费、包装费、保险费、中转仓储费用等。

（3）材料在运输途中发生的合理损耗。对于不合理的损耗应向有关责任人员索赔，不计入材料采购成本。

（4）入库前的挑选整理费用（挑选整理中发生的工资支出和必要的损耗，扣除回收的残料价值）。

（5）购入材料应负担的税金，如进口关税、消费税、资源税和不能抵扣的增值税进项税额等应计入存货采购成本。

（6）其他费用，如大宗物资的市内运杂费等（注意：市内小额零星运杂费、采购人员的差旅费及采购机构的经费等不构成材料的采购成本，而是计入管理费用。）

在计算材料的采购成本时，凡是能直接计入各种材料的直接费用，应直接计入各种材料的采购成本；不能直接计入的各种间接费用（也称共同费用），应选择合理的分配方法，分配计入有关存货的采购成本，并按所购存货的数量或采购价格比例进行分配。共同费用的分配，可用下列公式计算：

共同费用分配率＝应分配的共同费用/各种材料分配标准之和

某种材料应分配的费用＝该种材料的分配标准×分配率

（二）实际成本法核算应设置的账户

原材料按实际成本计价组织收发核算时应设置"在途物资""原材料""应付账款""预付账款""应付票据""应交税费"等账户。

1. "在途物资"账户

该账户属于资产类账户，用来核算尚未验收入库的在途物资的采购成本。其借方登记外购材料物资的实际采购成本，包括买价和采购费用；贷方登记完成采购过程、已验收入库物资的实际成本；期末余额在借方，表示尚未运达企业或虽已运到企业但尚未验收入库的在途物资的实际采购成本。"在途物资"账户应按购入材料的品种或类别进行明细分类核算。

2. "原材料"账户

该账户属于资产类账户，用来核算企业各种库存材料增减变化及结存情况。其借方登记已验收入库材料的实际成本；贷方登记发出材料的实际成本；期末余额在借方，表示各种库存材料的实际成本。"原材料"账户应按材料的品种、类别、规格等进行明细分类核算。

需要说明的是，并不是所有的材料采购业务都需要先记入"在途物资"账户，验收入库再转到"原材料"账户。如果材料成本归集较简单且材料已验收入库，也可以直接将材料的采购成本记入"原材料"账户。

3. "应付账款"账户

该账户属于负债类账户，用来核算企业因购买材料、商品和接受劳务供应等应付给供应单位款项的账户。其贷方登记应付供应单位款项（货款、税金及代垫运杂费）的增加；借方登记已偿还的账款；期末余额在贷方，表示尚未偿还的应付款项。预付账款业务不多的企业可以不设"预付账款"账户，其内容也在本科目核算。为了具体反映企业与每一供应单位发生的货款结算关系，应按供应单位进行明细分类核算。

4. "预付账款"账户

该账户属于资产类账户，用来核算企业按照购货合同的规定预付给供应单位的款项。其借方登记预付的货款和补付的款项；贷方登记收到所购货物的货款和退回多付的款项；期末余额如在借方，表示企业尚未结算的预付款项，期末余额如在贷方，表示企业尚未补付的款项。本账户应按供应单位进行明细分类核算。预付款项不多的企业，也可将预付款项直接记入"应付账款"账户的借方，而不设本账户。

5. "应付票据"账户

该账户是负债类账户，用以核算企业采用商业汇票结算方式购买材料等物资而开出、承兑商业汇票的增减变动及其结余情况。其贷方登记企业开出、承兑商业汇票；借方登记到期商业汇票（不论是否已付款）；期末余额在贷方，表示尚未到期的商业汇票的期末结余额。该账户应按照债权人的不同设置明细账户，进行明细分类核算。

6. "应交税费"账户

该账户是负债类账户，用以核算和监督企业按税法规定应缴纳的各种税费的计算和实际缴纳情况，包括增值税、消费税、所得税、资源税、土地增值税、城市维护建设税、房产税、土地使用税、车船使用税、教育费附加、矿产资源补偿费等。企业代扣代缴的个人所得税，也通过本账户核算。该账户贷方登记企业计算出的应交而未交的各种税费及增值税销项税额；借方登记企业实际交纳的各种税费及支付的增值税进项税额；期末贷方余额表示企业应交而未交的各种税金；借方余额表示企业多交的税金或未抵扣的增值税进项税额。"应交税费"账户按不同税种设置明细分类账户，进行明细分类核算。为了核算增值税，企业应设置"应交税费——应交增值税"明细账，企业购买材料时向供货单位支付的增值税（进项税额）记入该账户的借方；企业销售产品时向购买单位收取的增值税（销项税额）记入该账户的贷方。

增值税是对我国境内销售货物、无形资产或者不动产，提供服务，以及进口货物的单位和个人的增值额征收的一种流转税。增值税的纳税人分为一般纳税人和小规模纳税人。一般纳税人应纳税额一般采用扣税法计算。当期应纳税额的计算公式如下：

当期应纳税额=当期销项税额-当期进项税额

其中销项税额是指纳税人销售货物或应税劳务，按照销售额和规定的税率计算并向购买方收取的增值税税额。其计算公式如下：

销项税额=销售额×增值税税率

进项税额是指纳税人购进货物或接受应税劳务所支付或负担的增值税税额。其计算公式如下：

进项税额=购进货物或劳务价款×增值税税率

增值税的进项税额与销项税额是相对应的，销售方的销项税额就是购买方的进项税额。增值税是一种价外税，即与销售货物相关的增值税额独立于价格之外单独核算，不作为价格的组成部分。用于计算增值税的销售额均指不含增值税销售额。若销售额包含了增值税，应先换算成不含税销售额，再计算增值税。其计算公式为：

不含税销售额=含税销售额/（1+增值税率）

增值税=不含税销售额×税率

（三）实际成本法下材料采购业务的账务处理

【例5-12】2022年12月3日，扬城有限责任公司向光明公司购进A材料5 000千克，每千克10元。光明公司代垫运费1 000元，材料和运费的增值税税率分别为

13%和9%，货款、运费及税金尚未支付，材料已运达企业并验收入库。

该项经济业务的发生，一方面支出的材料买价及运费使材料成本增加51 000元，增值税进项税额增加6 590元；另一方面款项尚未支付使企业应付账款增加57 590元。由于材料已验收入库，因此，该项经济业务涉及"原材料""应交税费"和"应付账款"三个账户。构成原材料成本的，应记入"原材料"账户的借方；增值税进项税额记入"应交税费——应交增值税（进项税额）"账户的借方；应付账款增加是负债的增加，应记入"应付账款"账户的贷方。其分录为：

  借：原材料——A材料   51 000
    应交税费——应交增值税（进项税额） 6 590
    贷：应付账款——光明公司   57 590

上述购入A材料的单位成本为10.20元（51 000/5 000）。

【例5-13】2022年12月4日，扬城有限责任公司向南方公司购进B材料2 000千克，每千克20元，C材料1 000千克，每千克10元，增值税税率为13%，货税款以银行存款支付，材料尚未到达。

该项经济业务的发生，一方面使材料的买价支出增加50 000元（2 000×20+1 000×10），增值税进项税额支出增加6 500元；另一方面使企业银行存款减少56 500元。因此，该项经济业务涉及"在途物资""应交税费"和"银行存款"三个账户。材料尚未到达，支出的材料买价应记入"在途物资"账户的借方；增值税进项税额应记入"应交税费——应交增值税（进项税额）"账户的借方；银行存款减少应记入"银行存款"贷方。其会计分录为：

  借：在途物资——B材料   40 000
      ——C材料   10 000
    应交税费——应交增值税（进项税额） 6 500
    贷：银行存款   56 500

【例5-14】2022年12月6日，扬城有限责任公司以银行存款支付上述B、C两种材料的运输费2 400元，增值税税率为9%，增值税额216元，按材料的重量比例分配。

按B、C两种材料的重量比例分配运输费如下：分配率=2 400/3 000=0.80（元/千克），B材料应分摊运输费=2 000×0.80=1 600（元）；C材料应分摊运输费=1 000×0.80=800（元）。该笔经济业务的发生，增加了材料的采购成本，同时减少了银行存款。其分录为：

  借：在途物资——B材料   1 600
      ——C材料   800
    应交税费——应交增值税（进项税额） 216
    贷：银行存款   2 616

【例5-15】2022年12月8日，上述材料运达企业并已验收入库，结转材料的采购成本。

材料采购完毕，B材料的采购成本为41 600元（40 000+1 600），C材料采购成本10 800元（10 000+800）。该笔经济业务的发生，一方面增加了库存原材料的成本，另一方面要转销在途物资的采购成本。其分录为：

  借：原材料——B材料   41 600
     ——C材料   10 800
   贷：在途物资——B材料   41 600
       ——C材料   10 800

上述购入B材料的单位成本为20.80元（41 600/2 000），C材料的单位成本为10.80元（10 800/1 000）。

【例5-16】2022年12月8日，扬城有限责任公司向光明公司购买A材料，根据合同规定预付款项为100 000元，以银行存款支付。

该项经济业务的发生，一方面使预付账款增加100 000元；另一方面使银行存款减少100 000元。因此，该项经济业务涉及"预付账款"和"银行存款"两个账户。预付账款的增加是资产的增加，应记入"预付账款"账户的借方；银行存款的减少应记入"银行存款"账户的贷方。其会计分录为：

  借：预付账款——光明公司   100 000
   贷：银行存款   100 000

【例5-17】接上例，2022年12月10日，光明公司发来A材料，增值税专用票上标明重量10 000千克，单价为10.20元，增值税进项税额为13 260元。用银行存款补付差价15 260元，材料已验收入库。

该项经济业务的发生，一方面使材料的买价支出增加102 000元，增值税进项税额增加13 260元；另一方面使企业预付账款减少100 000元，银行存款减少15 260元。因此该项经济业务涉及"原材料""应交税费""预付账款"和"银行存款"四个账户。该项经济业务中支出的材料买价应记入"原材料"账户的借方，增值税进项税额应记入"应交税费——应交增值税（进项税额）"账户的借方；预付账款的减少应记入"预付账款"账户的贷方；银行存款的减少应记入"银行存款"的贷方。其会计分录为：

  借：原材料——A材料   102 000
    应交税费——应交增值税（进项税额）   13 260
   贷：预付账款——光明公司   100 000
     银行存款   15 260

【例5-18】2022年12月11日，扬城有限责任公司向光明公司签发并承兑一张商业汇票购入A材料1 000千克，单价为10.20元，材料尚在运输途中，该批材料的含税总价款为11 526元，增值税税率为13%。

该笔业务中出现的是含税总价款11 526元，应将其分解为不含税价款和税额两部分：不含税价款＝含税价款/（1+税率）= 11 526/（1+13%）= 10 200（元），增值税税额＝10 200×13%＝1 326（元）。该笔经济业务的发生，一方面使材料的买价支出增加了 10 200 元，增值税进项税额增加了 1 326 元；另一方面使企业应付票据增加了 11 526 元。因此该项经济业务涉及"在途物资""应交税费"和"应付票据"三个账户。材料尚在运输途中，支出的材料买价应记入"在途物资"账户的借方，增值税进项税额应记入"应交税费——应交增值税（进项税额）"账户的借方；开出的商业汇票是负债的增加，应记入"应付票据"账户的贷方。其分录如为：

借：在途物资——A 材料　　　　　　　　　　　　　　　　10 200
　　应交税费——应交增值税（进项税额）　　　　　　　　 1 326
　贷：应付票据——光明公司　　　　　　　　　　　　　　 11 526

二、固定资产购置业务的核算

（一）固定资产的含义及特征

固定资产是企业经营过程中使用的长期资产，包括房屋建筑物、机器设备、运输车辆以及工具、器具等。我国《企业会计准则第 4 号——固定资产》规定，固定资产是指同时具有下列特征的有形资产：①为生产商品提供劳务、出租或经营管理而持有的；②使用寿命超过一个会计年度。

从固定资产的定义看，固定资产具有以下四个特征：

第一，企业持有固定资产的目的是为了生产商品、提供劳务、出租或经营管理。这意味着，企业持有的固定资产是企业的劳动工具或手段，而不是直接用于出售的产品。这一特征有别于存货。其中"出租"的固定资产，是指用以出租的机器设备类固定资产，不包括以经营租赁方式出租的建筑物，后者属于企业的投资性房地产，不属于固定资产。

第二，固定资产使用寿命超过一个会计年度，属于长期资产。这里的使用寿命，是指企业使用固定资产的预计期间，或者该固定资产所能生产产品或提供劳务的数量。如自用房屋建筑物的使用寿命或使用年限；发电设备按其预计发电量估计使用寿命，汽车或飞机等按其预计行驶里程估计使用寿命。

第三，固定资产为有形资产。固定资产具有实物特征，这一特征将固定资产与无形资产区别开来。

第四，固定资产的单位价值较高。工业企业所持有的工具、用具、备品备件、维修设备等资产，尽管该类资产具有固定资产的某些特征，如使用期限超过 1 年，也能够带来经济利益，但由于数量多，单价低，考虑到成本效益原则，在实务中，通常确认为存货。

可见，固定资产具有使用期限较长，单位价值较高，并且在使用过程中长期保持原有的实物形态不变。固定资产作为企业主要的劳动资料，与流动资产的主要区别在于：它能多次参与企业的生产经营过程，其价值随着生产经营活动的进行，逐步通过折旧形式转移到成本费用之中。因此，固定资产的支出是一项资本性支出，固定资产的计价可以按取得时的原始价值和经磨损之后的净值同时表现。

（二）固定资产的价值确认

企业固定资产的核算应以实际成本入账。固定资产的实际成本是指为使固定资产达到预定可使用状态所发生的必要的、合理的支出，既有直接发生的，如支付的固定资产的买价、运杂费、安装费等，也有间接发生的，如固定资产建造过程中应予以资本化的借款利息等。它反映的是固定资产处于可使用状态时的实际成本。固定资产的实际成本的具体的构成内容因固定资产来源不同而有差异，其中，外购固定资产的实际成本包括购买价款、进口关税和其他税费、使固定资产达到预定可使用状态前所发生的可归属于该项资产的运输费、装卸费、包装费、保险费、场地整理费、安装费和专业人员服务费等。

外购固定资产是否达到预定可使用状态，需要根据具体情况进行分析判断。如果购入不需安装的固定资产，购入后即可发挥作用，因此，购入后即可达到预定可使用状态。如果购入需安装的固定资产，只有安装调试后达到设计要求或合同规定的标准，该项固定资产才可发挥作用，即达到预定可使用状态。

（三）固定资产的核算

企业购买的固定资产，有的购买完成之后当即可以投入使用，也就是当即达到预定可使用状态，因而可以立即形成固定资产。而有的固定资产，在购买之后，还需要经过安装过程，安装之后方可投入使用。这两种情况在核算上是有区别的，所以我们在对固定资产进行核算时，一般将其区分为不需要安装固定资产和需要安装固定资产进行处理。为了核算企业购买的需要安装固定资产价值的变动过程及其结果，需要另外单独设置"在建工程"账户。

"在建工程"账户是资产类账户，用以核算企业为进行固定资产基建、安装、技术改造以及大修理等工程而发生的全部支出，并据以计算确定该工程成本的账户。该账户的借方登记工程支出的增加；贷方登记结转完工工程的成本；期末余额在借方，表示未完工工程的成本。"在建工程"账户应按工程内容，如建筑工程、安装工程、在安装设备、待摊支出以及单项工程等设置明细账户，进行明细分类核算。

企业购置的固定资产，对于其中需要安装的部分，在交付使用之前，也就是达到预定可使用状态之前，由于没有形成完整的取得成本（原始价值），因而必须通过"在建工程"账户进行核算。在购建过程中所发生的全部支出，都应归集在"在建工程"账户，待工程达到可使用状态形成固定资产后，方可将该工程成本从"在建工程"账户转入"固定资产"账户。

【例5-19】2022年12月12日，扬城有限责任公司购入一台不需要安装的运输设备，该设备的买价为150 000元，增值税税率为13%，货款及税金已全部用银行存款支付，设备当即投入使用。

该项经济业务的发生，一方面支出的买价使设备成本增加150 000元，增值税进项税额为19 500元；另一方面款项已支付使企业银行存款减少169 500元。因此，该项经济业务涉及"固定资产""应交税费"和"银行存款"三个账户。设备当即投入使用，应记入"固定资产"账户的借方；增值税进项税额记入"应交税费——应交增值税（进项税额）"账户的借方；银行存款减少应记入"银行存款"账户的贷方。其分录为：

借：固定资产——运输设备　　　　　　　　　　　　　　150 000
　　应交税费——应交增值税（进项税额）　　　　　　　 19 500
　　贷：银行存款　　　　　　　　　　　　　　　　　　169 500

【例5-20】2022年12月18日，扬城有限责任公司购入一台需要安装的机器设备，买价180 000元，增值税税率为13%，设备投入安装，款项尚未支付。

需要安装的设备，在购买过程中发生的各项支出构成购置固定资产安装工程成本，在设备达到预定可使用状态前的这些支出应先在"在建工程"账户中进行归集。该笔经济业务的发生，一方面使在建工程成本增加了180 000元，增值税进项税额为23 400元；另一方面款项尚未支付使应付账款增加了203 400元。其分录为：

借：在建工程——设备安装工程　　　　　　　　　　　　180 000
　　应交税费——应交增值税（进项税额）　　　　　　　 23 400
　　贷：应付账款　　　　　　　　　　　　　　　　　　203 400

【例5-21】接上例，上述设备在安装过程中领用本企业的原材料3 400元（假设原材料进项税可以抵扣）。

设备在安装过程中发生的安装费构成固定资产安装工程支出。该笔经济业务的发生，增加了公司的固定资产安装工程支出，减少了库存原材料，其分录为：

借：在建工程——设备安装工程　　　　　　　　　　　　　3 400
　　贷：原材料　　　　　　　　　　　　　　　　　　　　3 400

【例5-22】接上例，上述设备安装完毕，达到预定可使用状态，并经验收合格交付使用，结转工程成本。

工程安装完毕交付使用，意味着固定资产的取得成本已经形成，于是就可以将在建工程归集的成本183 400元（180 000+3 400）全部转入"固定资产"账户。该笔经济业务的发生，增加了公司的固定资产取得成本，减少了在建工程成本，其分录为：

借：固定资产——机器设备　　　　　　　　　　　　　　183 400
　　贷：在建工程——设备安装工程　　　　　　　　　　183 400

第三节　生产过程业务的核算

一、生产过程业务核算的主要内容

生产过程是指从材料投入生产到产品完工的过程，它是制造企业生产经营活动的中心环节。在此过程中，生产工人运用劳动资料对劳动对象进行生产加工，生产制造出各种产品。生产过程既是新产品的制造过程，又是费用的耗费过程。这些耗费的费用可分为生产费用和期间费用两部分。

（一）生产费用

生产费用是指企业在生产经营过程中发生的与特定产品生产有直接关系，可以直接归属于某种产品成本的各种费用。它包括生产产品耗用的劳动对象、劳动资料和劳动者的劳动。随着生产产品的完工，直接归属于某种产品成本的各种费用就称为某种产品的制造成本。生产费用按其计入产品成本的方式不同，可以分为直接费用和间接费用。直接费用是指企业生产产品过程中实际消耗的直接材料和直接人工。间接费用是指企业为生产产品和提供劳务而发生的各项间接支出，通常称为制造费用。上述直接材料、直接人工和制造费用三个项目是生产费用按其经济用途所进行的分类的项目，在会计上一般将其称为成本项目。通过成本项目可以了解产品成本的构成，除了上述三个成本项目外，企业可根据管理部门对成本核算的要求灵活设置更多更细的成本项目。

直接材料是指企业在生产产品和提供劳务过程中所消耗的、直接用于产品生产、构成产品实体的各种原材料及主要材料、外购半成品以及有助于产品形成的辅助材料等。

直接人工是指企业在生产产品和提供劳务过程中，直接从事产品生产的工人工资、津贴、补贴和福利费等其他各种形式的职工薪酬。

制造费用是指企业各个生产车间为组织和管理生产所发生的各项间接费用，它包括生产车间管理人员的工资和福利费、生产车间固定资产的折旧费和修理费、机物料消耗、水电费、办公费、保险费、劳动保护费、季节性和修理期间的停工损失等。

（二）期间费用

期间费用是指企业在生产经营过程中发生的与特定产品生产没有直接关系，不能直接归属于某种产品成本，而应直接计入当期损益的各种费用，包括管理费用、销售费用和财务费用。财务费用的具体内容在本章第一节即借入资金的核算已经作了详细阐述，销售费用的内容将放在本章第四节即销售过程业务的核算阐述，下面只介绍管理费用的内容。

管理费用指企业为组织和管理生产经营活动而发生的各种资金耗费，包括企业在筹建期间发生的开办费、董事会和行政管理部门在经营管理中发生的或者应由企业统一负担的公司经费（包括行政管理部门职工薪酬、物料消耗、低值易耗品摊销、办公费和差旅费等）、工会经费、董事会费（包括董事会成员津贴、会议费和差旅费等）、聘请中介机构费、咨询费（含顾问费）、诉讼费、业务招待费、技术转让费、矿产资源补偿费、研究费用、排污费和行政管理部门发生的固定资产折旧费及修理费等。

以上所述的工业企业在生产过程中各项费用的发生、归集和分配，产品成本的形成和结转，共同构成工业企业生产过程业务核算的主要内容。

二、生产过程核算设置的账户

为了正确核算和监督生产过程中企业各项生产费用和期间费用的发生情况，正确计算确定产品成本，在产品生产过程中应设置"生产成本""制造费用""应付职工薪酬""累计折旧""库存商品""管理费用""其他应付款"等账户。

1．"生产成本"账户

该账户是成本类账户，用来核算企业生产产品所发生的各项生产费用。借方登记企业发生的各项生产费用，包括直接计入产品生产成本的直接材料费、直接人工费和期末按照一定的方法分配计入产品生产成本的制造费用；贷方登记结转完工入库产品的实际成本；期末如有余额在借方，表示尚未完工产品的生产成本。该账户应按产品品种或类别设置明细账，并按成本项目设置专栏进行明细分类核算。

2．"制造费用"账户

该账户属于成本类账户，用来归集企业为组织和管理生产而发生的各项间接费用。其借方登记实际发生的各项间接费用数额；贷方登记月末按一定标准分配转入"生产成本"账户的，应由各受益对象负担的间接费用数额；期末结转后一般无余额。该账户应按生产车间设置明细账，并按费用项目设置专栏进行明细分类核算。

3．"应付职工薪酬"账户

该账户属于负债类账户，用来核算企业应付职工薪酬的提取、结算、使用等情况。我国《企业会计准则第9号——职工薪酬》规定，职工薪酬是指企业为获得职工提供的服务或解除劳动关系而给予各种形式的报酬或补偿。职工薪酬包括短期薪酬、离职后福利、辞退福利和其他长期职工福利。"应付职工薪酬"账户贷方登记已分配计入有关成本费用项目的职工薪酬的数额，借方登记实际发放职工薪酬的数额；期末余额在贷方，反映企业应付未付的职工薪酬。该账户应按职工薪酬明细项内容设置明细账，进行明细分类核算。

4．"累计折旧"账户

该账户属于资产类账户，也是"固定资产"账户的备抵账户，用来核算固定资产因磨损等原因而减少的价值。固定资产在使用过程中虽然其实物形态保持不变，但其价值会因磨损、技术进步等原因而不断减少。由于管理的需要，"固定资产"

账户只核算固定资产的原始价值,固定资产因损耗而减少的价值需要通过"累计折旧"账户来核算。会计上估计固定资产因损耗而减少的价值,称为计提折旧。该账户贷方登记对固定资产计提的折旧数额;借方登记由于固定资产减少而相应转销的折旧数额;期末余额在贷方,表示企业现有固定资产已计提的累计折旧数额。固定资产折旧是以折旧费的形式转移到成本费用中,其中为生产产品而发生的固定资产折旧构成制造成本的一部分,记入"制造费用"账户;与制造产品无直接关系的固定资产折旧构成管理费用的一部分,记入"管理费用"账户。

5."库存商品"账户

该账户属于资产类账户,用来核算企业完工入库的库存商品增减变动及其结存情况。其借方登记完工入库的产品的生产成本;贷方登记因销售等原因发出商品的生产成本;期末余额在借方,表示库存商品的生产成本。该账户应按库存商品的种类、名称和存放地点设置明细账,进行明细分类核算。

6."管理费用"账户

该账户属于损益类账户,用来核算企业行政管理部门为组织和管理生产经营活动发生的各项管理费用。其借方登记企业发生的各项管理费用数额;贷方登记期末结转至"本年利润"账户的管理费用数额;结转后应无余额。该账户应按费用项目设置专栏进行明细分类核算。

7."其他应付款"账户

该账户属于负债类账户,用来核算企业除应付票据、应付账款、预收账款、应付职工薪酬、应付利息、应付股利、应交税费、长期应付款等以外的其他各项应付、暂收的款项。其他应付款主要包括:应付租入固定资产和包装物的租金、出租或出借包装物收取的押金、应付暂收其他单位的款项等。该账户贷方登记企业发生的其他各种应付、暂收款项;借方登记企业支付的其他各种应付、暂收款项;期末余额在贷方,表示企业应付未付的其他应付款项。该账户应按其他应付款的项目和对方单位(或个人)进行明细分类核算。

三、生产过程主要经济业务的核算

(一)材料费用的核算

工业企业在生产经营过程中,车间生产产品和其他部门领用材料形成材料费用的耗费。生产部门或其他部门在领用材料时必须填制领料单,仓库部门根据经过授权审批的领料单发出材料后,领料单一联交给会计部门用于记账。在实际工作中,会计部门一般在月末对领料单进行汇总,编制发出材料汇总表,按领用部门和用途进行归集,并按其用途分配计入产品成本或期间费用。

在材料按实际成本核算的情况下,对于发出材料的单位成本的确定方法包括先进先出法、个别计价法等。关于发出材料的计价方法请参考本书第八章第三节的内容。下面发出材料的单位成本按本月购入材料的成本确定,即 A 材料的单位成本为

10.20元，B材料的单位成本为20.80元，C材料的单位成本为10.80元。

【例5-23】2022年12月31日，扬城有限责任公司根据本月领料单编制发出材料汇总表如表5-1所示：

表5-1　发出材料汇总表　　　　　　　　　金额单位：元
　　　　　　　　　　　　　　　　　　　　　　　　数量单位：千克

项目	A材料 数量	A材料 金额	B材料 数量	B材料 金额	C材料 数量	C材料 金额	金额合计
生产产品领用							
甲产品	1 000	10 200	1 000	20 800	2 500	27 000	58 000
乙产品	1 000	10 200	500	10 400	1 500	16 200	36 800
合计	2 000	20 400	1 500	31 200	4 000	43 200	94 800
车间一般耗用	500	5 100					5 100
企业管理部门耗用			800	16 640			16 640
合计	2 500	25 500	2 300	47 840	4 000	43 200	116 540

该项经济业务的发生，一方面生产甲、乙产品耗用材料，使得产品生产成本增加，应记入"生产成本"账户借方；生产车间用于间接消耗的材料，使得间接费用增加，应记入"制造费用"账户的借方；企业行政管理部门消耗的材料费用，使得期间费用增加，应记入"管理费用"账户的借方；另一方面仓库发出材料，使得原材料减少，应记入"原材料"账户的贷方。其会计分录为：

```
借：生产成本——甲产品                              58 000
            ——乙产品                              36 800
    制造费用                                        5 100
    管理费用                                       16 640
    贷：原材料——A材料                             25 500
            ——B材料                              47 840
            ——C材料                              43 200
```

（二）人工费用的归集和分配

人工费用包括工资、福利费等付给职工的各种薪酬。人工费用是产品生产成本和期间费用的重要组成部分，应按其发生地点进行归集，并按其用途分配计入产品生产成本和期间费用。直接从事产品生产的工人的职工薪酬应记入"生产成本"账户，对几种产品共同发生的人工费用，应采用适当的标准和方法，将人工费用在各种产品之间进行分配，分别记入各产品生产成本明细账中；生产部门管理人员的职工薪酬应记入"制造费用"账户；企业管理人员的职工薪酬应记入"管理费用"账户；销售机构人员的职工薪酬等应记入"销售费用"账户。

【例5-24】2022年12月15日，扬城有限责任公司开出现金支票一张，从银行提取现金120 000元，备发工资。

该项经济业务的发生，一方面使库存现金增加，借记"库存现金"账户；另一方面，使银行存款减少，贷记"银行存款"账户。其会计分录为：

借：库存现金　　　　　　　　　　　　　　　　　120 000
　　贷：银行存款　　　　　　　　　　　　　　　　　120 000

【例5-25】2022年12月15日，扬城有限责任公司以现金120 000元支付职工工资。

该项经济业务的发生，一方面使应付职工薪酬负债减少，借记"应付职工薪酬"账户；另一方面使库存现金减少，贷记"库存现金"账户。其会计分录如下：

借：应付职工薪酬　　　　　　　　　　　　　　　120 000
　　贷：库存现金　　　　　　　　　　　　　　　　　120 000

【例5-26】月末，扬城有限责任公司根据工资和考勤记录，计算出应付职工工资总额为120 000元，其中，甲产品生产工人工资60 000元，乙产品生产工人工资40 000元，车间技术、管理人员工资为10 000元，企业行政管理人员工资为10 000元。

该项经济业务的发生，一方面使产品成本中的人工费用增加，记入"生产成本"账户借方；计提车间管理人员的工资，使制造费用增加，记入"制造费用"账户借方；计提行政管理人员的工资，使管理费用增加，记入"管理费用"账户的借方；另一方面计提应付未付的工资，使企业的负债增加，应记入"应付职工薪酬"账户的贷方。其会计分录为：

借：生产成本——甲产品　　　　　　　　　　　　60 000
　　　　　　——乙产品　　　　　　　　　　　　40 000
　　制造费用　　　　　　　　　　　　　　　　　 10 000
　　管理费用　　　　　　　　　　　　　　　　　 10 000
　　贷：应付职工薪酬——工资　　　　　　　　　　120 000

（三）制造费用的归集和分配

制造费用是企业生产部门为组织和管理生产活动而发生的各项费用。制造费用在发生时，一般无法直接判定其应归属的成本核算对象，因此，不能直接计入产品生产成本，应先在"制造费用"账户进行归集汇总，期末再采用适当的分配标准和方法，分配计入有关产品的生产成本中。一般常用的分配标准有生产工人工时、机器工时、直接人工费用等。其计算公式如下：

制造费用分配率=制造费用总额/各种产品的分配标准之和

某种产品应分配的制造费用=该种产品的分配标准×制造费用分配率

【例5-27】2022年12月10日，扬城有限责任公司以银行存款预付明年第一季度车间厂房的租金30 000元。

该项经济业务的发生，一方面，根据权责发生制原则，凡是不属于本期的费用，即使款项已经支付，也不能作为本期费用，因此预付明年第一季度车间厂房的租金应作为预付账款处理，预付账款增加，应记入"预付账款"账户的借方；另一方面，企业用银行存款支付，使得资产减少，应记入"银行存款"账户的贷方。其会计分录为：

借：预付账款　　　　　　　　　　　　　　　　　　30 000
　　贷：银行存款　　　　　　　　　　　　　　　　　　30 000

【例 5-28】2022 年 12 月 20 日，扬城有限责任公司以现金支付生产车间办公用品费用 100 元，厂部办公用品费用 200 元。

该项经济业务的发生，一方面，使得费用增加，但应分不同的受益部门记入"制造费用"和"管理费用"账户的借方；另一方面，企业用现金支付办公用品费用，使得资产减少，应记入"库存现金"账户的贷方。其会计分录为：

借：制造费用　　　　　　　　　　　　　　　　　　　100
　　管理费用　　　　　　　　　　　　　　　　　　　　200
　　贷：库存现金　　　　　　　　　　　　　　　　　　300

【例 5-29】2022 年 12 月 31 日，扬城有限责任公司计提当月固定资产折旧 25 000元，其中生产车间固定资产折旧 23 500 元，企业管理部门固定资产折旧 1 500元。

该项经济业务的发生，一方面使生产车间使用的固定资产计提的折旧与企业管理部门使用的固定资产计提的折旧增加，应分别记入"制造费用"账户的借方；另一方面，固定资产损耗的价值，不直接冲减"固定资产"账户的账面价值，而是记入"累计折旧"账户的贷方。其会计分录为：

借：制造费用　　　　　　　　　　　　　　　　　　23 500
　　管理费用　　　　　　　　　　　　　　　　　　　1 500
　　贷：累计折旧　　　　　　　　　　　　　　　　　25 000

【例 5-30】2022 年 12 月 31 日，扬城有限责任公司摊销已预付但应由本月负担的生产车间设备保险费 1 500 元。

该项经济业务，即应由本月负担的生产车间设备保险费应借记"制造费用"账户；按期摊销的费用，应贷记"预付账款"账户。其会计分录为：

借：制造费用　　　　　　　　　　　　　　　　　　1 500
　　贷：预付账款　　　　　　　　　　　　　　　　　1 500

【例 5-31】2022 年 12 月 31 日，扬城有限责任公司预提本月办公大楼租金 8 500元。

该项经济业务中，预提本月办公大楼租金使企业费用增加，应记入"管理费用"账户的借方；而尚未支付的办公大楼租金，应记入"其他应付款"账户的贷方。其会计分录为：

借：管理费用　　　　　　　　　　　　　　　　　　　　　　　　8 500
　　　　贷：其他应付款　　　　　　　　　　　　　　　　　　　　　8 500

【例5-32】2022年12月31日，将本月发生的制造费用按生产工人工时比例分配计入甲、乙产品生产成本。甲产品生产工时为4 000工时，乙产品生产工时为6 000工时。

　　该项经济业务中首先应计算制造费用总额。根据前述相关资料，计算出本期的制造费用总额为40 200元（5 100元+10 000元+100元+23 500元+1 500元）。

　　然后按生产工人的工时比例进行分配，计算制造费用分配率。

　　制造费用分配率=制造费用总额÷生产工人工时之和＝40 200÷（4 000+6 000）＝4.02（元/工时）

　　最后确定每种产品应负担的制造费用数额。

　　甲产品负担的制造费用=4 000×4.02＝16 080（元）

　　乙产品负担的制造费用=6 000×4.02＝24 120（元）

　　上述分配结果应计入甲产品和乙产品的生产成本，成本增加应记入"生产成本"账户的借方；同时，制造费用分配数额结转至产品生产成本后，使得制造费用减少，应记入"制造费用"账户的贷方。其会计分录为：

　　借：生产成本——甲产品　　　　　　　　　　　　　　　　　16 080
　　　　　　　　——乙产品　　　　　　　　　　　　　　　　　24 120
　　　　贷：制造费用　　　　　　　　　　　　　　　　　　　　40 200

（四）完工产品生产成本的计算和结转

　　经过上述业务处理后，应计入产品生产成本的直接材料费用、直接人工费用和制造费用等都已归集在"生产成本"账户的借方，在此基础上就可以进行完工产品生产成本的计算。完工产品生产成本的计算公式如下：

　　完工产品的成本=月初在产品的成本+本月发生的生产费用-月末在产品的成本

　　从上述公式可看出，如果某种产品全部完工，则月末在产品的成本为零，该产品生产成本明细账所归集的费用总额全部为该种完工产品的生产总成本；如果某种产品全部未完工，则该产品生产成本明细账所归集的费用总额全部为月末在产品总成本；如果某种产品部分完工部分未完工，则该产品生产成本明细账所归集的费用总额，应采用一定的方法在完工产品和在产品之间进行分配，然后计算出完工产品的生产总成本和单位成本。当期累计的生产费用在完工产品和在产品之间进行分配的具体方法将在后续课程"成本会计"里详细讲述。产品完工验收入库时，完工产品的成本应从"生产成本"账户贷方转出至"库存商品"账户借方。

【例5-33】2022年12月31日，扬城有限责任公司本月投产的甲、乙两种产品，甲产品1 000件全部完工验收入库，乙产品完工180件，另有10件尚未完工，月末在产品的成本为1 920元。

　　根据前述相关资料，甲产品的总成本为134 080元（58 000元+60 000元+

16 080元），单位成本为134.08元（34 080/1 000）；乙产品的总成本为100 920元（36 800元+40 000元+24 120元），完工产品的成本为99 000元（100 920-1 920），单位成本为550元（99 000/180）。完工产品的成本转出，应记入"生产成本"账户贷方，同时完工产品验收入库，库存商品增加应记入"库存商品"账户的借方。甲产品全部完工，"生产成本——甲产品"明细账期末没有余额。乙产品部分未完工，"生产成本——乙产品"明细账期末有借方余额1 920元，代表在产品的成本。结转完工入库产品的制造成本，会计分录为：

借：库存商品——甲产品   134 080
    ——乙产品   99 000
贷：生产成本——甲产品   134 080
    ——乙产品   99 000

第四节 销售过程业务的核算

一、销售业务核算的主要内容

销售过程是企业实现产品销售和其他业务销售的过程。在这一过程中，企业将生产出来的产品销售出去，按照销售价格和结算制度的规定，向购货方办理结算手续，及时收取货款或形成债权，取得商品销售收入。在这一销售过程中，企业还必须付出相应数量的产品，为制造这些产品而耗费的生产成本，称为商品销售成本。此外，为了销售产品，还会发生各种费用，如广告费用、包装费、装卸费和运输费等，称为销售费用。企业在取得销售收入时，应按照国家税法规定，计算缴纳企业生产经营活动应负担的税金。商品销售收入是制造企业的主营业务收入，主营业务收入一般占企业总收入的比重较大。企业除了主营业务外还会发生其他销售业务，如销售材料、出租包装物、出租固定资产、代购代销以及提供运输等非工业劳务活动。其他销售业务取得的收入称为其他业务收入，其他业务收入一般占企业总收入的比重较小。对于不同的企业，主营业务和其他业务的划分可能不同，一个企业的主营业务可能是另一个企业的其他业务，即便在同一个企业里，不同期间的主营业务和其他业务的内容也不是固定不变的。和主营业务销售一样，企业在其他销售业务过程中，同样会发生其他业务成本、销售费用和销售税金。

综上所述，销售业务核算的内容主要包括主营业务销售和其他业务销售，企业应根据收入与费用相配比的原则，办理价款结算、确认销售收入、确认并结转销售成本、销售费用、税金及附加等。

二、合同收入的确认与计量

我国于2017年7月5日修订发布了《企业会计准则第14号——收入》（简称

"新收入准则"），新收入准则采用五步法模型来确认计量所有与客户之间的合同产生的收入。五步法即识别与客户订立的合同、识别合同中的单项履约义务、确定交易价格、将交易价格分摊至各单项履约义务、履行每一单项履约义务时确认收入。

上述五步法模型的具体应用将在后续课程"中级财务会计"详细讲述，本书涉及的商品销售均假设在商品发出时即履行履约义务，可予以确认收入。

三、销售业务核算应设置的账户

为了正确反映企业销售产品实现的收入和发生的销售成本、税金及附加、销售费用及往来结算情况，在会计核算中应设置"主营业务收入""主营业务成本""其他业务收入""其他业务成本""销售费用""税金及附加""应收账款""预收账款""应收票据""应交税费"等账户。"应交税费"账户的内容请参考第二节供应过程的核算。

1. "主营业务收入"账户

该账户属于损益类账户，用来核算企业在销售商品、提供劳务或让渡资产使用权等日常经营活动中取得的收入。其贷方登记企业销售商品、提供劳务等实现的收入数额，借方登记销货退回而发生的收入冲销数额和期末转入"本年利润"账户的收入数额；期末结转后该账户无余额。该账户应按销售产品的品种或类别设置明细账，进行明细分类核算。

2. "主营业务成本"账户

该账户属于损益类账户，用来核算企业因销售商品、提供劳务或让渡资产使用权等日常活动而发生的实际成本。其借方登记结转已售商品、提供的各种劳务等的实际成本；贷方登记当月发生销售退回的商品成本和期末转入"本年利润"账户的当期销售产品成本；期末结转后该账户应无余额。该账户应按销售产品的品种或类别设置明细账，进行明细分类核算。

3. "其他业务收入"账户

该账户属于损益类账户，用来核算企业确认的除主营业务活动以外的其他经营活动实现的收入，包括出租固定资产、出租无形资产、出租包装物和商品、销售材料等实现的收入。其贷方登记企业实现的其他业务收入的增加数额；借方登记期末转入"本年利润"账户的其他业务收入额；结转后期末无余额。该账户应按其他业务的种类设置明细账，进行明细分类核算。

4. "其他业务成本"账户

该账户属于损益类账户，用来核算企业确认的除主营业务活动以外的其他经营活动所发生的支出，包括销售材料的成本、出租固定资产的折旧额、出租无形资产的摊销额、出租包装物的成本或摊销额等。该账户借方登记各种其他业务发生的成本、费用增加数额；贷方登记期末转入"本年利润"账户的其他业务成本支出；期末结转后该账户无余额。该账户应按其他业务的种类设置明细账，进行明细分类核算。

5. "销售费用"账户

该账户属于损益类账户，用来核算企业在销售商品和材料、提供劳务等主营业务销售和其他业务销售过程中发生的各项费用，包括企业在销售过程中发生的运输费、装卸费、包装费、保险费、广告费、商品维修费、预计产品质量保证损失、展览费，以及企业发生的为销售本企业商品而专设的销售机构（含销售网点、售后服务网点等）的职工薪酬、业务费、折旧费、固定资产修理费等费用。其借方登记发生的各种销售费用；贷方登记转入"本年利润"账户的销售费用；期末结转后该账户应无余额。该账户应按照费用项目进行明细分类核算。

6. "税金及附加"账户

该账户属于损益类账户。根据财政部2016年12月3日发布的《增值税会计处理规定》，全面试行营业税改征增值税后，"营业税金及附加"科目名称调整为"税金及附加"。该科目核算企业经营活动发生的消费税、城市维护建设税、资源税、教育费附加及房产税、土地使用税、车辆使用税、印花税等相关税费。房产税、车船使用税、土地使用税、印花税不再记入"管理费用"科目核算。其借方登记按规定应由企业负担的税金及附加；贷方登记期末转入"本年利润"账户中的税金及附加数额；期末结转后本账户应无余额。该账户应按销售产品的品种或类别设置明细账，进行明细分类核算。

7. "应收账款"账户

该账户属于资产类账户，用来核算企业因销售商品、提供劳务等应向购货单位或接受劳务单位收取的款项，包括商品价款、增值税税款和代垫款项。不单独设置"预收账款"账户的企业，预收的账款也在本账户核算。其借方登记应收款项的增加；贷方登记已经收回的应收款项和转作坏账损失的应收款项；期末余额在借方，表示企业应收但尚未收回的款项，如为贷方余额，则反映企业预收的账款。该账户应按照购货单位或接受劳务的单位设置明细账户，进行明细分类核算。

8. "预收账款"账户

该账户属于负债类账户，用来核算企业按照合同规定向购货单位预收的款项。其贷方登记预收购货单位的款项；借方登记销售实现时冲销的货款预收和退回多付的款项；期末余额一般在贷方表示预收购货单位的款项，如是借方余额则表示购货单位所欠的货款。本账户应按照购货单位名称设置明细账户，进行明细分类核算。预收款不多的企业，也可以将预收的款项直接记入"应收账款"账户的贷方，而不设本账户。

9. "应收票据"账户

应收票据是指企业因销售商品、提供劳务等而收到的商业汇票。该账户属于资产类账户，用来核算企业在销售商品、提供劳务过程中收到的购货单位或接受劳务单位开出的商业汇票增减变动及其结存情况。其借方登记企业在销售商品、提供劳务过程中收到的商业汇票金额;贷方登记商业汇票到期收回及贴现的金额;期末余额在借方,表示尚未收回的应收票据金额。

四、销售业务核算的账务处理

【例 5-34】2022 年 12 月 5 日,扬城有限责任公司销售甲产品 1 000 件给华南公司,每件售价 600 元,货款为 600 000 元,增值税税额为 78 000 元,商品已发出,款项尚未收到。

该项经济业务的发生,一方面使企业应收账款增加,应记入"应收账款"账户的借方;另一方面销售商品实现的销售收入,应记入"主营业务收入"账户的贷方;企业向购货方收取的增值税销项税额增加,应记入"应交税费——应交增值税(销项税额)"账户的贷方。其会计分录为:

```
借:应收账款——华南公司                           678 000
    贷:主营业务收入——甲产品                         600 000
        应交税费——应交增值税(销项税额)              78 000
```

【例 5-35】2022 年 12 月 10 日,根据合同规定,扬城有限责任公司预收购货单位远方公司购买乙产品的价款 169 500 元,存入银行。

该项经济业务的发生,一方面企业预收账款增加,应记入"预收账款"账户的贷方;另一方面企业银行存款增加,应记入"银行存款"账户的借方。其会计分录如下:

```
借:银行存款                                       169 500
    贷:预收账款——远方公司                         169 500
```

【例 5-36】2022 年 12 月 15 日,扬城有限责任公司向上述预付款的远方公司发出 100 件乙产品,每件 1 500 元,总价款为 150 000 元,增值税额为 19 500 元。

该项经济业务的发生,一方面使企业预收账款减少 169 500 元,应记入"预收账款"账户的借方;另一方面使企业主营业务收入增加 150 000 元,应记入"主营业务收入"账户的贷方;企业向购货方收取的增值税销项税额增加 19 500 元,应记入"应交税费——应交增值税(销项税额)"账户的贷方。其会计分录为:

```
借:预收账款——远方公司                           169 500
    贷:主营业务收入——乙产品                         150 000
        应交税费——应交增值税(销项税额)              19 500
```

【例 5-37】2022 年 12 月 20 日,扬城有限责任公司接到银行通知,收到华南公司前欠货款 702 000 元。

该项经济业务的发生,一方面使企业银行存款增加,应记入"银行存款"账户的借方;另一方面使企业应收账款减少,应记入"应收账款"账户的贷方。其会计分录为:

```
借:银行存款                                       702 000
```

贷：应收账款——华南公司　　　　　　　　　　　　　　　702 000

【例5-38】2022年12月20日，扬城有限责任公司向海丰公司出售一批不需用的A材料1 000千克，开出增值税专用发票一张，每千克售价12元，总货款为12 000元，增值税税率为13%，收到海丰公司开出的一张票面金额为13 560元、期限为四个月的不带息商业汇票。

该项经济业务中，销售材料属于公司其他销售业务，因此该收入增加应记入"其他业务收入"账户的贷方；企业向购货方收取的增值税销项税额，应记入"应交税费——应交增值税（销项税额）"账户的贷方；另一方面收到商业汇票使企业资产增加，应记入"应收票据"账户的借方。其会计分录为：

借：应收票据——海丰公司　　　　　　　　　　　　　　　13 560
　　贷：其他业务收入——A材料　　　　　　　　　　　　　12 000
　　　　应交税费——应交增值税（销项税额）　　　　　　　 1 560

【例5-39】2022年12月20日，结转销售A材料的成本。扬城有限责任公司销售的上述A材料1 000千克，该批A材料的单位成本为每千克10.20元，共10 200元。

该项经济业务的发生，一方面，应结转已售材料的实际成本，记"其他业务成本"账户的借方；另一方面销售发出材料，记"原材料"账户的贷方。其会计分录为：

借：其他业务成本　　　　　　　　　　　　　　　　　　　10 200
　　贷：原材料——A材料　　　　　　　　　　　　　　　　10 200

【例5-40】月末，扬城有限责任公司以银行存款支付销售产品的广告费2 500元。

该项经济业务的发生，一方面使企业销售费用增加，应记入"销售费用"账户的借方；另一方面使银行存款减少，应记入"银行存款"账户的贷方。其会计分录为：

借：销售费用　　　　　　　　　　　　　　　　　　　　　2 500
　　贷：银行存款　　　　　　　　　　　　　　　　　　　　2 500

【例5-41】月末，计算并结转本月已售1 000件甲产品和100件乙产品的销售成本。

发出库存商品的单位成本的确定方法包括先进先出法、加权平均法、个别计价法等。有关发出商品的计价方法请参考本书第八章第三节的内容。下面发出商品的单位成本按本月完工入库产品的单位成本来确定，即甲产品每件的销售成本为134.08元，乙产品每件的销售成本为550元。

该项经济业务的发生，一方面应结转已售商品的销售成本，即商品销售成本增加应记"主营业务成本"账户的借方；另一方面销售发出商品，使商品减少，应记入"库存商品"账户的贷方。其会计分录为：

借：主营业务成本——甲产品　　　　　　　　　　　　　　134 080
　　　　　　　　——乙产品　　　　　　　　　　　　　　55 000
　　贷：库存商品——甲产品　　　　　　　　　　　　　　134 080
　　　　　　　　——乙产品　　　　　　　　　　　　　　55 000

【5-42】月末，扬城有限责任公司按本月销售甲乙产品收入的10%计算本期应缴纳的消费税为75 000元（假设甲乙产品均为应税消费品）。另外本月销售甲乙产品应缴纳的城市维护建设税5 000元，教育费附加3 000元。

该项经济业务的发生，一方面使税金及附加增加83 000元（75 000+5 000+3 000），应记入"税金及附加"账户的借方；另一方面，使尚未支付的税费也增加83 000元（75 000+5 000+3 000），应记入"应交税费"账户的贷方。其会计分录为：

借：税金及附加　　　　　　　　　　　　　　　　　　　　83 000
　　贷：应交税费——应交消费税　　　　　　　　　　　　75 000
　　　　　　　　——应交城市维护建设税　　　　　　　　5 000
　　　　　　　　——应交教育费附加　　　　　　　　　　3 000

第五节　财务成果业务的核算

财务成果是企业在一定时期的经营活动中的最终成果，是按照配比的要求，将企业一定时期的全部收入减去与之相配比的全部费用后的结果。收入大于费用的差额称为利润，反之则为亏损。企业的利润或亏损在很大程度上反映了企业经营的效益和经营管理水平的高低。企业若实现利润，首先应缴纳所得税，然后再将税后利润按照规定程序进行分配，一部分留归企业自行支配，一部分分给企业的所有者。企业若发生亏损，应按规定进行弥补。因此，财务成果的核算内容包括利润形成业务和利润分配业务两大部分。

一、利润形成业务核算的内容

（一）利润的含义

利润是指企业在一定会计期间内开展各项经济业务活动取得的最终经营成果。利润是按照配比原则的核算要求，将一定会计期间的各种收入与各种费用支出进行配比的结果。其计算公式为：

利润=收入-费用

收入大于费用的差额为利润，反之则为亏损。上述公式中的收入和费用不同于会计要素的收入和费用，而是指广义的收入和费用。广义的收入不仅包括营业收入，还包括营业外收入；广义费用不仅包括为取得营业收入而发生的各种耗费，还包括营业外支出和所得税费用。也就是说，企业的利润不仅包括日常生产经营活动取得的利润，还包括了直接计入当期利润的利得和损失。直接计入当期利润的利得和损失，是指应当计入当期损益、会导致所有者权益发生增减变动的、与所有者投入资本或向所有者分配利润无关的利得或者损失。

(二) 利润的构成

我国企业会计准则规定，企业的利润由营业利润、利润总额和净利润三个层次构成。现将有关利润指标各层次的计算公式表述如下：

1. 营业利润

营业利润=营业收入-营业成本-税金及附加-销售费用-管理费用-财务费用-资产减值损失+公允价值变动收益（-公允价值变动损失）+投资收益（-投资损失）

其中，营业收入是指企业开展日常经营活动所确认的收入总额，包括主营业务收入和其他业务收入。营业成本是指企业开展日常经营活动所发生的实际成本总额，包括主营业务成本和其他业务成本。资产减值损失是指企业根据我国企业会计准则的规定，计提的各项资产减值准备所形成的损失。公允价值变动收益（或损失）是指企业交易性金融资产等公允价值变动形成的应计入当期损益的利得（或损失）。投资收益（或损失）是指企业以各种方式对外投资所取得的收益（或发生的损失）。资产减值损失、公允价值变动损益及投资收益的内容将在后续课程"中级财务会计"再进一步学习。

2. 利润总额

利润总额=营业利润+营业外收入-营业外支出

其中，营业外收入是指企业发生的与其日常经营活动无直接关系的各项利得。营业外收入并不是企业日常经营活动发生的，不需要企业付出资金耗费，因此，也不需要与有关的费用进行配比。营业外收入主要包括非流动资产处置利得、罚款收入、没收的押金收入、债务重组利得、政府补贴、接受捐赠利得、非货币性资产交换利得等。营业外支出是指企业发生的与其日常经营活动无直接关系的各项损失，主要包括非流动资产处置损失、债务重组损失、非货币性资产交换损失、罚款支出、公益性捐赠支出、非常损失等。

3. 净利润

净利润是指在按税法规定向国家缴纳企业所得税费用后的余额。

净利润=利润总额-所得税费用

所得税费用是指企业按照企业所得税法的规定，对企业每一纳税年度的生产经营所得和其他所得，按照规定的所得税率计算缴纳的一种税款。根据2008年1月1日开始实施的《中华人民共和国企业所得税法》（2018年修正）的规定，企业所得税的基本税率为25%。其计算公式为：

所得税=应纳税所得额×适用税率

应纳税所得额=收入总额-不征税收入-免税收入-各项扣除-亏损弥补

亏损弥补是指税法规定，企业某一纳税年度发生的亏损可以用下一年度的所得弥补，下一年度的所得不足以弥补的，可以逐年延续弥补，但最长不得超过5年。

上述应纳税所得额的计算方法称为直接计算法，实际工作中，通常采用间接计算法。在间接计算法下，应纳税所得额是在会计利润的基础上加或减按照税法规定调整的项目金额后计算得出来的。税收调整项目的内容主要是企业的财务会计和税收规定不一致的应调整的金额。纳税调整的内容较复杂，这部分内容将在后续课程"中级财务会计"学习。

（三）利润形成核算应设置的账户

为了正确反映企业利润形成情况，在会计核算中除了在本章前述几节业务中已经设置的"主营业务收入""其他业务收入""主营业务成本""其他业务成本""管理费用""财务费用""销售费用""税金及附加"等账户外，还应设置"营业外收入""营业外支出""所得税费用""本年利润"等账户。

1. "营业外收入"账户

该账户属于损益类账户，用来核算企业发生的与企业生产经营无直接关系的各项收入。其贷方登记企业发生的各项营业外收入；借方登记期末转入"本年利润"账户的营业外收入数；期末结转后应无余额。该账户一般应按收入项目设置明细账进行明细分类核算。

2. "营业外支出"账户

该账户属于损益类账户，用来核算企业发生的与企业生产经营无直接关系的各项支出。其借方登记企业发生的各项营业外支出；贷方登记期末转入"本年利润"账户的营业外支出数；期末结转后该账户应无余额。该账户应按支出项目设置明细账进行明细分类核算。

3. "所得税费用"账户

该账户属于损益类账户，用来核算企业按税法规定从本期利润总额中计算的所得税费用。其借方登记企业应计入本期损益的所得税税额；贷方登记企业期末转入"本年利润"账户的所得税税额；结转后该账户应无余额。

4. "本年利润"账户

该账户属于所有者权益类账户，用来核算企业利润形成和亏损的发生情况的账户。利润的计算方法有两种，一种是表结法，通过利润表来计算利润；一种是账结法，即通过设置"本年利润"账户来计算利润。利润是各项收入和各项费用支出相抵后的最终经营成果。会计期末，企业要将各项收入类账户和各项费用类账户结转至"本年利润"账户进行对比，计算出企业在一定会计期间的利润或亏损。其贷方登记期末从"主营业务收入""其他业务收入""营业外收入"等账户转入的收入数；借方登记期末从"主营业务成本""税金及附加""其他业务成本""销售费用""管理费用""财务费用""营业外支出""所得税费用"等账户转入的费用数。将本期转入的收入和费用的发生额进行对比，若为贷方余额，表示实现的净利润；若为借方余额，表示发生的净亏损。在会计中期，该账户的余额保留在本账户，不予结转,表示截至本期累计实现的净利润(或亏损)。年度终了,应将"本年利润"账户的余额转入"利润分配"账户,结转后该账户应无余额。

(四)利润形成业务的会计处理

【例5-43】2022年12月25日,经批准,扬城有限责任公司没收华兴公司包装物押金500元转作营业外收入。

该项经济业务的发生,一方面使其他应付款减少500元,应记入"其他应付款"账户的借方;另一方面使营业外收入增加500元,应记入"营业外收入"账户的贷方。其会计分录为下:

借:其他应付款——华兴公司　　　　　　　　　500
　　贷:营业外收入　　　　　　　　　　　　　　　　　500

【例5-44】2022年12月28日,扬城有限责任公司以现金支付税收滞纳金200元。

该项经济业务的发生,一方面使企业的营业外支出增加,应记入"营业外支出"账户的借方;另一方面使企业资产减少,应记入"库存现金"账户的贷方。其会计分录为:

借:营业外支出　　　　　　　　　　　　　　　200
　　贷:库存现金　　　　　　　　　　　　　　　　　　200

【例5-45】2022年12月31日,将各项收入账户的余额转入"本年利润"账户。

根据本章前述发生的经济业务可知,"主营业务收入——甲产品"账户贷方余额为600 000元,"主营业务收入——乙产品"账户贷方余额为150 000元,"其他业务收入——A材料"账户贷方余额为12 000元,"营业外收入"账户余额为500元。结转收入类账户,一方面使企业利润增加,应记入"本年利润"账户的贷方,另一方面结转各项收入应记入各收入类账户的借方。其会计分录为:

借:主营业务收入　　　　　　　　　　　　　750 000
　　其他业务收入　　　　　　　　　　　　　　12 000
　　营业外收入　　　　　　　　　　　　　　　　　500
　　贷:本年利润　　　　　　　　　　　　　　　　762 500

【例5-46】2022年12月31日,将各项费用账户的余额转入"本年利润"账户。

根据本章前述发生的经济业务可知,"主营业务成本——甲产品"账户借方余额为134 080元,"主营业务成本——乙产品"账户借方余额为55 000元,"其他业务成本——A材料"账户借方余额为10 200元、"税金及附加"账户借方余额为83 000元,"管理费用"账户借方余额为36 840元(16 640+10 000+200+1 500+8 500),"销售费用"账户借方余额为2 500元,"财务费用"账户借方余额为3 750元(750+1 500+1 500),"营业外支出"账户借方余额为200元。结转费用类账户这项经济业务的发生，一方面使企业利润减少，应记入"本年利润"账户的借方，另一方面结转各项费用应记入各费用类账户的贷方。其会计分录为：

　　借：本年利润　　　　　　　　　　　　　　　　325 570
　　　　贷：主营业务成本　　　　　　　　　　　　　189 080
　　　　　　其他业务成本　　　　　　　　　　　　　 10 200
　　　　　　税金及附加　　　　　　　　　　　　　　 83 000
　　　　　　管理费用　　　　　　　　　　　　　　　 36 840
　　　　　　销售费用　　　　　　　　　　　　　　　 2 500
　　　　　　财务费用　　　　　　　　　　　　　　　 3 750
　　　　　　营业外支出　　　　　　　　　　　　　　 200

通过上项结转，各收入费用都汇集于"本年利润"账户，根据"本年利润"账户借贷方记录可计算出 12 月份的利润总额为 436 930 元（762 500- 325 570）。

【例 5-47】期末，扬城有限责任公司按企业所得税税率 25% 计算应交所得税，假设公司不存在纳税调整事项。

应纳税所得额是在利润总额的基础上进行纳税调整后确定的，该业务的具体核算将在后续课程"中级财务会计"讲解。假设本企业不存在纳税调整事项，该公司的应纳税所得额与利润总额一致。企业当期所得税为 109 232.5 元（436 930×25%）。该项经济业务的发生，一方面使企业的所得税费用增加，应记入"所得税费用"账户的借方，另一方面企业应交未交的所得税使企业的负债增加，应记入"应交税费——应交所得税"账户的贷方。其会计分录为：

　　借：所得税费用　　　　　　　　　　　　　　　109 232.50
　　　　贷：应交税费——应交所得税　　　　　　　　109 232.50

【例 5-48】期末，结转所得税费用到本年利润。

结转所得税费用，一方面使企业利润减少，应记入"本年利润"账户的借方，另一方面结转所得税费用应记入"所得税费用"账户的贷方。其会计分录为：

　　借：本年利润　　　　　　　　　　　　　　　　109 232.50
　　　　贷：所得税费用　　　　　　　　　　　　　　109 232.50

结转所得税费用后，根据"本年利润"账户借贷方记录可以计算出 12 月份的净利润为 327 697.50 元（762 500-325 570-109 232.50）。

【例 5-49】月末，扬城有限责任公司以银行存款向税务部门预交所得税 100 000 元。

该项经济业务的发生，一方面使企业应交税费减少 100 000 元，应记入"应交税费——应交所得税"账户的借方；另一方面使银行存款减少 100 000 元，应记入"银行存款"账户的贷方。其会计分录为：

　　借：应交税费——应交所得税　　　　　　　　　100 000
　　　　贷：银行存款　　　　　　　　　　　　　　　100 000

二、利润分配业务核算的内容

（一）利润分配的内容

我国现行《公司法》的规定，公司分配当年税后利润时应按以下法定顺序进行分配：

（1）弥补公司以前年度亏损。公司的法定公积金不足以弥补以前年度亏损的，在依照规定提取法定公积金之前，应当先用当年利润弥补亏损。这里的亏损是指已按税法规定，按税前利润连续弥补五年后仍未弥补完的亏损。

（2）提取法定盈余公积金。公司分配当年税后利润时，应当提取利润的百分之十列入公司法定公积金。公司法定公积金累计额为公司注册资本的百分之五十以上的，可以不再提取。

（3）提取任意公积金。经股东会或者股东大会决议提取任意公积金。公司从税后利润中提取法定公积金后，经股东会或者股东大会决议，还可以从税后利润中提取任意公积金

（4）支付股利。公司弥补亏损和提取公积金后所余税后利润，加上以前年度未分配的利润，构成可供投资者分配的利润。有限责任公司股东按照实缴的出资比例分取红利；但全体股东约定不按照出资比例分取红利除外。股份有限公司按照股东持有的股份比例分配，但股份有限公司章程规定不按持股比例分配的除外。未分配利润可留待以后年度进行分配。

股东会、股东大会或者董事会违反前款规定，在公司弥补亏损和提取法定公积金之前向股东分配利润的，股东必须将违反规定分配的利润退还公司。公司持有的本公司股份不得分配利润。

（二）利润分配业务核算应设置的账户

为了反映利润分配业务，在会计核算中企业应设置"利润分配""盈余公积""应付利润（股利）"等账户。

1．"利润分配"账户

该账户属于所有者权益类账户，用来核算企业一定会计期间净利润的分配或亏损的弥补和历年结存的未分配利润或未弥补亏损情况的账户。其借方登记实际分配的利润数，包括提取的盈余公积、分配给投资者的利润或股利和年末从"本年利润"账户转入的亏损数；贷方登记年末从"本年利润"账户转入的净利润。年末余额如在借方表示累计未弥补的亏损；如在贷方，表示累计未分配利润。该账户应按利润分配去向设置"提取法定盈余公积""提取任意盈余公积""应付股利""盈余公积补亏""未分配利润"等明细账户，进行明细分类核算。年末，应将"利润分配"账户下的其他明细分类账户的余额转入"未分配利润"明细账户，结转后，除"未分配利润"明细账户有余额外，其他明细分类账户均无余额。"利润分配"账户的结构如图5-1所示。

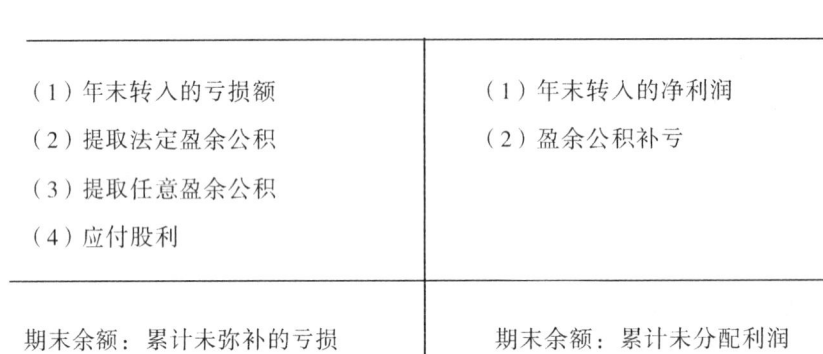

图 5-1 "利润分配"账户的结构图

2．"盈余公积"账户

该账户属于所有者权益类账户，用来核算企业从净利润中提取的盈余公积，包括法定盈余公积和任意盈余公积等。其贷方登记企业从利润中提取的盈余公积金；借方登记用盈余公积弥补亏损或转增资本等引起的盈余公积减少数额；期末余额在贷方，表示期末盈余公积的结存数。企业应设置"法定盈余公积""任意盈余公积"等账户进行明细分类核算。

3．"应付利润（股利）"账户

该账户属于负债类账户，用来核算企业经董事会或股东大会或类似机构决议确定分配的现金股利或利润。该账户贷方登记应支付给投资者的现金股利或利润；借方登记实际支付数；期末余额在贷方，表示企业尚未支付的股利或利润。该账户应按投资者进行明细核算。股份有限公司应付未付利润记入"应付股利"账户，有限责任公司等其他的公司记入"应付利润"账户。

（三）利润分配业务的会计处理

【例 5-50】假设扬城有限责任公司 2022 年 12 月 1 日"本年利润"期初贷方余额为 3 000 000 元，12 月创造的净利润为 327 697.50 元（见【例 5-48】资料），则 2022 年全年实现净利润为 3 327 697.50 元。

"本年利润"账户年内各月的余额表示当年累计实现的净利润或净亏损，年度终了，应将"本年利润"账户的余额转入"利润分配——未分配利润"账户，结转后"本年利润"账户年末无余额。本例中该公司本年实现的利润为 3 327 697.50 元。其会计分录为：

借：本年利润　　　　　　　　　　　　　　　3 327 697.50
　　贷：利润分配——未分配利润　　　　　　　　　　3 327 697.50

如果该公司全年经营成果为亏损，则应作相反的会计分录：

借：利润分配——未分配利润

贷：本年利润

【例5-51】年末，扬城有限责任公司根据我国《公司法》的规定，按净利润的10%提取法定盈余公积金。

　　应提取的法定盈余公积金为332 769.75元（3 327 697.50×10%）。企业计提法定盈余公积金这项业务，一方面使利润分配增加，应记入"利润分配"账户借方；另一方面使盈余公积金增加，属所有者权益增加，应记入"盈余公积"账户的贷方。其会计分录为：

　　借：利润分配——提取法定盈余公积　　　　　　　　332 769.75
　　　贷：盈余公积——法定盈余公积　　　　　　　　　　332 769.75

【例5-52】年末，扬城有限责任公司根据董事会决议，按净利润的5%提取任意盈余公积166 384.87元，向投资者分配利润200 000元。

　　企业计提任意盈余公积金及向投资者分配利润这两项业务，一方面属于利润分配的增加，应记入"利润分配"账户借方；另一方面是盈余公积金的增加，属所有者权益增加，应记入"盈余公积"账户的贷方，而向投资者分配利润在没有实际支付之前，形成了企业的一项负债，应记入"应付利润"账户的贷方。其会计分录为：

　　借：利润分配——提取任意盈余公积　　　　　　　　166 384.87
　　　贷：盈余公积——任意盈余公积　　　　　　　　　　166 384.87
　　借：利润分配——应付利润　　　　　　　　　　　　200 000
　　　贷：应付利润　　　　　　　　　　　　　　　　　　200 000

【例5-53】年末，扬城有限责任公司将"利润分配"账户所属的除了未分配利润外的其他各明细分类账户的余额结转到"利润分配——未分配利润"明细分类账户。其会计分录为：

　　借：利润分配——未分配利润　　　　　　　　　　　699 154.62
　　　贷：利润分配——提取法定盈余公积　　　　　　　　332 769.75
　　　　　　　　　　——提取任意盈余公积　　　　　　　166 384.87
　　　　　　　　　　——应付利润　　　　　　　　　　　200 000.00

　　经过上项结转，"利润分配——未分配利润"明细账户贷方余额为2 628 542.90元（3 327 697.50 -699 154.62），表示年末未分配的利润，其他各明细账户均无余额。

第六节　账户按用途和结构分类

　　前面几节阐述了借贷记账法在制造企业的应用，可见，为了更好地应用借贷记账法，不仅要了解账户的经济内容，还要了解账户的用途和结构。账户的用途，是指通过设置账户能够提供哪些核算指标，也就是开设和运用账户的目的。账户的结构是指在一定记账方法下，如何在账户中记录经济业务，具体到借贷记账法就是指账户的借方核算什么内容，贷方核算什么内容，余额在哪一方，表示的含义是什么。如：按经济内容分类，"固定资产"和"累计折旧"账户都是资产类账户，但按用途和结构分类，"累计折旧"账户是用来抵减"固定资产"账户。"固定资产"用来反映资产的原始价值，"累计折旧"账户反映累计计提的折旧额，即固定资产价值的减少额，两个账户余额相减可以反映固定资产的净值。所以，这两个账户提供的信息各不相同，具有不同的作用，但它们又相互联系。因此，在一个完整的账户体系下，账户除了按经济内容进行分类外，还有必要按用途和结构进行分类。账户按用途和结构的分类是在按经济内容分类的基础上进一步的分类，是对经济内容分类的必要补充。在借贷记账法下，账户按用途和结构可分为盘存账户、结算账户、成本计算账户、集合分配账户、计价对比账户、资本账户、期间账户、财务成果账户、调整账户、双重性质账户共10类账户。下面分别说明各类账户的用途、结构和特点。

一、盘存账户

盘存账户是用来核算和监督各项货币资金和实物资产的增减变动及结存数额的账户。这类账户的结构是：借方登记各项货币资金和实物资产的增加数；贷方登记其减少数；期末余额总是在借方，表示各项货币资金和实物资产的结存数额。盘存账户的结构如图5-2所示。

借方　　　　　　　盘存账户　　　　　　　贷方
期初余额：期初货币资金或实物资产的结存额
本期发生额：本期货币资金或实物资产的增加额　　　　本期发生额：本期货币资金或实物资产的减少额
期末余额：期末货币资金或实物资产的结存额

图5-2　盘存账户的基本结构

属于盘存类的账户有"库存现金""银行存款""原材料""库存商品""固定资产"等账户。盘存账户有以下特点：①该类账户结存数额的真实性可以通过财产清查的方法，如实物盘点或核对账目等方法，核查货币资金和财产物资的账存数同实存数是否相符，并检查其经营管理上存在的问题；②盘存账户中，除"库存现金"和"银行存款"等货币资金账户外，实物资产的明细账可通过设置数量金额式明细账,同时提供实物数量和金额两种指标。

二、结算账户

结算账户是用来核算和监督企业同其他单位或个人之间的债权债务往来等结算业务的账户。结算业务的性质不同,决定了结算账户有着不同的用途和结构。结算账户按照用途和结构的不同,又可以分为债权结算账户、债务结算账户和债权债务结算账户三类。

(一)债权结算账户

债权结算账户,又称为资产结算账户,是用来核算和监督企业同其他单位或个人之间的债权结算业务的账户。该类账户的结构是,借方登记债权的增加数,贷方登记债权的减少数,其余额一般在借方,表示期末尚未收回或尚未结算的债权数。该类账户的结构如图5-3所示。

借方 债权结算账户	贷方
期初余额:期初尚未收回或尚未结算的债权的实有数	
本期发生额:本期债权的增加额	本期发生额:本期债权的减少额
期末余额:期末尚未收回或尚未结算的债权的实有数	

图 5-3 债权结算账户的基本结构

属于债权结算账户的有:"应收票据""应收账款""其他应收款""预付账款"等账户。

(二)债务结算账户

债务结算账户,又称为负债结算账户,是用来核算和监督企业同其他单位或个人之间的债务结算业务的账户。该类账户的结构是,贷方登记债务的增加数,借方登记债务的减少数,表示企业债务的偿还或转销,其余额一般在贷方,表示尚未偿还或尚未结算的债务的实有数。该类账户的结构如图5-4所示。

属于债务结算账户的有:"应付票据""应付账款""预收账款""其他应付款""应付职工薪酬""短期借款""长期借款""应交税费""应付利润"等账户。

(三)债权债务结算账户

债权债务结算账户,又称为资产负债结算账户或往来账户,是用来核算和监督企业同其他单位或个人之间发生的债权和债务往来结算业务的账户。实际工作中,企业在与其他单位和个人经常发生业务往来时,有时企业是债权人,有时企业又是

借方	债务结算账户	贷方
本期发生额：本期债务的减少额	期初余额：期初尚未偿还或尚未结算的债务的实有数 本期发生额：本期债务的增加额	
	期末余额：期末尚未偿还或尚未结算的债务的实有数	

图 5-4 债务结算账户的基本结构

债务人，比如企业向某单位购货，有时是赊购货物，此时企业是债务人；但有时是企业预付购货款，此时企业是债权人，而且企业与这些单位或个人的款项通常以净额结算。为了集中核算和监督企业同其他单位或个人的债权债务的增减变动及余额情况，企业可选择只设置"应付账款"和"预付账款"两账户中的一个或新设置一个"单位往来"账户，通过这个账户来同时反映购买商品的应付款项和预付款项。这样，企业设置的"预付账款"账户或"应付账款"账户或"单位往来"账户就成了债权债务结算账户。

债权债务结算账户的借方登记债权的增加数和债务的减少数，贷方登记债务的增加数和债权的减少数；余额可能在借方，也可能在贷方。债权债务结算账户的结构可用图 5-5 表示。

借方	债权债务结算账户	贷方
期初余额：期初债权大于债务的差额 本期发生额：本期债权的增加额或债务的减少额	期初余额：期初债权小于债务的差额 本期发生额：本期债务的增加额或债权的减少额	
期末余额：净债权，即期末债权大于债务的差额	期末余额：净债务，即期末债务大于债权的差额	

图 5-5 债权债务结算账户的基本结构

企业可设置的债权债务结算账户还有"应收账款""预收账款""其他应收款""其他应付款""其他往来"等账户。企业可以只设置"应收账款"和"预收账款"两账户中的一个，或新设置一个"单位往来"账户，集中核算由于销售商品和提供劳务发生的应收账款和预收账款；也可以将"其他应收款"与"其他应付款"账户合并，设置一个"其他往来"账户，用来集中核算其他应收款和其他应付款的增减变动和结余情况。

债权债务结算账户有以下特点：①结算账户只提供货币指标；②应按发生结算业务的对方单位或个人设置明细分类账户，以便及时进行结算和核对账目；③对债权债务结算账户，需根据总分类账户所属明细分类账户的余额方向分析判断其账户的性质。这类账户从明细分类账的角度看，如果是借方余额，表示对某单位或个人期末净债权的结存数；如果是贷方余额，表示对某单位或个人期末净债务的结存数。所有明细账户借方余额之和与贷方余额之和的差额，应同有关总分类账户的余额相等。从总分类账角度看，借方余额表示期末总的债权大于总的债务的差额，贷方表示总的债务大于总的债权的差额。由于在总分类账户中，各明细单位或个人的债权和债务能自动抵减，所以总分类账户的余额不能明确反映企业与其他单位或个人债权债务的实际结存情况。这样，在编制会计报表时，根据资产负债应分开列示，不能相互抵消的原则，对结算类账户通常要根据明细账的余额分析填列，将属于债权部分的余额列在资产负债表的资产方，将属于债务部分的余额列在资产负债表的负债方。

三、成本计算账户

成本计算账户是用来核算和监督企业生产过程中某一阶段所发生全部费用，并据此计算该阶段各个成本计算对象实际成本的账户。该类账户的结构是：借方登记应计入某一成本计算对象的全部费用；贷方登记转出已完成某个阶段的成本计算对象的实际成本；期末如有余额，一般在借方，表示尚未完成某个阶段成本计算对象的实际成本。成本计算账户的结构如图5-6所示。

借方	成本计算账户	贷方
期初余额：未转出成本计算对象的实际成本		
本期发生额：本期发生的应计入某一成本计算对象的费用		本期发生额：转出已完成某阶段成本计算对象的实际成本
期末余额：期末未转出成本计算对象的实际成本		

图5-6 成本账户的基本结构

成本计算类账户主要有"生产成本""在途物资""在建工程"等账户。"生产成本"账户借方用来归集产品的生产成本，贷方转出完工产品成本到"库存商品"账户；"在途物资"账户借方用来归集在途材料的采购成本，贷方转出验收入库材料成本到"原材料"账户;"在建工程"账户借方用来归集固定资产的购建成本,贷方转出达到可使用状态(如已安装完毕)的工程设备成本到"固定资产"账户。成本计算账户的特点是:该类账户除了设置总分类账户之外,还应按各个成本计算对象分别设置明细分类账进行明细核算,既提供货币指标,又提供实物指标。

四、集合分配账户

集合分配账户是用来汇集和分配企业生产经营过程中发生的某种间接费用的账户,借以核算和监督有关费用计划的执行情况和费用的分配情况。该类账户的结构是:借方登记各种费用的发生数;贷方登记按照一定的分配标准分配计入各个成本计算对象的费用分配数。一般情况下,该类账户期末无余额。集合分配账户的结构如图5-7所示。

借方	集合分配账户	贷方
本期发生额:归集本期生产经营过程中发生的间接费用		本期发生额:本期分配到有关成本计算对象上的间接费用

图5-7 集合分配账户的基本结构

属于集合分配账户的有"制造费用"账户。集合分配账户的特点是:该类账户具有明显过渡性质,平时用来归集那些不能直接计入某个成本计算对象的间接费用,期末按一定的标准,将费用分配到有关成本计算对象,如生产成本——某产品,分配完成后,该类账户的期末一般无余额。

五、计价对比账户

计价对比账户是指对某些业务按照两种不同的计价标准进行计价、对比,确定其业务成果的账户。该类账户的借方登记某项业务的一种计价;贷方登记该项业务的另一种计价;期末将两种计价对比,确定成果。计价对比账户的结构如图5-8所示。

属于计价对比账户的主要有"材料采购""本年利润"等账户。在按计划成本进行材料日常核算的企业应设置"材料采购"账户,该账户借方登记材料的实际采购成本(第一种计价),贷方登记入库材料的计划成本(第二种计价),将借贷两方两种计价对比,就可以确定材料采购业务的成果是超支还是节约。"本年利润"账户的贷方登记各项收入,借方登记各项费用,期末将借、贷方发生额对比,确定本期财务成果(利润或亏损)。

借方	计价对比账户	贷方
本期发生额：业务的第一种计价		本期发生额：业务的第二种计价
期末余额：第一种计价大于第二种计价的差额		期末余额：第二种计价大于第一种计价的差额

图 5-8　计价对比账户的基本结构

六、资本账户

资本账户，也称为所有者投资账户，是用来反映企业所有者投资的增减变动及其结存情况的账户。该类账户的贷方登记资本及公积金的增加数或形成数，借方登记资本及公积金的减少数或支用数，其余额总是在贷方，表示各项资本、公积金的实有数。资本账户的结构如图 5-9 所示。

借方	资本账户账户	贷方
		期初余额：期初资本和公积金实有额
本期发生额：本期资本和公积金减少额		本期发生额：本期资本和公积金增加额
		期末余额：期末资本和公积金实有额

图 5-9　资本账户的基本结构

属于资本账户的有"实收资本""资本公积"和"盈余公积"等账户。该类账户的总分类账和明细分类账只提供货币指标。

七、期间账户

期间账户，是指用来核算企业生产经营中某个会计期间发生的各项收入、费用的账户。该类账户的本期发生额最终都要结转到"本年利润"账户中去，期末没有余额。按核算内容的不同，期间账户可以分为期间收入账户和期间费用账户两类。

（一）期间收入账户

收入账户是用来反映企业在一定会计期间内取得各种收入的账户。该类账户的结构是：贷方登记本期发生的收入增加数；借方登记本期发生的收入减少数和期末转入"本年利润"账户的收入数；期末结转后该类账户一般无余额。期间收入账户的结构如图5-10所示。

借方	期间收入账户	贷方
本期发生额：本期发生的收入减少数和期末转入"本年利润"账户的收入数		本期发生额：本期发生的收入增加数

图 5-10 期间收入账户基本结构

属于期间收入账户的有"主营业务收入""其他业务收入"和"营业外收入"等账户。

（二）期间费用账户

期间费用账户是用来核算和监督企业在一定时期内发生的，应记入当期损益的各项费用的账户。费用有广义和狭义之分，即不仅包括为取得产品销售收入及经营管理而发生的各种耗费。该类账户的结构是：借方登记本期费用支出的增加数；贷方登记本期费用支出的减少或期末转入"本年利润"账户的费用数。结转后该类账户一般无余额。期间费用账户的结构如图5-11所示。

借方	期间费用账户	贷方
本期发生额：本期费用支出的增加数		本期发生额：本期费用支出的减少数和期末转入"本年利润"账户的费用数

图 5-11 期间费用账户基本结构

属于期间费用账户的有"主营业务成本""其他业务成本""税金及附加""管理费用""销售费用""财务费用""营业外支出"和"所得税费用"等账户。期间费用账户的特点：只能反映企业某个经营期间的收支情况，期末没有结存数，具有明显的过渡性质；总分类账和明细分类账只提供货币指标。

八、财务成果账户

财务成果账户是用来核算和监督企业在一定时期内全部经营活动最终成果的账户。该类账户的贷方登记期末从各收入账户转入的各项收入数；借方登记期末从各费用账户转入的与本期收入相配比的各项费用数。期末如为贷方余额，表示收入大于费用的差额，为企业本期实现的净利润数；若出现借方余额，则表示本期费用支出大于收入的差额，为本期发生的亏损总额。财务成果账户的结构如图 5-12 所示。

借方　　　　　财务成果账户　　　　　贷方
本期发生额：转入的各项费用 ｜ 本期发生额：转入的各项收入
期末余额：发生的亏损总额 ｜ 期末余额：实现的净利润

图 5-12　财务成果账户的基本结构

属于财务成果账户的有"本年利润"账户。财务成果账户的特点是：在年度中间，账户的余额（无论是实现的利润还是发生的亏损）不转账，一直在该账户中保留，目的是提供截至本期累计实现的利润或发生的亏损，因此年度中间该账户有余额，可能在贷方，也可能在借方。年终结算，要将本年实现的利润或发生的亏损从"本年利润"账户转入"利润分配"账户。所以，年末转账后，该账户一般无余额。

九、调整账户

调整账户是为求得被调整账户的实际余额而设置的账户。在实际工作中，由于某些项目的价值会发生增减变化，为了满足经营管理的需要，在会计核算中需要对这些项目同时设置两个账户，一个账户用来核算原始值，另一个账户用来核算对原始数字的调整数字，将原始数字与调整数字相加或相减，以求得调整后的实有数字。核算原始数字的账户，称为被调整账户，核算调整数字的账户，称为调整账户。调整账户按调整方式的不同，可分为备抵调整账户、附加调整账户和备抵附加调整账户三类。

（一）备抵账户

备抵账户，又称为抵减账户，是用来抵减被调整账户的余额，以求得被调整账户的实际余额的账户。其调整公式为：

被调整账户的余额−备抵账户的余额＝被调整的实际余额

由公式可知，备抵账户与其被调整账户的余额方向相反。现以"累计折旧"账户为例加以说明。"累计折旧"账户是"固定资产"账户的备抵账户，"固定资产"账户反映固定资产的原始价值，"累计折旧"账户反映固定资产由于磨损而减少的价值，"固定资产"账户的借方余额减去"累计折旧"账户的贷方余额，其差额就是固定资产的实际价值（净值）。通过"累计折旧"账户和固定资产净值这个指标的核算分析，可以了解固定资产的新旧程度。图 5-13 所示为资产备抵账户"累计折旧"的基本结构。

属于备抵调整账户的还有"利润分配"等账户。"利润分配"账户是"本年利润"账户的备抵账户。"本年利润"账户的期末贷方余额，反映期末已实现利润数，

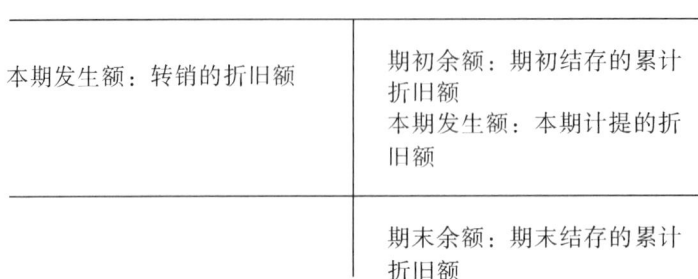

图 5-13 累计折旧备抵账户的基本结构

"利润分配"账户的借方余额,反映期末已分配的利润数。用"本年利润"账户的贷方余额减去"利润分配"账户的借方余额,其差额表示企业期末尚未分配的利润数。"累计折旧"账户是用来抵减某一资产账户(被调整账户),又称为资产备抵账户。"利润分配"是用来抵减某一权益账户(被调整账户),又称为权益备抵账户。

(二)附加账户

附加账户是用来增加被调整账户的余额,以求得被调整账户实际余额的账户。其调整公式为:

被调整账户的余额+附加账户的余额=被调整账户的实际余额

附加账户的特点:被调整账户的余额同附加账户的余额一定在相同的方向,也就是说,如果被调整账户的余额在借方(或贷方),则附加账户的余额同样也在借方(或贷方)。在实际工作中该类账户很少使用。

(三)备抵附加账户

备抵附加账户是用来抵减或增加被调整账户的余额,以求得被调整账户的实际余额的账户。该类账户兼有备抵账户和附加账户的作用,当备抵附加调整账户的余额与被调整账户的余额方向相同时,该账户便起附加调整账户的作用;当备抵附加账户的余额与被调整账户的余额方向相反时,该账户便起备抵账户的作用。该类账户最典型的是"材料成本差异"账户。在原材料采用计划成本核算的情况下,"材料成本差异"账户是"原材料"账户的备抵附加账户。"材料成本差异"账户的结构是:贷方登记节约差异(原材料的实际成本小于计划成本的差额),借方登记超支差异(原材料的实际成本大于计划成本的差额),期末余额可能在借方,也可能在贷方。"材料成本差异"账户的结构如图 5-14 所示。

若"材料成本差异"账户的余额在贷方,则抵减被调整账户"原材料"的实际成本,此时该账户是抵减账户。"原材料"的实际成本计算如下:

"原材料"的实际成本="原材料"账户借方余额(计划成本)-"材料成本差异"账户的贷方余额

若"材料成本差异"账户的余额在借方,则附加被调整账户"原材料"的实际

借方 材料成本差异账户	贷方
本期发生额：超支差异，即原材料的实际成本大于计划成本的差额	本期发生额：节约差异，即原材料的实际成本小于计划成本的差额
期末余额：期末超支差异	期末余额：期末节约差异

图 5-14　材料成本差异账户的基本结构

成本，此时该账户是附加账户。"原材料"的实际成本计算如下：

"原材料"的实际成本＝"原材料"账户借方余额（计划成本）＋"材料成本差异"账户的借方余额

调整账户有以下特点：①调整账户与被调整账户所反映的经济内容相同，被调整账户反映的是原始数字，而调整账户反映对原始数字的调整数字；②调整的方式是将原始数字同调整数字相加或相减，就可以求得实有数字；③调整账户不能离开被调整账户而独立存在，有调整账户就有被调整账户。

十、双重性质账户

在借贷记账法下，可以根据需要设置双重性质账户。所谓双重性质账户，是指既可以用来核算资产、费用，又可以用来核算负债、所有者权益和收入的账户。这类账户或者只有借方余额，或者只有贷方余额。根据双重性质账户期末余额的方向，可以确定账户的性质。如果余额在借方，就是资产类账户；如果余额在贷方，就是负债类账户。例如，可设置"单位往来"账户来核算一个与本企业既有债权同时又有债务关系企业的经济业务。当该账户期末余额在贷方时，表明本企业承担了债务，是一种"应付"的性质，属于负债；当该账户期末余额在借方时，表明本企业对对方的债权，是一种"应收"的性质，属于资产。

共同类账户和债权债务结算账户都是双重性质账户，如"衍生工具""套期工具""应收账款""应付账款"等账户。由于任何一个双重性质账户都是把原来的两个有关账户合并在一起，并具有合并前两个账户的功能，所以设置双重性质账户，可以减少账户数量，使账务处理简便灵活。

应该说明的是，账户按用途和结构分类，每个账户的分类并不是唯一的，如"本年利润"可分别归属于财务成果账户和计价对比账户。

复习思考题

一、名词解释

1. 实收资本
2. 资本（股本）溢价
3. 原材料按实际成本法核算
4. 期间费用
5. 成本项目
6. 制造费用

二、单选题

1. 下列各项不属于销售费用的是（　　）。
   A. 广告费　　　　　　　　　　　　B. 产品的增值税销项税额
   C. 送货运杂费　　　　　　　　　　D. 产品的展销费

2. 关于制造费用账户，下列说法错误的是（　　）。
   A. 借方登记实际发生的各项制造费用
   B. 贷方登记分配转入产品成本的制造费用
   C. 期末应结转到"本年利润"账户
   D. 期末一般无余额

3. 采购人员的差旅费应记入的账户为（　　）。
   A. 材料采购　　　　　　　　　　　B. 管理费用
   C. 其他应收款　　　　　　　　　　D. 销售费用

4. 下列税金记入"税金及附加"的是（　　）。
   A. 增值税进项税　　　　　　　　　B. 所得税
   C. 增值税销项税　　　　　　　　　D. 消费税

5. 下列项目的发生不影响利润总额的是（　　）。
   A. 主营业务收入　　　　　　　　　B. 管理费用
   C. 所得税费用　　　　　　　　　　D. 销售费用

6. 期末应转入"本年利润"账户的是（　　）。
   A. 生产成本　　　　　　　　　　　B. 制造费用
   C. 应付利息　　　　　　　　　　　D. 财务费用

7. "利润分配"账户贷方余额表示（　　）。
   A. 利润总额　　　　　　　　　　　B. 累计未弥补的亏损
   C. 累计未分配利润　　　　　　　　D. 净利润

8. 下列会引起所有者权益总额发生变动的是（　　）。
   A. 分配现金股利　　　　　　　　　B. 分配股票股利
   C. 盈余公积补亏　　　　　　　　　D. 资本公积转增资本

9. 短期借款所发生的利息，一般应计入（　　）。
A. 管理费用　　　　　　　　　　　B. 财务费用
C. 销售费用　　　　　　　　　　　D. 投资收益

10. 企业某年度发生的可供投资者分配的利润是指（　　）。
A. 本年净利润
B. 本年净利润，加上以前年度未分配的利润
C. 本年净利润，减去提取的盈余公积
D. 公司弥补亏损和提取公积金后所余税后利润，加上以前年度未分配利润

三、多选题

1. 下列属于期间费用的有（　　）。
A. 销售费用　　　　　　　　　　　B. 财务费用
C. 管理费用　　　　　　　　　　　D. 制造费用
E. 生产成本

2. 下列项目中，属于利润分配的是（　　）。
A. 计算应缴纳所得税　　　　　　　B. 提取法定盈余公积
C. 偿还长期借款　　　　　　　　　D. 用税后利润弥补以前年度亏损
E. 向投资者分配利润

3. 材料采购成本包括（　　）。
A. 买价　　　　　　　　　　　　　B. 可抵扣的增值税
C. 采购人员的工资　　　　　　　　D. 运输途中的合理损耗
E. 市内小额零星运杂费

4. 下列应计入固定资产成本的有（　　）。
A. 买价　　　　　　　　　　　　　B. 可抵扣的增值税
C. 运输费用　　　　　　　　　　　D. 安装费用
E. 采购人员的工资

5. 下列税金应记入"税金及附加"账户的有（　　）。
A. 增值税　　　　　　　　　　　　B. 消费税
C. 城市维护建设税　　　　　　　　D. 房产税
E. 所得税

6. 销售商品收入同时满足下列条件的，才能予以确认（　　）。
A. 商品所有权上的主要风险和报酬已经转移
B. 不再对已售出的商品实施有效控制和管理
C. 相关的经济利益很可能流入企业
D. 相关收入和成本能够可靠计量
E. 商品已发出

7. 利润一般由以下几个层次指标构成（　　）。
A. 净利润　　　　　　　　　　B. 利润总额
C. 营业利润　　　　　　　　　D. 营业外收支净额
E. 主营业务利润

8. 下列属于制造企业其他业务收入的有（　　）。
A. 出售材料收入　　　　　　　B. 罚款收入
C. 出租包装物　　　　　　　　D. 清理固定资产净损益
E. 销售商品收入

9. 下列属于营业外支出核算内容的有（　　）。
A. 非常损失　　　　　　　　　B. 罚款支出
C. 非流动资产处置损失　　　　D. 采购材料运输途中合理损耗
E. 工资支出

10. 下列应计入产品生产成本的有（　　）。
A. 生产产品人员的工资　　　　B. 车间管理人员的工资
C. 厂部管理费　　　　　　　　D. 罚款支出
E. 生产产品耗用的材料

四、判断题

1. 企业对投资者实际投入企业的金额超过其在注册资本中所占的份额的部分，应记入资本公积账户。（　　）
2. 短期借款的利息采用按月支付时，应借记财务费用，贷记银行存款。（　　）
3. 假设短期借款的利息采用按季支付，则季度前两个月的月末应按权责发生制要求计提利息，计提利息时，应借记财务费用，贷记银行存款。（　　）
4. 购入材料的实际成本包括购买的价款，采购过程中发生的运杂费，入库前挑选整理费用，购入材料应负担的税金（如增值税、消费税等）及其他费用。（　　）
5. 对于尚未验收入库的在途物资的采购成本，应记入原材料账户。（　　）
6. 购买材料所取得的能够抵扣的增值税进项税，会计核算时应计入原材料成本。（　　）
7. 期末，应将制造费用、管理费用、财务费用、销售费用等费用类账户余额结转至本年利润账户。（　　）
8. 预收账款账户是资产类账户，期末余额一般在借方。（　　）
9. 在会计中期，本年利润账户的余额不结转。年度终了时，应将本年利润账户的余额转入利润分配账户。（　　）
10. 利润分配账户的期末余额表示累计未弥补的亏损或累计未分配的利润。（　　）

五、业务题

（一）目的：练习资金筹集业务核算

资料：华联有限责任公司 2 月份发生下列筹资业务。

（1）收到南方公司投入款项 80 000 元，已存入"银行存款"账户。

（2）收到 A 公司投入的专利权一项，确认价值 300 000 元，按合同约定，A 公司占注册资本份额为 200 000 元。

（3）收到 B 公司投入新设备一台，价值 180 000 元，设备已交付使用。

（4）向银行取得 3 个月的周转借款 20 000 元，年利率为 9%，已转入本公司"银行存款"账户。

（5）本月归还到期的短期借款本金 20 000 元，并支付利息 150 元。

（6）月初向银行借入 3 年期的款项 200 000 元，用于建造办公用房，年利率为 12%，该笔款项已转入本公司"银行存款"账户。

要求：编制上述经济业务的会计分录。

（二）目的：练习供应过程业务的核算

资料：华联有限责任公司 2 月份发生下列业务。

（1）公司购入一台机器设备，该备的买价为 250 000 元，增值税税率为 13%，货款及税金尚未支付，设备不需要安装。

（2）公司用银行存款购入一台需要安装的机器设备，买价为 70 000 元，增值税税率为 13%，设备投入安装，款项已用银行存款支付。

（3）上述设备在安装过程中领用本企业的原材料 500 元。另外，用银行存款支付安装费 1 000 元。

（4）上述设备安装完毕，达到预定可使用状态，并经验收合格交付使用，结转工程成本。

（5）向东方公司购入 A 材料 8 000 千克，单价为 10 元。收到东方公司开来的增值税专用发票，价款为 80 000 元，增值税税额为 10 400 元，货款及增值税均以银行存款支付。

（6）用银行存款支付 A 材料运费 2 000 元，增值税税率为 9%，增值税税额为 180 元，材料已验收入库。

（7）向南方公司购入 B 材料 400 千克，单价为 5 元；C 材料 100 千克，单价 15 元。收到南方公司开来的增值税专用发票，货款为 3 500 元，增值税税额为 455 元，货款及增值税税额均未支付，B、C 两种材料均未入库。

（8）以银行存款支付上述 B、C 两种材料的运费 500 元，增值税额 45 元，（运费按材料重量比例分配），B、C 材料均已验收入库。

（9）根据合同规定，预付 A 工厂购买 D 材料款 18 080 元。

（10）收到 A 工厂发来预付款购买的 D 材料 2 000 千克，单价为 8 元，增值税税额为2 080元，材料已验收入库。

要求：编制上述经济业务的会计分录。

（三）目的：练习产品生产业务的核算

资料：华联有限责任公司生产甲、乙两种产品，4月份发生下列生产业务：

（1）生产甲产品领用A材料1 000千克，单价为5元；领用B材料100千克，单价为10元；生产乙产品领用A材料500千克，单价为5元；领用B材料600千克，单价为10元。

（2）月末，计算本月应付职工工资16 500元，其中：甲产品生产工人工资为7 000元，乙产品生产工人工资为6 000元，车间管理人员工资为2 500元，厂部管理人员工资为1 000元。

（3）用银行存款3 000元支付本季度车间房租，并摊销应由本月负担的部分。

（4）以现金支付生产车间办公用品费用200元，厂部办公用品费用300元。

（5）生产车间一般消耗领用C材料200千克，单价为8元。

（6）预提本月办公大楼租金1 500元。

（7）计提当月固定资产折旧5 000元，其中生产车间固定资产折旧4 500元，企业管理部门固定资产折旧500元。

（8）月末，将本月发生的制造费用按生产工人的工资比例分配转入生产成本。

（9）月末，甲产品200件、乙产品75件全部完工验收入库，结转完工产品的实际生产成本并计算产品的单位成本。

要求：编制上述经济业务的会计分录。

（四）目的：练习销售业务的核算

资料：华联有限责任公司2月份发生下列销售业务：

（1）销售给华都公司甲产品10件，单价为650元；乙产品20件，单价为350元。增值税税率为13%，货款及增值税均未收到。

（2）以银行存款支付销售甲、乙两种产品的运费1 500元，增值税额135元。

（3）预收丰远公司购买甲产品款14 690元存入银行。

（4）销售给丰远公司甲产品20件，单价为650元，增值税税额为1 690元，用银行存款代垫运杂费180元，货款、增值税已预收，运费尚未收到。

（5）计算本月应交已售产品消费税2 000元。

（6）以银行存款600元支付产品广告费。

（7）公司出售一批不需用的A材料，货款为14 000元，增值税税率为13%，收到远山公司开出一张票面金额为15 820元、期限为6个月的不带息商业汇票。

（8）结转本月已售甲、乙两种产品的成本，甲产品单位成本为350元，乙产品单位成本为160元。

（9）结转本月已售A材料成本8 200元。

要求：编制上述经济业务的会计分录。

（五）目的：练习利润形成及分配业务的核算

资料：华联有限责任公司12月份发生下列有关业务：

（1）收到捐赠7 000元，存入银行。

（2）以现金支付罚款支出2 250元。

（3）收到出租包装物押金3 000元，已存入银行。

（4）将本期实现的主营业务收入30 000元、其他业务收入4 000元、营业外收入7 000元、发生的主营业务成本15 000元、其他业务成本2 000元、税金及附加1 500元、销售费用1 000元、管理费用2 340元、财务费用200元、营业外支出2 250元，转入"本年利润"账户。

（5）按25%的所得税税率计算并结转本期应交所得税。

（6）"本年利润"账户有贷方期初余额150 000元，请结转本年利润到利润分配。

（7）按全年税后利润的10%提取法定盈余公积金。

（8）决定向投资者分配利润40 000元。

（9）结转利润分配除了未分配利润外的明细科目。

要求：编制上述经济业务的会计分录。

（六）目的：综合业务练习

资料：1. 华联有限责任公司2022年12月1日各有关账户的余额如下表所示。

账户余额表

2022年12月1日　　　　　　　　　　　　　　　　　单位：元

会计科目	期初借方余额	期初贷方余额
库存现金	6 000	
银行存款	240 000	
应收账款	43 150	
原材料	85 000	
库存商品	150 000	
固定资产	304 000	
预付账款	1 850	
短期借款		255 000
应付职工薪酬		50 000
应交税费		25 000
实收资本		500 000
合计	830 000	830 000

2. 华联有限责任公司2022年12月发生的经济业务如下：

（1）2日，收到恒远公司投入的货币资金250 000元，存入银行。

(2) 4 日，收到丰华公司投入的新设备一台，经双方协商作价 110 000 元，该设备不需要安装，已办理资产转移手续并投入使用。

(3) 5 日，向银行取得短期借款 200 000 元，期限 6 个月，年利率为 9%，利息按季度结算，所得借款存入银行。

(4) 8 日，购入 A 材料 10 千克，货款为 10 000 元，运费为 800 元，装卸搬运费为 200 元，增值税进项税额为 1 390 元，货款当即用银行存款支付，材料尚未到达。

(5) 上述材料到达企业，结转 A 材料的采购成本。

(6) 10 日，购入 A、B、C 三种材料，买价为 74 000 元，增值税的进项税额为 9 620 元，款项尚未支付。A、B、C 三种材料的资料如下表所示。

购入材料的资料　　　　　　　　　　　　　　单位：元

材料名称	重量	单价	金额
A 材料	10 千克	1 000	10 000
B 材料	20 千克	1 400	28 000
C 材料	20 千克	1 800	36 000

(7) 10 日，以银行存款支付 A、B、C 三种材料的运费及装卸费 3 500 元（按重量分配）。

(8) 10 日，A、B、C 三种材料验收入库，计算并结转入库材料的实际成本。

(9) 15 日，仓库发出材料，情况如下表所示。

发出材料汇总表　　　　　　　　　　　　　　单位：元

项目	A 材料	B 材料	C 材料	合计
生产产品耗用	24 000	13 000	9 800	46 800
其中：甲产品	14 000	5 000	3 800	22 800
乙产品	10 000	8 000	6 000	24 000
车间一般耗用	7 000	3 000		10 000
厂部一般耗用	4 000	500	1 500	6 000
合计	35 000	16 500	11 300	62 800

(10) 15 日，结算本月应付职工工资。生产工人工资 36 000 元，其中：甲产品工人工资 20 000 元，乙产品工人工资 16 000 元，车间管理人员工资 7 000 元，行政管理人员工资 3 000 元，合计 46 000 元。

(11) 15 日，开出现金支票一张，从银行提取现金 50 000 元，备发工资。

(12) 15 日，以库存现金发放工资 50 000 元。

（13）18日，以银行存款偿还10日的购料款及增值税额。

（14）19日，收到债务人用现金偿还的货款150元。

（15）20日，开出转账支票一张，购买办公用品价值120元，交厂部使用。

（16）20日，以库存现金支付业务招待费4 400元。

（17）21日，收到购货单位归还以前所欠货款18 000元，存入银行。

（18）25日，销售乙产品一批，货款为40 000元，增值税的销项税额为5 200元，代垫运费为1 200元，已向银行办理托收手续。

（19）28日，以银行存款支付本月广告费1 500元。

（20）29日，销售甲产品一批，货款为50 000元，增值税的销项税额为6 500元，收到面值为56 500元、期限为4个月的商业承兑汇票一张。

（21）31日，摊销已预付的本月应负担的租金1 850元，其中，车间使用固定资产的租金1 000元，管理部门用的固定资产的租金850元。

（22）31日，计提本月固定资产的折旧费，其中车间使用固定资产应计提折旧费为5 200元，厂部使用固定资产应计提折旧费为2 000元。

（23）31日，计算并分配结转本月发生的制造费用（按生产工人工时比例分配，其中甲产品的工时为6 000小时，乙产品的工时为4 000小时）。

（24）31日，本月甲产品投入200件全部完工，乙产品投入150件全部为在产品，结转甲产品入库的实际成本。

（25）31日，结转本月已售产品的生产成本40 000元。

（26）31日，按照规定计算出本月应负担的税金及附加为7 000元。

（27）31日，计提本期借款利息4 600元，计入财务费用。

（28）结转费用账户到本年利润。

（29）结转收入账户到本年利润。

（30）按本年利润总额计算所得税费用，所得税率为25%。

（31）结转所得税费用。

（32）将本年利润结转到利润分配账户。

（33）按本年税后利润的10%计提法定盈余公积。

（34）按本年税后利润的5%分配普通股股利。

（35）将利润分配的明细科目（除未分配利润外）结转到未分配利润明细科目。

要求：

1. 根据上述经济业务编制会计分录。
2. 登记T型账户的期初余额、发生额，计算各账户的发生额合计及期末余额。
3. 编制发生额及余额试算平衡表。

六、案例分析题

资料：小王担任A企业的会计，A企业2022年8月发生如下两笔经济业务：

（1）8月1日，按购货合同约定，A企业预收B企业预付的货款100 000元，存入银行。

（2）8月5日，A企业向B企业发出产品150件，总价款150 000元，增值税额25 500元。

小王对上述业务做出如下会计处理：

(1) 借：银行存款   100 000
        贷：预收账款——B企业   100 000
(2) 借：预收账款——B企业   175 500
        贷：主营业务收入   150 000
            应交税费——应交增值税（销项税额）   25 500

账务处理后，小王发现"预收账款——B企业"账户出现了借方余额75 500元，小王认为自己的账务处理肯定是错误的，因为预收账款是负债类账户，账户的余额应该在贷方。

要求：请分析小王的账务处理是否正确。为什么"预收账款——B企业"账户出现了借方余额？

第六章
会计凭证

本章主要介绍了会计凭证的填制、审核、传递与保管。通过本章的学习，要求正确认识和理解会计凭证的意义和种类；熟练掌握原始凭证的填制和审核方法及内容；熟练掌握记账凭证的填制和审核；了解会计凭证的传递与保管的内容。本章学习的重点是记账凭证的构成要素和格式以及填制要求。学习的难点是收款凭证、付款凭证和转账凭证的填制和审核。

第一节 会计凭证的意义与种类

一、会计凭证的概念

为了保证会计信息的可靠性，如实地反映企业单位各种经济业务对会计诸要素的影响情况，经过会计确认而进入复式记账系统的每一项经济业务在其发生的过程中所涉及的每一个原始数据都必须有根有据。这就要求企业对外或对内所发生的每一项交易或事项，都应该在其发生时具有相关的书面文件来接受这些相关的数据，也就是应该由经办或完成该项经济业务的有关人员运用这些书面文件具体地记录每一项经济业务所涉及的业务内容、数量和准确金额，同时，为了对书面文件所反映的有关内容的合法性、合理性和真实性负责，还需要经办人员在这些书面文件上签字盖章。这些书面文件就是会计凭证。

所谓会计凭证，就是用来记录经济业务，明确经济责任，并作为登记账簿依据的书面证明文件，是重要的会计资料。

在实际工作中，购买物品时由供货单位开出的发票、支付款项时由收款单位开出的收据、财产收发时由经办人员开出的收货单和发货单等，都属于会计凭证。填制和审核会计凭证作为会计工作的第一步，是会计核算的基本环节。

二、会计凭证的意义

会计凭证是会计信息的载体之一，会计核算工作程序主要包括"凭证—账簿—报表"三个步骤，会计凭证则是其中的起点和基础。也就是说，填制、取得并审核会计凭证是会计循环全过程中的初始阶段和最基本的环节，这个环节的工作正确与否，直接关系到会计循环中其他步骤内容的正确性。所以，在会计核算过程中，会计凭证具有非常重要的作用。

（一）会计凭证是提供原始资料、传导经济信息的重要工具

会计信息是经济信息的重要组成部分。它一般是通过数据以凭证、账簿、报表等形式反映出来的。随着生产的发展，及时准确的会计信息在企业管理中的作用愈来愈重要。任何一项经济业务的发生，都要编制或取得会计凭证。会计凭证是记录经济活动的最原始资料，是经济信息的载体。通过会计凭证的加工、整理和传递，可以直接取得和传导经济信息，既协调了会计主体内部各部门、各单位之间的经济活动，保证生产经营各个环节的正常运转，又为会计分析和会计检查提供了基础资料。

（二）会计凭证是登记账簿的依据

任何单位，每发生一项经济业务如库存现金的收付、商品的收发，以及往来款项的结算等，都必须通过填制会计凭证来如实记录经济业务的内容、数量和金额，审核无误后才能登记入账。如果没有合法的凭证作依据，任何经济业务都不能登记到账簿中去。因此，会计凭证的填制和审核工作，是保证会计账簿资料真实性、正确性的重要前提。

（三）填制和审核会计凭证能够更好地发挥会计的监督作用

通过对会计凭证的审核，可以查明各项经济业务是否符合法规、制度的规定，有无盗窃、铺张浪费和损公肥私行为，从而发挥会计的监督作用，保护各会计主体所拥有资产的安全完整，维护投资者、债权人和有关各方的合法权益。

（四）填制和审核会计凭证，便于分清经济责任，加强经济管理中的责任制

由于会计凭证记录了每项经济业务的内容，并要由有关部门和经办人员签章，这就要求有关部门和有关人员对经济活动的真实性、正确性、合法性负责。这样，无疑会增强有关部门和有关人员的责任感，促使他们严格按照有关政策、法令、制度、计划或预算办事。如有发生违法乱纪或经济纠纷事件，也可借助于会计凭证确定各经办部门和人员所负的经济责任，并据以进行正确的裁决和处理，从而加强经营管理的岗位责任制。

三、会计凭证的种类

由于各个单位的经济业务是复杂多样的，因而所使用的会计凭证种类繁多，其用途、性质、填制的程序乃至格式等都因经济业务的需要不同而具有多样性。因此，按照不同的标志可以对会计凭证进行不同的分类。按会计凭证填制的程序和用途不同可将其分为原始凭证和记账凭证两大类。

（一）原始凭证

1. 原始凭证的概念

所谓原始凭证是指在经济业务发生时填制或取得的，用以证明经济业务的发生或完成情况，并作为记账依据的书面证明。

原始凭证是进行会计核算的原始资料和重要依据，一切经济业务的发生都应由经办部门或经办人员向会计部门提供能够证明该项经济业务已经发生或已经完成的书面单据，以明确经济责任，并作为编制记账凭证的原始依据。原始凭证是进入会计信息系统的初始数据资料。一般而言，在会计核算过程中，凡是能够证明某项经济业务已经发生或完成情况的书面单据就可以作为原始凭证，如有关的发票、收据、银行结算凭证、收料单、发料单等；凡是不能证明该项经济业务已经发生或完成情况的书面文件就不能作为原始凭证，如生产计划、购销合同、银行对账单、材料请购单。

原始凭证不仅是一切会计事项的入账根据，而且也是企业单位加强内部控制经常使用的手段之一。

2. 原始凭证的种类

原始凭证按其取得的来源不同，可以分为自制原始凭证和外来原始凭证。

自制原始凭证，是指由本单位内部经办业务的部门或人员，在办理某项经济业务时自行填制的凭证。自制原始凭证按其填制的手续和完成情况的不同，可以分为一次凭证、累计凭证、汇总原始凭证和记账编制凭证四种。

一次凭证，是指只反映一项经济业务，或同时反映若干项同类性质的经济业务，其填制手续是一次完成的凭证，也叫一次有效凭证。如"收料单""领料单"等都是一次凭证。这里列举领料单的具体格式如表 6-1 所示。

表 6-1　领料单

领料部门：　　　　　　　　202×年×月×日　　　　　　　　编号：
用途：修理设备　　　　　　　　　　　　　　　　　　　　　仓库：

材料编号	材料名称及规格	计量单位	数量		价格		备注
			请领	实领	单价	金额	

领料单位负责人：　　　领料人：　　　发料人：　　　制单：

累计凭证，是指在一定时期内连续记载若干项同类性质的经济业务，其填制手续是随着经济业务发生而分次（多次）完成的凭证，如"限额领料单"等。限额领料单的具体格式如表 6-2 所示。

表 6-2　限额领料单

领料部门：　　　　　　　　　　　　　　　　　　　　　　　　　　发料仓库：
用途：　　　　　　　　　202×年×月×日　　　　　　　　　　　　编号：

材料类别	材料编号	材料名称及规格	计量单位	领用限额	实际领用	单价	金额	备注

日期	请领		实发			限额结余	退库	
	数量	领料单位盖章	数量	发料人	领料人		数量	退库单编号
合计								

供应部门负责人：　　　　　生产计划部门负责人：　　　　　仓库负责人：

汇总原始凭证，是指在会计核算工作中，为简化记账凭证的编制工作，将一定时期内若干份记录同类经济业务的原始凭证加以汇总，用以集中反映某项经济业务总括发生情况的会计凭证，如"发料凭证汇总表"等。编制汇总原始凭证可以简化编制记账凭证的手续，但它本身不具备法律效力。发料凭证汇总表的具体格式如表6-3所示。

表 6-3　发料凭证汇总表
202×年×月×日

应贷科目		应借科目					备注
		生产成本	制造费用	管理费用	在建工程	合计	
原材料	原料及主要材料						
	辅助材料						
	修理用备件						
	燃料						
	合计						
周转材料							
合计							

记账编制凭证，是根据账簿记录和经济业务的需要对账簿记录的内容加以整理而编制的一种自制原始凭证，如"制造费用分配表"等。制造费用分配表的具体格式如表6-4所示。

表 6-4　制造费用分配表

车间：　　　　　　　　　　202×年×月×日

分配对象（产品名称）	分配标准 （生产工时等）	分配率	分配金额
合计			

会计主管：　　　　　　　审核：　　　　　　　制表：

外来原始凭证，是指在同外单位发生经济业务往来时，从外单位取得的凭证。外来原始凭证一般都属于一次凭证。例如，从供应单位取得的购货发票、上缴税金的收据、乘坐交通工具的票据等。这里列举购货发票中的增值税专用发票，其具体格式如表 6-5 所示。

表 6-5　增值税专用发票

开票日期：202×年×月×日　　　　　发票联　　　　　　　　　　No.

购货单位	名称		纳税人登记号	
	地址、电话		开户银行及账号	

商品或劳务名称	计量单位	数量	单价	金额	税率 %	税额
合计						

价税合计（大写）		拾　万　仟　佰　拾　元　角　分　¥_____

销货单位	名称		纳税人登记号	
	地址、电话		开户银行及账号	

收款人：　　　　　开票单位（未盖章无效）：　　　　　结算方式：

由于复式记账系统的数据处理对象是过去的交易事项，无论是自制凭证还是外来凭证，都证明经济业务已经执行或已经完成，因而在审核后就可以作为会计记账的依据，将其数据输入复式记账系统。凡是不能证明经济业务已经实际执行或完成的文件，例如材料请购单、生产计划等，只反映预期的经济业务，这些业务既然尚未实际执行，那么有关数据自然不能进入复式记账系统进行加工处理。所以，这些文件不属于会计上的原始凭证，不能单独作为会计记账的根据。

（二）记账凭证

通过对原始凭证内容的学习，我们已经知道，原始凭证来自各个不同方面，数量庞大，种类繁多，格式不一，其本身不能明确表明经济业务应记入的账户名称和方向，不经过必要的归纳和整理，难以达到记账的要求，所以，会计人员必须根据审核无误的原始凭证编制记账凭证，将原始凭证中的零散内容转换为账簿所能接受的语言，以便据以直接登记有关的会计账簿。

1. 记账凭证的概念

所谓记账凭证，是指由会计人员根据审核无误的原始凭证，根据复式记账原理编制的用来履行记账手续的会计分录凭证，它是登记账簿的直接依据。

会计循环中的一个很重要的环节就是进行会计确认，这里的会计确认包括两个步骤：一个步骤是决定哪些原始数据应该记录和怎样记录，另一个步骤是决定已经记录并在账户中反映的信息应否在会计报表上列示和怎样列示。

会计确认的第一步是从原始凭证的审核开始的。应该说，原始凭证上所载有的一切可以用货币计量的内容还仅仅是一些不规整的数据，且仅仅是数据而已。通过对原始凭证的审核，需要确认原始凭证上的数据是否能够输入会计信息系统，经过确认，对于那些可以输入会计信息系统的数据需要采用复式记账系统来处理其中含有的会计信息，即编制会计分录，如此方能将原始凭证上的零散的数据转化为所需要的会计信息。在实际工作中，会计分录填写在记账凭证上，这一步的确认是会计循环过程中的一个基本步骤，而这一步的核心载体就是记账凭证。在记账凭证上编制了会计分录，并据以登记有关账簿，标志着第一次会计确认的结束。

原始凭证和记账凭证之间存在着密切的联系，原始凭证是记账凭证的基础，记账凭证是根据原始凭证编制的；原始凭证附在记账凭证后面作为记账凭证的附件，记账凭证是对原始凭证内容的概括和说明；记账凭证与原始凭证的本质区别就在于原始凭证是对经济业务发生或完成起证明作用，而记账凭证仅是为了履行记账手续而编制的会计分录凭证。

2. 记账凭证的种类

记账凭证按照不同的标志可以分为不同类别。

（1）按其反映的经济业务内容分类

记账凭证按其反映的经济业务内容的不同，可以分为专用记账凭证和通用记账凭证。专用记账凭证是专门用来记录某一特定种类经济业务的记账凭证。按其所记录的经济业务是否与货币资金收付有关又可以进一步分为收款凭证、付款凭证和转账凭证三种。收款凭证，是用来反映货币资金增加的经济业务而编制的记账凭证，也就是记录库存现金和银行存款等收款业务的凭证。收款凭证的具体格式如表6-6所示。付款凭证，是用来反映货币资金减少的经济业务而编制的记账凭证，也就是记录库存现金和银行存款等付款业务的凭证。付款凭证的具体格式如表6-7所示。收、付款凭证既是登记库存现金、银行存款日记账和有关明细账的依据，也是出纳员办理收、付款项的依据。转账凭证，是用来反映不涉及货币资金增减变动的经济业务（即转账业务）而编制的记账凭证，也就是记录与库存现金、银行存款的收付款业务没有关系的转账业务的凭证。转账凭证的具体格式如表6-8所示。

表6-6 收款凭证

借方科目： ＿年＿月＿日 收字第　号

摘要	贷方科目		金额	记账	
	总账科目	明细科目			附件单据
					张
合计					

会计主管＿＿　　审核＿＿　　记账＿＿　　出纳＿＿　　制单＿＿

表6-7 付款凭证

贷方科目： ＿年＿月＿日 付字第　号

摘要	借方科目		金额	记账	
	总账科目	明细科目			附件单据
					张
合计					

会计主管＿＿　　审核＿＿　　记账＿＿　　出纳＿＿　　制单＿＿

表6-8 转账凭证

＿年＿月＿日 转字第　号

摘要	总账科目	明细科目	借方金额	贷方金额	记账	
						附件单据
						张
合计						

会计主管＿＿　　审核＿＿　　记账＿＿　　制单＿＿

专用记账凭证定义中所说的某一类经济业务或特定业务内容是有特指的。对于一个会计主体的经济业务，可以从多角度进行分类。比如将经济业务与资金运动的三个阶段联系起来，可以划分为资金进入企业业务、资金使用（循环与周转）业务和资金退出企业业务；将经济业务与其影响会计等式中会计要素的情况联系起来，可以划分为影响等式双方要素，双方同增；影响等式双方要素，双方同减；只影响左方要素，有增有减和只影响右方要素、有增有减四种类型。这里所说的某一类经济业务，指的是从经济业务与货币资金收支之间关系的角度所做的分类。按照这种分类方法，企业的经济业务可以划分为收款业务、付款业务和转账业务三类。对经济业务的这种分类方法与记账凭证的填制有着直接关系。

通用记账凭证是采用一种通用格式记录各种经济业务的记账凭证，这种通用记账凭证既可以反映收、付款业务，也可以反映转账业务。通用记账凭证的具体格式如表6-9所示。

表6-9 记账凭证

__ 年 __ 月 __ 日　　　　　　　　　字第　　号

摘要	总账科目	明细科目	借方金额	贷方金额	记账
合计					

附件单据　　张

会计主管_____　　审核_____　　记账_____　　出纳_____　　制单_____

专用记账凭证和通用记账凭证适用于不同的会计主体，一个会计主体在会计核算中是使用专用记账凭证，还是使用通用记账凭证，应从实际情况出发。

（2）按其是否需要经过汇总分类

记账凭证按其是否需要经过汇总，可以分为汇总记账凭证和非汇总记账凭证。

汇总记账凭证，是指根据一定时期内单一的记账凭证按一定的方法加以汇总而重新填制的凭证，包括分类汇总记账凭证和全部汇总记账凭证。分类汇总记账凭证是按照收款凭证、付款凭证和转账凭证分别加以汇总编制出汇总收款凭证、汇总付款凭证和汇总转账凭证三种；全部汇总记账凭证是根据平时编制的全部记账凭证按照相同科目归类汇总其借、贷方发生额而编制的，一般称为科目汇总表或记账凭证汇总表。无论是分类汇总记账凭证还是全部汇总凭证，其目的都是为了简化登记总账的工作。汇总记账凭证的格式和填制方法将在第十章学习。

非汇总记账凭证，是根据原始凭证编制的只反映某项经济业务会计分录而没有经过汇总的记账凭证。前面介绍的收款凭证、付款凭证、转账凭证以及通用记账凭证等均属于非汇总记账凭证。

（3）按其包括的会计科目是否单一分类

记账凭证按其包括的会计科目是否单一，分为单式记账凭证和复式记账凭证。

单式记账凭证，又称单科目凭证，是指每张记账凭证只填列一个会计科目，其对方科目只供参考，不凭以记账的凭证。只填列借方科目的称为借项记账凭证，其格式如表6-10所示；只填列贷方科目的称为贷项记账凭证，其格式如表6-11所示。采用单式记账凭证，由于一张凭证只填列一个会计科目，因此，使用单式记账凭证便于汇总每个会计科目的发生额和进行分工记账。但在一张凭证上反映不出经济业务的全貌，也不便于查账。

表6-10　借项记账凭证

对应科目：　　　　　　　202×年×月×日　　　　　　　编号：

摘要	一级科目	二级或明细科目	金额	记账
合计				

附件单据　　　张

会计主管：　　　记账：　　　稽核：　　　制单：　　　出纳：　　　交款人：

表6-11　贷项记账凭证

对应科目：　　　　　　　202×年×月×日　　　　　　　编号：

摘要	一级科目	二级或明细科目	金额	记账
合计				

附件单据　　　张

会计主管：　　　记账：　　　稽核：　　　制单：　　　出纳：　　　交款人：

复式记账凭证，又称多科目凭证，是将一项经济业务所涉及的全部会计科目都集中填制在一张记账凭证上的凭证。复式记账凭证能够集中体现账户对应关系，相对于单式记账凭证而言能减少记账凭证的数量。但复式记账凭证不便于汇总和会计人员分工记账。目前会计实务中基本上采用复式记账凭证。

第二节　原始凭证的填制与审核

一、原始凭证的基本内容

不同的经济业务需要用不同的原始凭证进行反映,所以每一张原始凭证所记录的具体业务内容也就不可能完全一致。例如"领料单"记录的是原材料的领用情况,而"收料单"记录的是原材料的收入情况,两者所记录的具体业务内容显然是有区别的。但是,为了能够发挥原始凭证的应有作用,作为经济业务数据的特有载体,无论哪一种原始凭证,都要说明每一项经济业务的具体发生和完成情况,都要明确经办单位、人员以及其他相关单位的责任。因此,撇开各个原始凭证的具体的形式和内容,就其共同点而言,各种原始凭证具备如下的基本内容,这些基本内容通常可以称为原始凭证的基本要素。

(1) 原始凭证的名称,如"增值税专用发票","限额领料单"等。通过原始凭证的名称,能基本体现该凭证所反映的经济业务类型。

(2) 填制原始凭证的具体日期和经济业务发生的日期。应该说明的是这两个日期大多情况下是一致的,但也有不一致的时候。此时应将这两个日期在原始凭证中分别进行反映。

(3) 填制原始凭证的单位或个人名称。

(4) 对外原始凭证要有接受凭证的单位名称。

(5) 经济业务的内容。原始凭证对经济业务内容的反映,可以通过原始凭证内专设的"内容摘要"栏进行,如"收据""通用发票"等,也可以通过原始凭证本身来体现,如"飞机票"等。

(6) 经济业务的数量、单价和金额。这是对经济活动完整地进行反映所必需的,也是会计记录所要求的。没有具体金额的书面文件(如劳务合同等)一般是不能作为会计上的原始凭证的。

(7) 经办人员的签字或盖章。如果是外来的原始凭证,还要有填制单位的财务专用章或公章。

上述原始凭证所应具备的基本内容可以对照前面列举的有关原始凭证具体样式进行理解和掌握。

另外,在自制的原始凭证中,有的企业单位根据管理和核算所提出的要求,为了满足计划、统计或其他业务方面相关工作的需要,还要列入一些补充内容,诸如在原始凭证上注明与该笔经济业务有关的生产计划任务、预算项目以及经济合同号码等,以便更好地发挥原始凭证的多重作用。

二、原始凭证的填制（或取得）要求

不同的原始凭证，其填制的方法也不同。自制原始凭证一般是根据经济业务的执行或完成的实际情况直接填制的，如仓库根据实际收到材料的名称和数量填制的"收料单"等，也有一部分自制原始凭证是根据有关账簿记录资料按照经济业务的要求加以归类、整理而重新编制的，如"制造费用分配表"等。外来原始凭证是由其他单位或个人填制的，其填制内容和方法与自制原始凭证基本相同，也要具备能证明经济业务完成情况和明确经济责任所需要的相关内容。

各种原始凭证所反映的基本内容是进行会计信息加工处理过程中所涉及的最基本的原始资料，所以填制或取得原始凭证这个环节的工作正确与否是至关重要的。为了保证整个会计信息系统所产生的相关资料的真实性、正确性和及时性，必须按要求填制或取得原始凭证。

由于原始凭证的具体内容、格式不同，产生的渠道也不同，因而其填制或取得的具体要求也有一定的区别，但从总体要求来说，按照《中华人民共和国会计法》（以下简称《会计法》）和《会计基础工作规范》的规定，原始凭证的填制或取得必须符合下述几项基本要求：

（一）原始凭证反映的具体内容要真实可靠

填写原始凭证，必须符合真实性会计原则的要求，原始凭证上所记载的内容必须与实际发生的经济业务内容相一致，实事求是、严肃认真地进行填写，为了保证原始凭证记录真实可靠，经办业务的部门或人员都要在原始凭证上签字或盖章，对凭证的真实性和正确性负责。

（二）原始凭证所反映的内容要完整、项目要齐全、手续要完备

前已述及，原始凭证上有很多具体内容，因此，在填写原始凭证时，对于其基本内容、补充资料都要按照规定的格式、内容逐项填写齐全，不得漏填或省略不填。特别是有关签字盖章部分，自制的原始凭证必须有经办部门负责人或指定人员的签字或盖章，从外单位或个人取得的原始凭证，必须有填制单位公章或个人签字盖章，对外开出的原始凭证必须加盖单位公章。所谓的"公章"应是具有法律效力和规定用途、能够证明单位身份和性质的印鉴，如业务公章、财务专用章、发票专用章、收款专用章或结算专用章等。对于无法取得相关证明的原始凭证如火车票等，应由经办人员注明其详细情况后方可作为原始凭证。

（三）原始凭证的书写要简洁、清楚，大小写要符合会计基础规范的要求

原始凭证上的文字，要按规定要求书写，字迹要工整、清晰，易于辨认，不得使用未经国务院颁布的简化字。合计的小写金额前要冠以人民币符号"￥"（用外币计价、结算的凭证，金额前要加注外币符号，如"HK＄"或"US＄"等），币值符号与阿拉伯数字之间不得留有空白；所有以元为单位的阿拉伯数字，除表示单价等情况外，一律填写到角分，无角分的要以"0"补位。汉字大写金额数字，一律

用正楷字或行书字书写，如壹、贰、叁、肆、伍、陆、柒、捌、玖、拾、佰、仟、万、亿、元（圆）、角、分、零、整（正）。大写金额最后为"元"的应加写"整"（或"正"）字断尾。

在填写原始凭证的过程中，如果发生错误，应采用正确的方法予以更正，不得随意涂改、刮擦凭证，如果原始凭证上的金额发生错误，则不得在原始凭证上更改，而应由出具单位重开。对于支票等重要的原始凭证如果填写错误，一律不得在凭证上更正，应按规定的手续注销留存，另行重新填写新的凭证。

(四) 原始凭证要及时填制并按照规定的程序进行传递

按照及时性会计原则的要求，企业经办业务的部门或人员应根据经济业务的发生或完成情况，在有关制度规定的范围内，及时地填制或取得原始凭证，并按照规定的程序及时送交会计部门，经过会计部门审核之后，据以编制记账凭证。

除了以上各项基本内容之外，原始凭证填制的内容还包括以下具体要求：

从外单位取得的原始凭证，必须盖有填制单位的公章；从个人那里取得的原始凭证，必须有填制人员的签名或盖章；自制原始凭证必须有经办部门领导或指定人员签名或盖章；对外开出的原始凭证，必须加盖本单位公章；购买实物的原始凭证，必须有验收证明；支付款项的原始凭证，必须有收款单位和收款人的收款证明；发生销货退回的，除填制退货发票外，还必须有退货验收证明；退款时，必须取得对方的收款收据或者汇款银行的凭证，不得以退货发票代替收据；经上级部门批准的经济业务，应当将批准义件作为原始凭证附件；从外单位取得的原始凭证如有遗失，应当取得原开出单位盖有公章的证明，并注明原凭证的号码、金额等，由经办单位会计机构负责人、会计主管人员和单位领导人批准后，才能代作原始凭证。

三、原始凭证的审核

我们知道，原始凭证载有的内容只是含有会计信息的原始数据，必须经过会计确认，才能进入会计信息系统进行加工处理。原始凭证在填制或取得的过程中，由于种种原因，难免会出现错误和舞弊。为了保证原始凭证的真实性、完整性和合法性，企业的会计部门对各种原始凭证都要进行严格的审核，只有经过严格审核合格的原始凭证，才能作为编制记账凭证和登记账簿的依据。审核原始凭证不仅是确保会计初始信息真实、可靠的一项重要措施，同时也是发挥会计监督作用的重要手段，还是会计机构、会计人员的重要职责。

我国《会计法》第14条规定：会计机构、会计人员必须按照国家统一的会计制度的规定对原始凭证进行审计，对不真实、不合法的原始凭证有权不予接受，并向单位负责人报告；对记载不准确、不完整的原始凭证予以退回，并要求按照国家统一的会计制度的规定更正、补充。《会计法》的这条规定给予了会计人员相应的监督权限，为企业会计人员严肃、认真地审核原始凭证提供了法律上的依据。由此也不难看出，企业会计人员对原始凭证的审核，主要是审核原始凭证的真实性、完整性和合法性三个方面。具体分述如下：

（一）审核原始凭证的真实性

按照会计真实性原则的要求，原始凭证所记载的内容必须与实际发生的经济业务内容一致。所以，审核原始凭证的真实性，就是要审核原始凭证所记载的与经济业务有关的当事单位和当事人是否真实，原始凭证的填制日期、经济业务内容、数量以及金额是否与实际情况相符等。

（二）审核原始凭证的完整性

原始凭证反映的内容包括很多个项目。所以，在审核时要注意审核原始凭证填制的内容是否完整，应该填列的项目有无遗漏，有关手续是否齐全，金额的大小写是否相符，特别是有关签字或盖章是否都已具备等。

（三）审核原始凭证的合法性

审核原始凭证的合法性就是审核原始凭证所反映的经济业务内容是否符合国家政策、法律法规、财务制度和计划的规定，成本费用列支的范围、标准是否按规定执行，有无违反财经纪律、贪污盗窃、虚报冒领、伪造凭证等违法乱纪行为。

会计机构、会计人员在审核原始凭证时，对于不真实、不合法的原始凭证如伪造或涂改的原始凭证等，有权不予受理，并向单位负责人报告，请求查明原因，追究当事人的责任，进行严肃处理。对于不合法、不合规定的一切开支，会计人员有权拒绝付款和报销；对于记载不准确、不完整的原始凭证，应予以退回，并要求经办人员按照国家统一的会计制度的规定进行更正、补充。

会计信息系统所具有的监督作用主要体现在原始凭证的审核上。通过对原始凭证的审核，确保输入会计信息系统的数据真实、合理、合法，从而为会计系统最终所提供的财务报告信息的质量提供有效保证。所以，只有经过审核无误的原始凭证，才能作为编制和登记有关账簿的依据。

第三节 记账凭证的填制与审核

一、记账凭证的基本内容

记账凭证的一个重要作用就在于将审核无误的原始凭证中所载有的原始数据通过运用账户和复式记账方法编制会计分录而转换为会计账簿所能接受的专有语言，从而成为登记账簿的直接依据，完成第一次会计确认。因此，作为登记账簿直接依据的记账凭证，虽然种类不同，格式各异，但一般要具备以下7个方面的基本内容：

（1）记账凭证的名称，如"收款凭证""付款凭证""转账凭证"等。

（2）记账凭证的填制日期，一般用年、月、日表示，需要注意的是记账凭证的填制日期不一定就是经济业务发生的日期；

（3）记账凭证的编号；

（4）经济业务的内容摘要，由于记账凭证是对原始凭证直接处理的结果，所以只需将原始凭证上的内容简明扼要地在记账凭证中予以说明即可；

（5）经济业务所涉及的会计科目及金额，这是记账凭证中所要反映的主要内容；

（6）所附原始凭证的张数，以便于日后查证；

（7）有关人员的签字盖章，通过这一步骤，一方面能够明确各自的责任，另一方面又有利于防止在记账过程中出现的某些差错，从而在一定程度上保证了会计信息系统最终所输出会计信息的真实、可靠。

二、记账凭证的填制

记账凭证是根据审核无误的原始凭证编制的，各种记账凭证可以根据每一张原始凭证单独编制，也可以根据若干张原始凭证汇总编制。

在采用专用记账凭证的企业中，其收款凭证和付款凭证，是根据有关库存现金和银行存款收付业务的原始凭证填制的。凡是引起库存现金、银行存款增加的经济业务，都要根据库存现金、银行存款增加的原始凭证，编制库存现金、银行存款的收款凭证；凡是引起库存现金、银行存款减少的业务，都要根据库存现金、银行存款减少的原始凭证，编制库存现金、银行存款的付款凭证。出纳人员对于已经收讫的收款凭证和已经付讫的付款凭证及其所附的各种原始凭证，都要加盖"收讫"和"付讫"的戳记，以免重收重付。转账凭证是根据有关转账业务的原始凭证填制的，作为登记有关账簿的直接依据。

在采用通用记账凭证的企业里，对于各种类型的经济业务，都使用一种通用格式的记账凭证进行反映。通用记账凭证的填制方法与转账凭证的填制方法基本相同。

在填制记账凭证时，除了必须做到格式统一、内容完整、编制及时、会计科目运用正确之外，还要符合以下几项特殊要求：

（一）必须根据审核无误的原始凭证填制记账凭证

除填制更正错账、编制结账分录和按权责发生制要求编制的调整分录的记账凭证可以不附原始凭证以外，其余的记账凭证一般都应该附有原始凭证，同时，还应在记账凭证中注明所附原始凭证的张数，以便日后查阅。如果一张原始凭证同时涉及几张记账凭证，应将其附在一张主要的记账凭证的后面，并在其他记账凭证中予以说明。

在记账凭证上编制会计分录与教学上编制会计分录有何不同？两者的做法在道理上是相通的，只不过在记账凭证上编制会计分录时，必须按规定的格式在相应的位置填写记账方向、账户名称和金额等。另外，收款凭证反映的是收款业务内容，在编制的会计分录中，其借方科目应是"银行存款"或"库存现金"等，表明货币资金的增加。

在付款凭证上编制会计分录与在收款凭证上编制会计分录有何不同？虽然两者

的做法在道理上是相通的，但由于凭证格式不同，在付款凭证上，记账方向、账户名称和金额等的书写位置有明显变化。另外，付款凭证反映的是付款业务内容，在编制的会计分录中，其贷方科目应是"银行存款"或"库存现金"等，表明货币资金的减少。

在转账凭证上编制会计分录的做法既不同于收款凭证，也不同于付款凭证。记账方向、账户名称和金额等都需要填列在表格中的相应位置，在表格之外不再设立会计科目的单独位置。

(二) 必须采用科学的方法对记账凭证进行编号

编号的目的是为了分清记账凭证的先后顺序，便于登记账簿和日后记账凭证与会计账簿之间的核对，并防止散失。在使用通用凭证的企业里，可按经济业务发生的先后顺序分月按自然数1，2，3……顺序编号；在采用收款凭证、付款凭证和转账凭证的企业里，可以采用"字号编号法"，即按照专用记账凭证的类别顺序分别进行编号，例如，收字第×号，付字第×号、转字第×号等。也可采用"双重编号法"，即按总字顺序编号与按类别顺序编号相结合。例如，某收款凭证为"总字第×号，收字第×号"。一笔经济业务，如果需要编制多张专用记账凭证时，可采用"分数编号法"，例如，一笔经济业务需要编制两张转账凭证，凭证的顺序号为10号时，其编号可为转字第 $10\frac{1}{2}$ 号、转字第 $10\frac{2}{2}$ 号。前面的整数表示业务顺序，分子表示两张中的第1张和第2张。不论采用哪种凭证编号方法，每月末最后一张记账凭证的编号旁边要加注"全"字，以免凭证散失。

(三) 对于特殊的业务应采取特殊的方法处理

在采用专用记账凭证的企业中，对于从银行提取现金或将库存现金存入银行等货币资金内部相互划转的经济业务，为了避免重复记账，按照惯例一般只编制付款凭证，不编制收款凭证。即从银行提取现金，只编制银行存款的付款凭证；将库存现金存入银行，只编制现金的付款凭证。

为了更好地理解和掌握采用专用记账凭证的情况下如何处理货币资金内部相互划转的问题，先看一下为现金和银行存款之间的相互存取业务编制的会计分录。

将库存现金存入银行的会计分录为：
借：银行存款　　　　　　　　　　　　　　　　　×××
　　贷：库存现金　　　　　　　　　　　　　　　　×××
从银行提取现金的会计分录为：
借：库存现金　　　　　　　　　　　　　　　　　×××
　　贷：银行存款　　　　　　　　　　　　　　　　×××

从业务内容上看，以上每一项经济业务既具有收款性质，又同时具有付款性质。如将库存现金存入银行时，对于"库存现金"账户来说是付出，而对于"银行存款"账户来说则是收入。那么，从银行提取现金时，对于"银行存款"账户来说是付出，而对"库存现金"账户则是收入。那么，对于每一项经济业务应当填制什么样的专用记账凭证呢？当然，不能既填制收款凭证，又填制付款凭证，这样做没有必要。因为，对于一项经济业务填制一张记账凭证就足够了。另外，同时填制两张记账凭证，也容易造成重复记账。所以对于这种货币资金内部相互划转的业务，按照惯例，应统一按减少方填制付款凭证，而不再填制收款凭证。

（四）记账凭证填制完毕，应进行复核与检查，并按所使用的方法进行试算平衡

实行会计电算化的企业单位，其机制记账凭证应当符合记账凭证的一般要求。无论是印刷的记账凭证，还是机制记账凭证，都要加盖制单人员、审核人员、记账人员、会计机构负责人等的印章或签字，以明确各自的责任。

三、记账凭证的审核

正确编制记账凭证是正确地进行会计核算的前提。所以，记账凭证填制完成以后，必须由会计主管人员或其他指定人员进行严格审核。应该说，记账凭证的审核同原始凭证的审核一样，也是会计确认的一个重要环节，都是为了保证会计信息的真实、可靠，对经济业务在会计账簿上正式加以记录之前所采取的复式记账系统内部的一种防护性措施。因此，为了正确登记账簿和监督经济业务，除了在记账凭证的编制过程中，有关人员应认真负责、正确填制、加强自审之外，还要对记账凭证建立综合审核制度。

记账凭证审核的主要内容有：第一，和原始凭证核对。记账凭证是否附有原始凭证，记账凭证的内容与所附原始凭证的内容是否相符；记账凭证上填写的附件张数与实际原始凭证张数是否相符；会计科目的应用是否正确。第二，审核会计分录。二级或明细科目是否齐全；会计科目的对应关系是否清晰；金额的计算是否正确。第三，记账凭证上的其他内容。内容摘要的填写是否清楚，是否正确归纳了经济业务的实际内容；记账凭证中有关项目是否填列齐全；有关人员是否签字或盖章等。

严格地说，记账凭证的审核，同原始凭证一样，共同组成会计确认的一个环节，都是在会计账簿上正式加以记录之前的必要步骤。在记账凭证的审核过程中，如果发现差错，应查明原因，按照规定的办法及时处理和更正。只有经过审核无误的记账凭证，才能作为登记账簿的直接依据。

第四节　会计凭证的传递与保管

为了确保会计资料的安全、完整，会计凭证的传递和保管就成为会计工作的一项重要内容。

一、会计凭证的传递

会计凭证的传递，是指凭证从取得或填制时起，经过审核、记账、装订到归档保管时止，在单位内部各有关部门和人员之间按规定的时间、路线办理业务手续和进行处理的过程。

正确、合理地组织会计凭证的传递，对于及时处理和登记经济业务，协调单位内部各部门各环节的工作，加强经营管理的岗位责任制，实行会计监督，具有重要作用。例如，对材料收入业务的凭证传递，应明确规定：材料运达企业后，需多长时间验收入库，由谁负责，又由谁在何时将收料单送交会计及其他有关部门；会计部门由谁负责审核收料单，何时编制记账凭证和登记账簿，又由谁负责整理或保管凭证等。这样，既可以把材料从验收入库到登记入账的全部工作在本单位内部进行分工，并通过各部门的协作来共同完成，同时也便于考核经办业务的有关部门和人员是否按照规定的会计手续办理业务。

会计凭证的传递主要包括凭证的传递路线、传递时间和传递手续三个方面的内容。

各单位应根据经济业务的特点、机构设置、人员分工情况，以及经营管理上的需要，明确规定会计凭证的联次及其流程。既要使会计凭证经过必要的环节进行审核和处理，又要避免会计凭证在不必要的环节停留，从而保证会计凭证沿着最简捷、最合理的路线传递。

会计凭证的传递时间，是指各种凭证在各经办部门、环节所停留的最长时间。它应由各部门和有关人员，在正常情况下办理经济业务所需时间来合理确定。明确会计凭证的传递时间，能防止拖延处理和积压凭证，保证会计工作的正常秩序，提高工作效率。一切会计凭证的传递和处理，都应在报告期内完成，否则，将会影响会计核算的及时性。

会计凭证的传递手续，是指在凭证传递过程中的衔接手续，应该做到既完备严密，又简便易行。凭证的收发、交接都应按一定的手续制度办理，以保证会计凭证的安全和完整。

为了确保会计凭证的传递工作正常有序，以便完好地发挥会计凭证的作用，企业内部应制定出一套合理的会计凭证传递制度，使凭证传递的整个过程环环相扣，从而加速经济业务的处理进程，保证会计部门迅速、及时地取得和处理会计凭证，提高各项工作的效率，充分发挥会计监督作用。会计凭证的传递路线，传递时间和传递手续，还应根据实际情况的变化及时加以修改，以确保会计凭证传递的科学化、制度化。

二、会计凭证的保管

会计凭证是各项经济活动的历史记录，是需要的经济档案。为了便于随时查阅利用，各种会计凭证在办理好各项业务手续，并据以记账后，应由会计部门加以整理、归类，并送交档案部门妥善保管。为了保管好会计凭证，更好地发挥会计凭证的作用，《会计基础工作规范》第55条对此作了明确的规定，具体可归纳为以下几点：

（一）会计凭证的整理归类

会计部门在记账以后，应定期（一般为每月）将会计凭证加以归类整理，即把记账凭证及其所附原始凭证，按记账凭证的编号顺序进行整理，在确保记账凭证及其所附原始凭证完整无缺后，将折叠整齐，加上封面、封底，装订成册，并在装订线上加贴封签，以防散失和任意拆装。在封面上要注明单位名称、凭证种类、所属年月和起讫日期、起讫号码、凭证张数等。会计主管或指定装订人员要在装订线封签处签名或盖章，然后入档保管。

对于那些数量过多或各种随时需要查阅的原始凭证，可以单独装订保管，在封面上注明记账凭证的日期、编号、种类，同时在记账凭证上注明"附件另订"字样。各种经济合同和重要的涉外文件等凭证，应另编目录，单独登记保管，并在有关记账凭证和原始凭证上注明。

（二）会计凭证的造册归档

每个会计年度各个月份的会计凭证都应由会计部门按照归档的要求，负责整理立卷或装订成册。按照2015年财政部和国家档案局修订发布的《会计档案管理办法》的规定，会计凭证的保管期限为30年，自会计年度终了后第一天算起。会计凭证必须做到妥善保管、存放有序、查找方便，并要严防毁损、丢失和泄密。

（三）会计凭证的借阅

会计凭证原则上不得借出，如有特殊需要，须报请批准，但不得拆散原卷册，并应限期归还。需要查阅已入档的会计凭证时，必须办理借阅手续。其他单位因特殊原因需要使用原始凭证时，经本单位负责人批准，可以复制。但向外单位提供的原始凭证复印件，应在专设的登记簿上登记，并由提供人员和收取人员共同签名或盖章。

（四）会计凭证的销毁

会计凭证的保管期限，应严格按照会计规范的要求办理。保管期未满的，任何人都不得随意销毁会计凭证。按规定销毁会计凭证时，必须开列清单，报经批准后，由档案部门和会计部门共同指派人员监销。在销毁会计凭证前，监督销毁人员应认真清点核对，销毁后，在销毁清册上签名或盖章，并将监销情况报本单位负责人。

复习思考题

一、名词解释

1. 原始凭证
2. 记账凭证
3. 收款凭证
4. 付款凭证
5. 转账凭证
6. 通用记账凭证

二、单选题

1. 全部汇总的记账凭证是（　　）。
   A. 单式记账凭证　　　　　　B. 复式记账凭证
   C. 科目汇总表　　　　　　　D. 通用记账凭证

2. 下面不属于原始凭证的是（　　）。
   A. 发货单　　　　　　　　　B. 借据
   C. 购货合同　　　　　　　　D. 运费结算凭证

3. 在一定时期内连续记录若干同类经济业务的会计凭证是（　　）。
   A. 原始凭证　　　　　　　　B. 记账凭证
   C. 累计凭证　　　　　　　　D. 一次凭证

4. 从银行提取现金的业务，应编制（　　）。
   A. 现金收款凭证
   B. 银行存款收款凭证
   C. 现金付款凭证
   D. 银行存款付款凭证

5. "限额领料单"属于（　　）。
   A. 自制一次凭证　　　　　　B. 累计凭证
   C. 外来一次凭证　　　　　　D. 原始凭证汇总表

6. 会计凭证是（　　）的依据。
   A. 编制会计报表　　　　　　B. 编制汇总表
   C. 登记账簿　　　　　　　　D. 编制会计分录

7. 外来原始凭证一般都是（　　）。
   A. 一次凭证　　　　　　　　B. 汇总凭证
   C. 累计凭证　　　　　　　　D. 联合凭证

8. 非货币资金业务（　　）。
   A. 不是会计所反映的内容　　B. 直接引起现金或银行存款的减少
   C. 直接引起现金或银行存款的增加　　D. 又称转账业务

9. 收款凭证的贷方科目可能是（   ）。
A. 库存现金　　　　　　　　　B. 银行存款
C. 管理费用　　　　　　　　　D. 其他应收款

10. 借项记账凭证是（   ）凭证。
A. 单式记账　　　　　　　　　B. 复式记账
C. 转账　　　　　　　　　　　D. 一次

三、多选题

1. 以下不能作为原始凭证的是（   ）。
A. 购货合同　　　　　　　　　B. 生产计划
C. 材料请购单　　　　　　　　D. 银行对账单
E. 发料单

2. 企业的借款单是（   ）。
A. 原始凭证　　　　　　　　　B. 一次凭证
C. 自制凭证　　　　　　　　　D. 累计凭证
E. 原始凭证汇总表

3. 记账凭证审核的主要内容是（   ）。
A. 与所附原始凭证的内容是否一致
B. 有关项目是否填列齐全
C. 会计科目与账户对应关系是否正确
D. 所记金额是否同所附原始凭证的合计数相一致
E. 有关人员是否签字或盖章

4. 填制记账凭证可根据（   ）。
A. 原始凭证　　　　　　　　　B. 原始凭证汇总表
C. 自制原始凭证　　　　　　　D. 外来原始凭证
E. 收款、付款、转账凭证

5. 企业购入原材料一批已验收入库，货款已付，根据这项业务所填制的会计凭证是（   ）。
A. 收款凭证　　　　　　　　　B. 付款凭证
C. 收料单　　　　　　　　　　D. 发料单
E. 产品成本计算单

6. 在填制的付款凭证中"借方科目"可能涉及（   ）账户。
A. 库存现金　　　　　　　　　B. 银行存款
C. 应付账款　　　　　　　　　D. 应交税费
E. 销售费用

7. 影响企业会计凭证传递路线的因素有（   ）。

A. 企业生产组织的特点　　　　B. 企业经济业务的内容
C. 企业管理的要求　　　　　　D. 凭证的种类与数量
E. 规定保管期限

8. 一次凭证是（　　）。
A. 原始凭证的一种
B. 经济业务填制的手续一次完成，已填列的凭证不能重复使用
C. 会计人员根据同类经济业务加以汇总编制
D. 由会计人员根据原始凭证填制的会计凭证
E. 用于记录一项或若干项同类经济业务的原始凭证

9. 转账凭证属于（　　）。
A. 记账凭证　　　　　　　　　B. 原始凭证
C. 复式记账凭证　　　　　　　D. 通用记账凭证
E. 专用记账凭证

10. 原始凭证和记账凭证间的联系（　　）。
A. 原始凭证是记账凭证的基础
B. 原始凭证是记账凭证的附件
C. 记账凭证是对原始凭证内容的概括和说明
D. 原始凭证可作为登记总账的依据
E. 原始凭证是自制凭证，记账凭证是累计凭证

四、判断题

1. 累计凭证是指在一定时期内连续记载若干项同类经济业务，其填制手续随着经济业务发生而分次完成的凭证，如"限额领料单"。（　　）

2. 汇总原始凭证是指在会计核算工作中，为简化记账凭证编制工作，将一定时期内若干份记录同类经济业务的记账凭证加以汇总，用以集中反映某项经济业务总括发生情况的会计凭证。（　　）

3. 在一项经济业务中，如果既涉及现金和银行存款的收付，又涉及转账业务，应同时填制收（或付）款凭证和转账凭证。（　　）

4. 原始凭证是登记日记账、明细账的依据。（　　）

5. 制造费用分配表属于记账编制凭证。（　　）

6. 将记账凭证分为收款凭证、付款凭证、转账凭证的依据是凭证填制的手续和凭证的来源。（　　）

7. 根据账簿记录和经济业务的需要而编制的自制原始凭证是记账编制凭证。（　　）

8. 会计凭证在记账之后，应加以整理、装订并归档，2年后方可销毁。（　　）

9. 根据一定期间的记账凭证全部汇总填制的凭证如"科目汇总表"是一种累计

凭证。( )

10. 一笔经济业务，在需要编制多张专用记账凭证时，可采用"分数编号法"。( )

五、案例分析题

资料：黄先生是企业财务方面的主要负责人，在一次复核时他发现，由于会计小林的不小心把三张记账凭证弄丢了，黄先生在经过审核原始凭证后，批评小林工作太马虎，同时让他重新编制三张记账凭证。另外一次，黄先生在复核时发现小陈编制的银行存款付款凭证所附20万元的现金支票存根丢失，同时发现还有几张现金付款凭证所附原始凭证与凭证所注张数不符，黄先生马上让小陈停止工作，并且与他一起回忆、追查这张支票的去向。小陈对此非常不满，认为黄先生小题大做，故意整他，偏向小林。（本案例参考朱小平、徐泓编著《初级会计学》第六版）

请问：你如何看待这件事？

第七章
会计账簿

本章介绍了会计账簿的种类、设置原则、填制要求、登记规则、账簿的更换和保管等内容。通过本章的学习，要求正确理解会计账簿的基本内容和分类，重点掌握日记账、分类账的格式、记账规则和登账方法，以及更正账簿错误的规则和对账与结账的要求，了解并掌握账簿的启用规则、更换与保存要求。本章学习的重点是日记账、分类账设置的原则及格式；记账规则；登记方法和错账更正规则。学习的难点是错账的更正方法。

第一节 会计账簿的意义与种类

一、会计账簿的概念

填制会计凭证之后，还必须要设置和登记账簿，其原因是二者虽然都是用来记录经济业务的，但二者具有的作用不同。在会计核算中，对每一项经济业务，都必须取得和填制会计凭证，因为会计凭证数量很多，又很分散，而且每张凭证只能记载个别经济业务的内容，所提供的资料是零星的，不能全面、连续、系统地反映和监督一个经济单位在一定时期内某一类和全部经济业务活动情况，且不便于日后查阅。因此，为了给经济管理提供系统的会计核算资料，各单位都必须在凭证的基础上设置和运用登记账簿的方法，把分散在会计凭证上的大量核算资料，加以集中和归类整理，生成有用的会计信息，从而为编制会计报表、进行会计分析以及审计提供主要依据。

所谓会计账簿，是指由具有专门格式而又联结在一起的若干账页所组成的簿籍。在账簿中应按照会计科目开设有关账户，用来序时地、分类地记录和反映经济业务的增减变动及其结果。会计账簿是会计资料的主要载体之一。会计账簿由账页组成，账页一旦标明会计科目，这个账页就成为用来记录该科目所核算内容的账户。也就是说，账页是账户的载体，而账簿是账户的集合。

根据会计凭证在有关账户中进行登记，就是指把会计凭证所反映的经济业务内容记入设立在账簿中的账户，即通常所说的登记账簿，也称记账。

二、会计账簿的作用

通过会计账簿的概念，我们应该看到，会计账簿的构成形式是相互连接的多个账页，其记录的内容又是企业单位日常发生的各种各样的经济业务。会计账簿既是积累、储存信息的数据库，也是会计信息的处理中心。设置和登记会计账簿，是会计循环的主要环节，是会计核算的一种专门方法，因此，会计账簿在会计核算过程中具有重要的作用。

（一）会计账簿是系统归纳、积累会计资料的重要工具

会计账簿能够序时地、分类地记录和反映企业单位日常发生的大量的经济业务，将分散在会计凭证上的核算资料加以归类、整理，从而为企业单位正确地计算费用、成本、利润提供总括和明细资料，为企业的经济管理提供系统、完整的会计信息，为改善经营管理、加强经济核算、合理使用资金提供必要的资料，同时，借助于会计账簿的记录资料，可以监督各项财产物资的妥善保管，保护财产物资的安全与完整。

（二）会计账簿的记录资料是定期编制会计报表的主要的、直接的依据

账簿记录积累了一定时期发生的大量的经济业务的数据资料，这些资料经过归类、整理，就成为编制会计报表的依据。可以说，会计账簿的设置与登记过程是否正确，直接影响到会计报表的质量。

（三）会计账簿提供的资料是考核经营成果、进行会计监督的依据

通过会计账簿记录资料，为考核企业的经营成果、分析计划和预算的完成情况提供数据资料；同时，设置和登记不同种类的会计账簿，还便于会计工作的分工，更有利于保存会计信息资料，以便于日后查阅。

由上述内容可见，在会计工作中，每一个企事业单位都必须根据会计规范要求和实际情况设置必要的账簿，同时做好记账工作，以发挥会计账簿的作用。

三、会计账簿的设置原则

会计账簿的设置，是指对账簿的种类、格式、内容以及登记方法的选择和确定。各单位应在会计规范的总体要求指导下，报据本单位生产经营或业务规模的大小、经济业务的繁简、会计人员的多少、会计报表编制的需要以及经营管理的特点和要求，科学合理地设置会计账簿。具体应遵循以下几项原则：

（一）全面性、系统性原则

设置的会计账簿要能够全面、系统地反映会计主体的经济活动情况，为企业经营管理提供所需要的会计核算资料；同时，要符合各单位生产经营规模和经济业务的特点，使设置的会计账簿能如实反映各单位经济活动的全貌。

（二）组织性、控制性原则

账簿的设置要有利于账簿的组织和记账人员的分工，有利于加强单位责任制和

内部控制制度，使账簿的设置和记录有利于加强财产物资的管理，便于账实核对，以保证企业各项财产物资的安全完整和有效利用。

（三）科学性、合理性原则

账簿设置要根据不同账簿的作用和特点，使账簿结构做到严密科学，有关账簿之间要有统驭关系或平行制约关系，以保证账簿资料的真实、正确和完整；账簿格式的设计与选择力求简明、实用，以提高会计信息处理和利用的效率。账簿设置及登记的内容要能够提供会计报表编制所需要的全部数据资料。

四、会计账簿的种类

由于会计核算对象的复杂性和不同的会计信息使用者对会计信息需要的多重性，导致了反映会计信息的载体——账簿的多样化。不同的会计账簿可以提供不同的信息，满足不同的需要。为了更好地了解和使用会计账簿，就需要对账簿进行分类。会计账簿按照不同的标志可以划分为不同的类别。

（一）按其用途分类

会计账簿按其用途不同可以分为序时账簿、分类账簿和备查账簿。

1. 序时账簿

序时账簿也称日记账，是指按照经济业务发生时间的先后顺序逐日、逐笔登记的账簿。正因为如此，在历史上曾将其称为"流水账"。序时账簿包括普通日记账和特种日记账。普通日记账是对全部经济业务都按其发生时间的先后顺序逐日、逐笔登记的账簿；特种日记账是只对某一特定种类的经济业务按其发生时间的先后顺序逐日、逐笔登记的账簿。由于普通日记账要序时地记录全部的经济业务，其记账工作量比较庞大，因而在会计发展的早期用得较多。目前，在实际工作中应用比较广泛的是特种日记账，如"现金日记账""银行存款日记账"等。

2. 分类账簿

分类账簿是指对全部经济业务按照总分类账户和明细分类账户进行分类登记的账簿。分类账簿按其反映经济业务详细程度的不同，又可以分为总分类账簿（即按照总分类账户分类登记的账簿）和明细分类账簿（即按照明细分类账户分类登记的账簿）。总分类账簿（总账）是根据总分类账户开设的，能够全面地反映会计主体的经济活动情况，对所属的明细账起统驭作用，可以直接根据记账凭证登记，也可以将凭证按一定方法定期汇总后进行登记。而明细分类账（也称明细账）是根据明细分类账户开设的，用来提供明细核算资料，应根据记账凭证或原始凭证逐笔详细登记，是对总分类账的补充和说明。

在实际工作中，根据需要也可以将序时账和分类账结合在一起，如"日记总账"。

分类账簿与序时账簿的作用不同。序时账簿能够提供连续、系统的会计信息，反映企业资金运动的全貌；分类账簿则根据经营和决策的需要而设置，归集并汇总各类信息,反映资金运动的不同状态、形式和构成。因此,通过分类账簿,才能把各类数据按账户来结合成总括、连续、系统的会计信息,满足会计报表编制的需要。

3. 备查账簿

备查账簿也称辅助账簿,是指对某些在序时账和分类账中未能记载或记载不全的事项进行补充登记的账簿,亦被称为补充登记簿。备查账簿只是对其他账簿记录的一种补充,与其他账簿之间不存在严密的依存和钩稽关系。例如为反映所有权不属于企业,由企业租入的固定资产而开设的"租入固定资产备查簿"、反映票据内容的"应付(收)票据备查簿"等。

(二) 按其外表形式分类

会计账簿按其外表形式的不同可以分为订本式账簿、活页式账簿和卡片式账簿。

1. 订本式账簿

订本式账簿是指在账簿启用之前就已把顺序编号的账页装订成册的账簿。这种账簿能够防止账页散失和被非法抽换,但不便于分工和计算机记账。对于那些比较重要的内容一般采用订本式账簿,实际工作中,序时账簿、联合账簿、总分类账簿等应采用订本式账簿。

2. 活页式账簿

活页式账簿是指在账簿启用时账页不固定装订成册而将零散的账页放置在活页夹内,随时可以取放的账簿。活页账克服了订本账的缺点,但活页式账簿中的账页容易散失和被抽换。一般明细分类账可根据需要采用活页式账簿。

3. 卡片式账簿

卡片式账簿是由许多具有一定格式的硬制卡片组成,存放在卡片箱内,根据需要随时取放的账簿。卡片账主要用于不经常变动的内容的登记,如"固定资产明细账"等。

企业在设置账簿体系时,应将那些比较重要、容易丢失的项目,采用订本式账簿,对那些次要的或不容易丢失的项目,可以采用活页式或卡片式账簿。

(三) 按其账页格式分类

会计账簿按其账页格式的不同可以分为三栏式账簿、多栏式账簿和数量金额式账簿。

1. 三栏式账簿

三栏式账簿是指账页格式采用的是借、贷、余(或收、付、存)三栏形式的账簿。三栏式账簿只从金额方面提供某类经济业务的增减变动及结存情况。三栏式账簿用途最为广泛,一般用于除多栏式和数量金额式之外的所有账簿。

2. 多栏式账簿

多栏式账簿是指账页格式按经济业务的特点采用多栏形式的账簿。多栏式账簿一般用于平时只在借方或贷方一方登账,期末一次性结转的明细分类账簿。如各种收入类、成本费用类明细账簿都可采用多栏式。多栏式账簿又按平时登账的方向可分为借方多栏式账簿（如管理费用、财务费用、销售费用、营业外支出、生产成本、制造费用等）、贷方多栏式账簿（如主营业务收入、其他业务收入、营业外收入等）和借方贷方多栏式账簿（如应交增值税明细账等）。

3. 数量金额式账簿

数量金额式账簿是指在账页中既反映数量，又反映单价和金额的账簿。该账簿最大的特点是既有实物量度，又有货币量度。数量金额式账簿一般用于财产物资的明细账记录，如原材料、库存商品等明细账。

第二节　会计账簿的设置与登记

一、会计账簿的基本内容

由于管理的要求不同，所设置的账簿也不同，各种账簿所记录的经济业务也不同，其形式也多种多样，但从构造上看，其一般由三大部分组成：

（1）封面，标明账簿名称和记账单位名称。

（2）扉页，填明启用的日期和截止的日期、页数、册次、经管账簿人员一览表和签章、会计主管签章、账户目录等。账簿扉页上的"账簿使用登记表"的格式如表7-1所示。

（3）账页，其基本内容包括：账户的名称（一级科目、二级或明细科目）、记账日期、凭证种类和号数栏、摘要栏、金额栏、总页次和分户页次等。

表7-1　账簿使用登记表

单位名称				
账簿名称				
册次及起讫页		自　　页起至　　页止共　　页		
启用日期		年　　月　　日		
停用日期		年　　月　　日		
经管人员姓名	接管日期	交出日期	经管人员盖章	会计主管盖章
	年　月　日	年　月　日		
	年　月　日	年　月　日		
	年　月　日	年　月　日		
	年　月　日	年　月　日		

二、会计账簿的格式与登记方法

不同的会计账簿由于反映的经济业务内容和详细程度不同,因而,其账页格式也有一定的区别。以下就序时账簿、总分类账簿和明细分类账簿的格式及登记方法分别进行介绍。

(一)序时账簿的格式与登记方法

这里所说的序时账簿主要是指特种日记账。企业通常设置的特种日记账主要有库存现金日记账和银行存款日记账。

1. 库存现金日记账的格式及登记方法

库存现金日记账是用来核算和监督库存现金日常收、付、结存情况的序时账簿,通过库存现金日记账可以全面、连续地了解和掌握企业单位每日库存现金的收支动态和库存余额,为日常分析、检查企业单位的库存现金收支活动提供资料。库存现金日记账的格式主要有三栏式和多栏式两种。

三栏式库存现金日记账,通常设置收入、付出、结余或借方、贷方、余额三个主要栏目,用来登记库存现金的增减变动及其结果。

三栏式库存现金日记账是由现金出纳员根据库存现金收款凭证、库存现金付款凭证以及银行存款的付款凭证(反映从银行提取现金业务),按照现金收、付款业务和银行存款付款业务发生时间的先后顺序逐日、逐笔登记。三栏式库存现金日记账的一般格式及登记方法如表7-2所示。

表7-2 库存现金日记账(三栏式)

202×年		凭证		摘要	对方科目	收入	付出	结余
月	日	收款	付款					
3	1			月初余额				300
	2		付1	从银行提现金	银行存款	1 000		1 300
	5		付2	张三差旅费	管理费用		300	1 000

为了更清晰地反映账户之间的对应关系,了解库存现金变化的来龙去脉,还可以在三栏式日记账中"收入"和"付出"两个栏目下,按照库存现金收、付的对方科目设置专栏,形成多栏式库存现金日记账。多栏式库存现金日记账的格式如表7-3所示。

表 7-3　库存现金日记账（多栏式）

202×年		凭证号数	摘要	对应账户（贷方）		现金收入合计	对应账户（借方）			现金支出合计	余额
月	日			银行存款	营业外收入		材料采购	应付工资	其他应收款		
6	1	5	期初余额								200
	3	6	提现金备发工资	4 000		4 000					4 200
	13	9	发放工资					4 000		4 000	200
	15	11	支付搬运费				30			30	170
	18	15	出租会场收入		500	500					670
	28	17	预支差旅费						500	500	170
	30		本期发生额及期末余额	4 000	500	4 500	30	4 000	500	4 530	170

采用多栏式库存现金日记账时，按照收入、付出的对应科目分设专栏逐日逐笔登记，到月末结账时，分栏加计发生额，对全月库存现金的收入来源、付出去向都可以一目了然，能够为企业的经济活动分析和财务收支分析提供详细具体的资料。但是，在使用会计科目较多的情况下，多栏式日记账的账页过宽，不便于分工登记，而且容易发生错栏串行的错误。因此，在实际工作中可以将多栏式库存现金日记账分设两本，即分为多栏式库存现金收入日记账和多栏式库存现金支出日记账。多栏式库存现金收入日记账和多栏式库存现金支出日记账格式分别如表 7-4 和表 7-5 所示。

表 7-4　现金收入日记账（多栏式）

202×年		凭证号数	摘要	贷方科目				收入合计	支出合计	结余
月	日									

表 7-5 现金支出日记账（多栏式）

202×年		凭证号数	摘要	借方科目			支出合计	收入合计	结余
月	日								

2. 银行存款日记账的格式及登记方法

银行存款收、付业务的结算方式有多种，为了反映具体的结算方式以及相关的单位，需要在三栏式现金日记账的基础上，通过增设栏目设置银行存款日记账，即在银行存款日记账中增设采用的结算方式等具体的栏目。三栏式银行存款日记账的具体格式与库存现金日记账格式相似，如表 7-6 所示。

表 7-6 银行存款日记账（三栏式）

202×年		凭证	摘要	结算凭证		对方科目	收入	付出	结余
月	日			种类	号数				
3	1		月初余额						100 000
	3	银付1	提取现金	现金支票	0561	库存现金		50 000	50 000
	6	银付2	付材料款	转账支票	3126	材料采购		20 000	30 000
	9	银收1	销售收入	转账支票	2891	主营业务收入	130 000		160 000

银行存款日记账由出纳员根据银行存款收款凭证、银行存款付款凭证以及库存现金的付款凭证（反映将现金送存银行业务）序时登记的。总体来说，银行存款日记账的登记方法与库存现金的登记方法基本相同。但有以下几点需要注意：

（1）出纳员在办理银行存款收、付款业务时，应对收款凭证和付款凭证进行全面的审查复核，保证记账凭证与所附的原始凭证的内容一致，方可依据正确的记账凭证在银行存款日记账中记明：日期（收、付款凭证编制日期）、凭证种类（银收、银付或现收）、凭证号数（记账凭证的编号）、采用的结算方式（支票、本票或汇票等）、摘要（概括说明经济业务内容）、对应账户名称、金额（收入、付出或结余）等项内容。

（2）银行存款日记账应按照经济业务发生时间的顺序逐笔分行记录，当日的业务当日记录，不得将记账凭证汇总登记，每日业务记录完毕应结出余额，做到日清月结。

（3）银行存款日记账必须按行次、页次顺序登记，不得跳行、隔页，不得以任何借口随意更换账簿，记账过程中一旦发现错误应采用正确的方法进行更正，会计期末，按规定结账。

银行存款日记账根据需要可以采用多栏式，或者进一步将银行存款日记账分设两本，即多栏式银行存款收入日记账和多栏式银行存款支出日记账。多栏式银行存款日记账的具体格式和登记方法除特殊栏目（如结算方式等）外基本同于多栏式库存现金日记账，故在此不做重复介绍。

（二）总分类账的格式与登记方法

总分类账是按照一级会计科目的编号顺序分类开设并登记全部经济业务的账簿。总分类账的常见格式是三栏式（即借方、贷方、余额三个主要栏目），可区分为不反映对应科目的三栏式和反映对应科目的三栏式。总分类账的登记依据和方法，主要取决于所采用的会计核算组织程序。它可以直接根据记账凭证逐笔登记，也可以把记账凭证先汇总，编制成汇总记账凭证或科目汇总表，再根据汇总的记账凭证定期登记。三栏式（不反映对应科目）总账的具体格式及登记方法与库存现金日记账相似，如表7-7所示。

表7-7 总账（三栏式）

会计科目：原材料

202×年		凭证	摘要	借方	贷方	借或贷	余额
月	日						
3	1		月初余额			借	100 000
	3	转1	车间领用		50 000	借	50 000
	6	付2	购入	30 000		借	80 000

每月都应将本月已完成的经济业务全部登记入账，并于月末结出总账中各总分类账户的本期发生额和期末余额，与其他有关账簿核对相符之后，作为编制会计报表的主要依据。

（三）明细分类账的格式及登记方法

明细分类账是根据二级会计科目或明细科目设置账户，并根据审核无误后的会计凭证登记某一具体经济业务的账簿。各种明细分类账可根据实际需要，分别按照二级会计科目和明细科目开设账户，进行明细分类核算，以便提供资产、负债、所有者权益、收入、费用和利润等的详细信息。这些信息，也是进一步加工成会计报表信息的依据。因此，各企业单位在设置总分类账的基础上，还应按照总账科目下设若干必要的明细分类账，作为总分类账的必要补充说明。这样，既能根据总分类账了解该类经济业务的总括情况，又能根据明细分类账进一步了解该类经济业务的具体和详细情况。明细分类账一般采用活页式账簿，也可以用卡片式账簿（如固定资产明细账）和订本式账簿等。

根据管理上的要求和各种明细分类账所记载经济业务的特点，明细分类账的格式主要有以下三种：

1. 三栏式明细分类账

三栏式明细分类账的格式和三栏式总分类账的格式相同，即账页只设有借方金额栏、贷方金额栏和余额金额栏三个栏目。这种格式的明细账适用于只要求提供货币信息而不需要提供非货币信息（实物量指标等）的账户。三栏式明细分类账一般适用于记载债权债务类经济业务，如应付账款、应收账款、其他应收款、其他应付款等内容，其账页格式与总账账页格式相同。

2. 数量金额式明细账

数量金额式明细账要求在账页上对借方、贷方、余额栏分别设置数量栏和金额栏，以便同时提供货币信息和实物量信息。这一类的明细账适用于既要进行金额核算又要进行实物核算的财产物资类科目，如原材料、库存商品等科目的明细账。数量金额式明细账的格式及登记方法如表7-8所示。

表7-8 原材料明细账

材料类别：原材料　　　　　　　　　　　　　　　计量单位：千克
材料名称或规格：圆钢　　　　　　　　　　　　　存放地点：1号库
材料编号：114　　　　　　　　　　　　　　　　　储备定额：5 000千克

202×年		凭证号数	摘要	借方（收入）			贷方（发出）			借或贷	余额（结存）		
月	日			数量	单价	金额	数量	单价	金额		数量	单价	金额
1	1		月初余额							借	9 000	1	9 000
	2		入库	2 000	1	2 000				借	11 000	1	11 000
	3		发出				3 000	1	3 000	借	8 000	1	8 000

3. 多栏式明细账

多栏式明细分类账是根据经济业务的特点和经营管理的需要，在一张账页内按有关明细科目或项目分设若干专栏的账簿。按照登记经济业务内容的不同又分为"借方多栏式"，如"物资采购明细账""生产成本明细账""制造费用明细账"等；"贷方多栏式"，如"主营业务收入明细账"等；借方、贷方多栏式，如"本年利润明细账""应交增值税明细账"等。这里仅列举借方多栏式明细账（制造费用）的具体格式及登记方法，如表7-9所示。

表 7-9 制造费用明细账

202×年		凭证号数	摘要	借方					合计
月	日			工资	福利费	折旧费	办公费	……	
1	1	转3	分配工资	5 000					5 000
	1	转4	计提福利费		1 000				6 000
	31	转6	提取折旧			500			6 500
	31	转9	分配	5 000	1 000	500	0	0	6 500

这一行用红字登记，反映制造费用的减少

对于借方多栏式明细账，由于只在借方设多栏，因此平时在借方登记费用、成本的发生额，月末将借方发生额一次转出的贷方业务无法在贷方登记，应该用红字在借方多栏中登记。贷方多栏式明细账也采用同样方法登记借方业务的转出。

（四）备查账簿的格式及登记方法

备查账簿是对主要账簿起补充说明作用的账簿。它没有固定的格式，一般是根据会计核算和经营管理的实际需要而设置的，主要包括租借设备、物资的辅助登记，有关应收、应付款项（票据）的备查簿，担保、抵押品的备查簿等。

第三节 会计账簿的启用与登记规则

一、账簿的启用规则

在启用新账簿时，应在账簿的有关位置记录相关信息：

第一，设置账簿的封面与封底。除订本账不另设封面以外，各种活页账都应设置封面和封底，并登记单位名称、账簿名称和所属会计年度。

第二，在启用新会计账簿时，应首先填写在扉页上印制的"账簿使用登记表"中的启用说明，其中包括单位名称、账簿名称、账簿编号、起止日期、单位负责人、主管会计人员和记账人员等项目，并加盖单位公章。在会计人员工作发生变更时，应办理交接手续，并填写"账簿使用登记表"中的有关交接栏目。

第三，填写账户目录，总账应按照会计科目顺序填写科目名称及启用页号。在启用活页式明细分类账时，应按照所属会计科目填写科目名称和页码，在年度结账后，撤去空白账页，填写使用页码。

第四，粘贴印花税票，应粘贴在账簿的右上角，并且划线注销；在使用交款书缴纳印花税时，应在右上角注明"印花税已交"及交款金额。

二、账簿的登记规则

各种会计账簿的登记，必须遵循基本规则的要求。我国《会计法》第15条规定："会计账簿登记，必须以经过审核的会计凭证为依据，并符合有关法律、行政法规和国家统一的会计制度的规定。会计账簿包括总账、明细账、日记账和其他辅助性账簿。"

会计账簿应当按照连续编号的页码顺序登记。会计账簿记录发生错误或者隔页、缺号、跳行的，应当按照国家统一的会计制度规定的方法更正，并由会计人员和会计机构负责人（会计主管人员）在更正处盖章。使用电子计算机进行会计核算的，其会计账簿的登记、更正，应当符合国家统一的会计制度的规定。

由于会计账簿是储存数据资料的主要会计档案，因而登记账簿应有专人负责。平时登记账簿时必须用蓝黑墨水笔书写，不得用铅笔或圆珠笔记账，除"结账划线""改错""冲销账簿记录"等外，不得用红色墨水笔。

账簿记录发生错误时，不准随意涂改、挖补、刮擦等，应采用正确的方法进行更正。账户结出余额后，应在"借或贷"栏内写明"借"或"贷"字，没有余额的账户，应在"借或贷"栏内写"平"字并在余额栏内元位上用"0"表示。账簿的登记规则和方法详如表7-10所示。

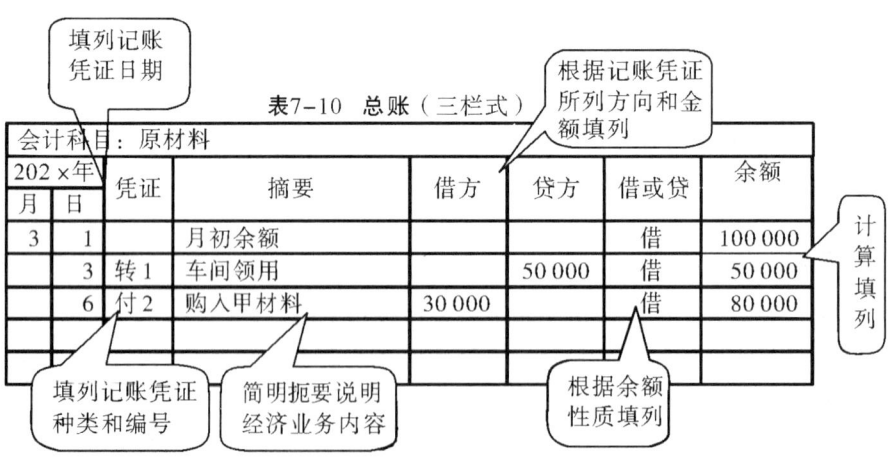

有关会计人员调动工作或离职时，应办理交接手续。

对于新的会计年度建账问题，一般来说，总账、日记账和多数明细账应每年更换一次。但有些财产物资明细账和债权债务明细账，由于材料品种、规格和往来单位较多，更换新账，重抄一遍工作量较大，因此，可以跨年度使用，不必每年度更换一次（如固定资产卡片簿）。各种备查簿也可以连续使用。

会计账簿作为一种重要的会计档案，必须按照制度统一规定的保存年限妥善保管，不得丢失。保管期满后，按规定的审批程序报经批准后，再行销毁。

三、错账的更正规则

（一）错账的基本类型

会计人员在记账过程中，由于种种原因可能会产生凭证的编制错误或账簿的登记错误，即发生错账。其错账的基本类型主要有以下几种：

第一，记账凭证正确，但依据正确的记账凭证登记账簿时发生过账错误。

第二，记账凭证错误，导致账簿登记也发生错误。这种类型的错误又包括三种情况：一是由于记账凭证上的会计科目用错而引发的错账；二是记账凭证上会计科目正确，但金额多写而引发的错账；三是记账凭证上会计科目正确，但金额少写而引发的错账。

（二）错账的更正方法

如果账簿记录发生错误，不得任意使用刮擦、挖补、涂改等方法去更改字迹，而应该根据错误的具体情况，采用正确的方法予以更正。按《会计基础工作规范》的要求，更正错账的方法一般有三种，即划线更正法、红字更正法和补充登记法。

1. 划线更正法

在结账前，如果发现账簿记录有错误，而记账凭证没有错误，即纯属账簿记录中的文字或数字的笔误，可用划线更正法予以更正。

其更正的方法是：先将账页上错误的文字或数字划一条红线，以表示予以注销，然后，将正确的文字或数字用蓝字写在被注销的文字或数字的上方，并由记账人员在更正处盖章。应当注意的是，更正时，必须将错误数字全部划销，而不能只划销、更正其中个别错误的数码，并应保持原有字迹仍可辨认，以备查考。

【例 7-1】扬城有限责任公司用银行存款 5 600 元购买办公用品。会计人员在根据记账凭证（记账凭证正确）记账时，误将总账中银行存款贷方的 5 600 误写成 5 900元。采用划线更正法更正的具体办法是：应将总账中银行存款账户贷方的错误数字 5 900 元全部用一条红线划销（注意：不能只划销个别错误的数字），然后在其上方写出正确的数字 5 600 元，并在更正处盖章或签名，以明确责任。

2. 红字更正法

红字更正法，适用于以下两种错误的更正：

第一，根据记账凭证所记录的内容登记账簿以后，发现记账凭证的应借、应贷会计科目或记账方向有错误，应采用红字更正法。其更正的具体办法是：先用红字（只是金额用红字）填制一张与错误记账凭证内容完全相同的记账凭证，并据以红字登记入账，冲销原有错误的账簿记录；然后，再用蓝字或黑字填制一张正确的记账凭证，据以用蓝字或黑字登记入账。

【例 7-2】扬城有限责任公司的李明出差，借差旅费 5 000 元，开出现金支票支付。会计误记为库存现金减少5 000元。

错误的分录如下：
借：其他应收款——李明　　　　　　　　　　　　　　　5 000
　贷：库存现金　　　　　　　　　　　　　　　　　　　　5 000

更正时，先用红字（以下用☐代替红字）填制一张会计分录与原错误记账凭证相同的记账凭证，并据以用红字登记入账，冲销原有错误的账簿记录。

借：其他应收款——李明　　　　　　　　　　　　　　　|5 000|
　贷：库存现金　　　　　　　　　　　　　　　　　　　　|5 000|

然后，再用蓝字填制一张正确的记账凭证并据以登记入账。

借：其他应收款——李明　　　　　　　　　　　　　　　5 000
　贷：银行存款　　　　　　　　　　　　　　　　　　　　5 000

第二，根据记账凭证所记录的内容记账以后，发现记账凭证中应借、应贷的会计科目、记账方向正确，只是金额发生错误，而且所记金额大于应记的正确金额。对于这种错误应采用红字更正法予以更正。其更正的具体办法是：将多记的金额用红字（只是金额用红字）填制一张与原错误凭证中科目、借贷方向相同的记账凭证，其金额是错误金额与正确金额两者的差额，登记入账。

【例7-3】扬城有限责任公司的生产车间领用一般耗用材料1 000元，误记成10 000元。

错误分录如下：
借：制造费用　　　　　　　　　　　　　　　　　　　　10 000
　贷：原材料　　　　　　　　　　　　　　　　　　　　　10 000

发现错误后，将多记金额填制一张红字金额的记账凭证，并登记入账。

借：制造费用　　　　　　　　　　　　　　　　　　　　|9 000|
　贷：原材料　　　　　　　　　　　　　　　　　　　　　|9 000|

3. 补充登记法

记账以后，如果发现记账凭证和账簿的所记金额小于应记金额，而应借、应贷的会计科目并无错误时，那么应采用补充登记的方法予以更正。其更正的具体办法是：按少记的金额用蓝字填制一张应借、应贷会计科目与原错误记账凭证相同的记账凭证，并据以登记入账，以补充少记的金额。

【例7-4】扬城有限责任公司的生产车间领用一般耗用材料10 000元，误记成1 000元。

错误分录如下：
借：制造费用　　　　　　　　　　　　　　　　　　　　1 000
　贷：原材料　　　　　　　　　　　　　　　　　　　　　1 000

这属于金额少记的错误，应采用补充登记的方法予以更正，即用蓝字编制一张与原错误凭证应借科目、应贷科目、记账方向相同的记账凭证,其金额为 9 000 元 (10 000-1 000),并据以蓝字登记入账。

借:制造费用　　　　　　　　　　　　　　　　　　　　　　9 000
　　贷:原材料　　　　　　　　　　　　　　　　　　　　　　9 000

采用红字更正法和补充登记法更正错账时,都要在凭证的摘要栏注明原错误凭证号数、日期和错误原因,便于日后核对。

在计算机账务处理环境下,根据自己的权限进入系统进行错账更正,在更正错账的同时,留下更正日期、权限口令以及更正内容等资料备查。

第四节　会计账簿的更换与保管

一、会计账簿的更换

为了反映每个会计年度的财务状况和经营成果情况,保持会计资料的连续性,企业应按照会计制度的规定在适当的时间进行账簿的更换。

所谓账簿的更换是指在会计年度终了时,将上年度的账簿更换为次年度的新账簿的工作。在每一会计年度结束,新一会计年度开始时,应按会计制度的规定,更换一次总账、日记账和大部分明细账。少部分明细账还可以继续使用,年初可以不必更换账簿,如固定资产明细账等。

更换账簿时,应将上年度各账户的余额直接记入新年度相应的账簿中,并在旧账簿中各账户年终余额的摘要栏内加盖"结转下年"戳记;同时,在新账簿中相关账户的第一行摘要栏内加盖"上年结转"戳记,并在余额栏内记入上年余额。这里需要注意,进行年度之间的余额结转时不需要编制记账凭证。

二、会计账簿的保管

会计账簿是会计工作的重要历史资料,也是重要的经济档案,在经营管理中具有重要作用。因此,每一个企业、单位都应按照国家有关规定,加强对会计账簿的管理,做好账簿的保管工作。

账簿的保管,应该明确责任,保证账簿的安全和会计资料的完整,防止交接手续不清和可能发生的舞弊行为。在账簿交接保管时,应将该账簿的页数、记账人员姓名、启用日期、交接日期等列表附在账簿的扉页上,并由有关方面签字盖章。账簿要定期(一般为年终)收集,审查核对,整理立卷,装订成册,专人保管,严防丢失和损坏。

账簿应按照《会计档案管理办法》规定的期限进行保管。总账、明细账、日记账和其他辅助性账簿保管期限为 30 年;固定资产卡片在固定资产报废清理后应继续保存 5 年。保管期满后,要按照《会计档案管理办法》的规定,由财会部门和档案部门共同鉴定，报经批准后进行处理。

合并、撤销单位的会计账簿，要根据不同情况，分别移交给并入单位、上级主管部门或主管部门指定的其他单位接受保管，并由交接双方在移交清册上签名盖章。

账簿日常应由各自分管的记账人员专门保管，未经领导和会计负责人或有关人员批准，不许非经管人员翻阅、查看、摘抄和复制。会计账簿除非特殊需要或司法介入要求，一般不允许携带外出。

新会计年度对更换下来的旧账簿应进行整理、分类，对有些缺少手续的账簿，应补办必要的手续，然后装订成册，并编制目录，办理移交手续，按期归档保管。

对会计账簿的保管既是会计人员应尽的职责，又是会计工作的重要组成部分。

复习思考题

一、名词解释

1. 序时账簿
2. 分类账簿
3. 备查账簿
4. 三栏式
5. 数量金额式
6. 多栏式
7. 红字更正法
8. 补充登记法
9. 划线更正法

二、单选题

1. 企业生产车间因生产产品领用材料10 000元，在填制记账凭证时，将借方科目记为"管理费用"并已登记入账，应采用的错账更正方法是（   ）
   A. 划线更正法   B. 红字更正法
   C. 补充登记法   D. 重填记账凭证法

2. 在启用之前就已将账页装订在一起，并对账页进行了连续编号的账簿称为（   ）。
   A. 订本账   B. 卡片账
   C. 活页账   D. 明细分类账

3. 下列做法中，不符合会计账簿记账规则的是（   ）。
   A. 使用圆珠笔登账
   B. 账簿中书写的文字和数字一般应占格距的1/2
   C. 登记账簿后在记账凭证上注明已经登账的符号
   D. 按账簿页次顺序连续登记，不得跳行隔页

4. 下列项目中，属于账证核对的内容是（   ）。
   A. 会计账簿与记账凭证核对

B. 总分类账簿与所属明细分类账簿核对
C. 原始凭证与记账凭证核对
D. 银行存款日记账与银行对账单核对

5. 记账之后，发现记账凭证中 20 000 元误写为 2 000 元，会计科目名称及应记方向无误，应采用的错账更正方法是（　　）。
　A. 划线更正法　　　　　　　　　B. 红字更正法
　C. 补充登记法　　　　　　　　　D. 红字冲销法

6. 管理费用明细账应采用（　　）。
　A. 三栏式　　　　　　　　　　　B. 数量金额式
　C. 多栏式　　　　　　　　　　　D. 两栏式

7. "租入固定资产登记簿"属于（　　）。
　A. 分类账簿　　　　　　　　　　B. 序时账簿
　C. 备查账簿　　　　　　　　　　D. 卡片账簿

8. 错账更正时，划线更正法的适用范围是（　　）。
　A. 记账凭证中会计科目或借贷方向错误，导致账簿记录错误
　B. 记账凭证正确，登记账簿时发生文字或数字错误
　C. 记账凭证中会计科目或借贷方向正确，所记金额大于应记金额，导致账簿记录错误
　D. 记账凭证中会计科目或借贷方向正确，所记金额小于应记金额，导致账簿记录错误

9. 卡片账一般在（　　）时采用。
　A. 无形资产总分类核算　　　　　B. 固定资产明细分类核算
　C. 原材料总分类核算　　　　　　D. 原材料明细分类核算

10. 将账簿划分为序时账簿、分类账簿和备查账簿的依据是（　　）。
　A. 账簿的用途　　　　　　　　　B. 账页的格式
　C. 账簿的外表形式　　　　　　　D. 账簿的性质

三、多选题

1. 必须采用订本式账簿的有（　　）。
　A. 库存现金日记账　　　　　　　B. 固定资产明细账
　C. 银行存款日记账　　　　　　　D. 原材料明细账
　E. 总账

2. 下列可以作为库存现金日记账借方登记的依据的是（　　）。
　A. 库存现金收款凭证　　　　　　B. 库存现金付款凭证
　C. 银行存款收款凭证　　　　　　D. 银行存款付款凭证
　E. 转账支票

3. 下列应逐日逐笔登记的有（　　）。
   A. 实收资本总账　　　　　　　　B. 应收账款总账
   C. 银行存款日记账　　　　　　　D. 库存现金日记账
   E. 主营业务收入总账

4. 必须逐日结出余额的账簿是（　　）。
   A. 现金总账　　　　　　　　　　B. 银行存款总账
   C. 现金日记账　　　　　　　　　D. 银行存款日记账
   E. 主营业务收入明细账

5. 按照账页格式的不同，会计账簿分为（　　）。
   A. 两栏式账簿　　　　　　　　　B. 三栏式账簿
   C. 数量金额式账簿　　　　　　　D. 多栏式账簿
   E. 总分类账簿

6. 企业开出转账支票 1 680 元购买办公用品，编制记账凭证时，误记金额 1 860 元，科目及方向无误并已记账，下列更正方法错误的是（　　）。
   A. 补充登记 180 元　　　　　　　B. 在凭证中划线更正
   C. 红字冲销 180 元　　　　　　　D. 把错误凭证撕掉重编
   E. 仅在账簿中划线更正

7. 红色墨水可以用来（　　）。
   A. 登账　　　　　　　　　　　　B. 冲销账簿记录
   C. 改错　　　　　　　　　　　　D. 结账划线
   E. 专门填写摘要栏

8. 下列内容可以采用三栏式明细账的有（　　）。
   A. 其他应收款　　　　　　　　　B. 应付账款
   C. 应收账款　　　　　　　　　　D. 短期借款
   E. 原材料

9. 红字更正法的要点是（　　）。
   A. 用红字金额填写一张与错误记账凭证完全相同的记账凭证并用红字记账
   B. 用红字金额填写一张与错误原始凭证完全相同的记账凭证并用红字记账
   C. 用蓝字金额填写一张与错误记账凭证完全相同的记账凭证并用红字记账
   D. 再用红字重填一张正确的记账凭证，登记入账
   E. 再用蓝字重填一张正确的记账凭证，登记入账

10. 划线更正法的要点是（　　）。
    A. 在错误的文字或数字（单个数字）上划一条红线注销
    B. 在错误的文字或数字（整个数字）上划一条红线注销
    C. 在错误的文字或数字（整个数字）上划一条蓝线注销
    D. 将正确的文字或数字用蓝字写在划线的上端

E. 更正人在划线处盖章

四、判断题

1. 在整个账簿体系中，日记账簿和分类账簿是主要账簿，备查账簿为辅助账簿。（　　）
2. 三栏式账簿一般适用于费用、成本等明细账。（　　）
3. 企业对经营租入的固定资产，可以设置备查账簿进行登记。（　　）
4. 多栏式库存现金日记账是库存现金日记账的一种特殊形式。（　　）
5. 结账之前，如果发现账簿中所记文字或数字有过账笔误或计算错误，而记账凭证并没有错，可用划线更正法更正。（　　）
6. 账簿即会计账户。（　　）
7. 就现金业务而言，目前我国企业设现金日记账和现金总分类账，同时还应设现金明细分类账。（　　）
8. 总分类账可采用三栏式账页，而明细分类账则应根据其经济业务的特点采用不同格式的账页。（　　）
9. 平行登记要求总账与其相应的明细账必须同一时刻登记。（　　）
10. 卡片式账簿的优点是能够避免账页散失，防止不合法的抽换账页。（　　）

五、业务题

目的：练习错账的更正方法。
资料：华联有限责任公司在账证核对过程中，发现账簿出现以下错误：
（1）车间计提折旧 20 000 元。记账凭证记录为：

借：制造费用　　　　　　　　　　　　　　　　　　20 000
　　贷：累计折旧　　　　　　　　　　　　　　　　　　20 000

记账时，制造费用账簿记录为 200 000。

（2）生产领用材料 10 000 元。记账凭证记录为：

借：生产成本　　　　　　　　　　　　　　　　　　 1 000
　　贷：原材料　　　　　　　　　　　　　　　　　　　1 000

并已登记入账。

（3）用现金发放工资 50 000 元。记账凭证记录为：

借：应付职工薪酬　　　　　　　　　　　　　　　　58 000
　　贷：库存现金　　　　　　　　　　　　　　　　　　58 000

并已登记入账。

（4）收回其他单位欠款 100 000 元。记账凭证记录为：

借：应收账款　　　　　　　　　　　　　　　　　　100 000
　　贷：银行存款　　　　　　　　　　　　　　　　　100 000

并已登记入账。

(5) 企业管理部门领用维修用材料1 000元。记账凭证记录为：

借：制造费用   1 000

  贷：原材料   1 000

并已登记入账。

要求：按正确的方法更正以上错账。

六、案例分析题

资料：郑先生应聘一家外国公司的会计，发现这家公司有几个与其他公司不一样的地方：一是公司的所有账簿都使用活页账，理由是这样便于改错；二是公司的往来账簿都是采用抽单核对的方法，直接用往来会计凭证控制，不再记账；三是在记账时发生了错误允许使用涂改液，但是强调必须由责任人签字；四是经理要求郑先生在登记现金总账的同时也要负责出纳工作。经过不到3个月的试用期，尽管这家公司的报酬高出其他类似公司，郑先生还是决定辞职。（本案例参考朱小平、徐泓编著《初级会计学》第六版）

请问：他为什么会辞职？如果处在他的位置你会辞职吗？

第八章
编制报表前的准备工作

本章主要阐述了期末账项调整、财产清查、对账与结账等内容。通过本章的学习，要求熟练掌握期末账项调整、存货的盘存制度、存货的计价方法和财产清查结果的处理；了解财产清查的含义、种类和方法，理解对账的概念，并能正确掌握结账的技术方法。本章学习的重点是期末账项调整、存货的盘存制度、存货的计价方法和财产清查结果的处理。学习的难点是实地盘存制和永续盘存制下确认存货成本和财产清查结果的处理以及编制银行存款余额调节表。

第一节 编制报表前准备工作概述

一、编制报表前准备工作的意义

企业持续、正常的生产经营活动是一个川流不息、循环往复的过程。为了进行分期核算、分期结算账目和编制报表，需要划分会计期间，从而产生了本期和非本期的区别，如收入中哪些属于本期收入，哪些不属于本期收入；费用中哪些属于本期费用，哪些不属于本期费用。只有划清会计期间，才能按会计期间提供收入、费用、成本、经营成果和财务状况等报表资料，才有可能对不同会计期间的报表资料进行比较。因此要以权责发生制为标准，对账簿记录中的有关收入、费用等账项进行必要的调整，以便正确地反映本期收入和费用、正确计算本期的损益。

为了保证账簿记录的正确和完整，应当加强会计凭证的日常审核，定期进行账证核对和账账核对，但是账簿记录的正确性还不能说明账簿记录的客观真实性。因为种种原因可能使各项财产的账面数额与实际结存数额发生差异，或者虽然账实相符，但某些材料、物资已毁损变质，如保管过程中发生的自然损耗；收发管理中发生错收、错付；计量、检验不准确而发生的错误；管理人员的过失发生存货的毁损变质和不法分子的贪污盗窃、破坏等。此外，现金、银行存款等各项货币资金和各项应收、应付款的账面数额与实际数额都有发生账实不符的可能。因此，为了正确掌握各项财产物资、债权债务的真实情况，保证报表资料的准确可靠，必须在账簿记录的基础上运用财产清查这一专门方法，对各项财产物资、债权债务进行定期或不定期的盘点和核对。

通过期末账项调整、财产清查等准备工作，可以在把所有的业务都登记入账的基础上，计算出所有账户的本月发生额合计和期末余额，并保证账证、账账和账实一致，从而可以根据试算平衡之后的有关账户的期末余额或本期发生额来编制会计报表。只有做好了会计报表编制前的准备工作，才能确保编制的会计报表数字真实、内容完整、计算准确、编报及时。

二、编制报表前准备工作的内容

综上所述，账项调整的目的，是为了正确划分各会计期间的收入和费用，使报告期的全部收入和全部成本与费用相匹配，以便正确计算并考核各期的财务成果。期末账项调整是在日常账簿记录的基础上进行的，为了保证会计报表所提供的信息能够满足报表使用者的要求，编制报表前，应做好下列准备工作：

（1）期末账项调整。按照权责发生制的原则，正确地划分各个会计期间的收入、费用，为正确地计算结转本期经营成果提供有用的资料。

（2）财产清查。财产清查包括财产物资的清查和债权债务的清查等内容，其目的就是要保证账实相符。

（3）对账。通过对账保证账证、账账、账实相符。

（4）结账。通过结账，计算并结转各账户的本期发生额及余额。

第二节　期末账项调整

一个企业在日常经营活动中所发生的有关收入和费用的经济业务均应及时登记入账，以便正确确定企业某一会计期间的经营成果。但是，由于划分会计期间的缘故，平时有关收入与费用账户中汇集的，还不是当期的全部收入与费用，也就是说由于有些已经实现的收入和已经发生的费用，在本期并没有实际收到或支付现款，因而没有获取到原始凭证，在平时并没有入账，这就需要通过期末账项调整而补充登记入账。因此，为了正确反映本期收入和费用，正确计算本期的损益，需要以权责发生制为标准，对账簿记录中的有关收入、费用等账项，进行必要的调整，调整那些收入和费用的收付期和归属期不一致的收入和费用。这种期末按权责发生制要求对部分会计事项予以调整的行为，就是账项调整，它通常是在编制会计报表前进行。账项调整时所编制的会计分录，就是调整分录。

期末账项调整，虽然主要是为了在利润表中正确地反映本期的经营成果，但是收入和费用的调整也必然会使有关资产、负债和所有者权益等项目发生相应的增减变动情况，所以期末账项调整正确与否，除了能准确反映企业本期收入和费用的形成以及损益的计算，还能够使会计报表使用者更能及时全面掌握企业的财务状况，为报表使用者作出决策提供足够准确的财务信息。企业通常需要调整的账项，包括以下五类：①预收收入的分配；②应计收入的记录；③预付费用的摊销；④应计费用的记录；⑤其他事项的调整。

一、预收收入款项的调整

预收收入是指企业已经收到款项并已入账，但尚未提供商品或劳务的收入，如预收商品或劳务的销货款等。

按照权责发生制的原则，虽然企业已经收到了款项，但若尚未提供商品或劳务，这笔预收收入就不能作为企业本期实现的收入，而是形成企业的一项流动负债。当企业以后各期陆续提供商品或劳务时，应根据每期提供商品或劳务的数量，对已入账的预收款项进行调整，转为提供商品或劳务期间已实现的收入。

【例8-1】成华广告有限责任公司2022年1月1日按合同规定，预收华强公司半年的广告费120 000元，存入银行。成华广告有限责任公司按合同要求，每月制作并在电视台播放华强公司的广告直至6月30日。

上例中成华公司收到华强公司预付的广告费后，由于尚未提供劳务，不能确认收入，因此，在1月1日应将预收款项120 000元，作为负债记入"预收账款"账户的贷方。该项经济业务应作如下会计分录：

借：银行存款　　　　　　　　　　　　　　　　120 000
　　贷：预收账款——华强公司　　　　　　　　　　　　120 000

成华广告有限责任公司在收到华强公司的预付款后，很快制作并在电视台播放了华强公司的广告宣传片，此时确认成华广告有限责任公司已提供劳务，应于1月末将预收款项中已实现销售的部分款项转作本期收入。该项经济业务应作如下会计分录：

借：预收账款——华强公司　　　　　　　　　　　20 000
　　贷：主营业务收入　　　　　　　　　　　　　　　　20 000

以后2—6月每个月月末会计分录同上。

二、应计收入款项的调整

应计收入是指那些本期已实现，但尚未收到款项的各种收入。应计收入虽未在本期实际收到，但收入已经在本期实现，相应的产品或劳务已经提供，因此，这类收入应调整记入本期收入。

应计收入款项调整的会计处理过程中通常要运用到"其他应收款"账户。该账户是资产类账户，用以核算企业除应收票据、应收账款、预付账款、应收股利、应收利息等以外的其他各种应收及暂付款项。其他各种应收及暂付款项主要包括应收的各种赔款、罚款；应向职工收取的各种垫付款项；备用金等。该账户借方登记其他各种应收及暂付款项的增加；贷方登记收回或转销的其他各种应收及暂付款项。期末余额在借方，表示企业尚未收回的其他应收款项。该账户应按照对方单位（或个人）设置明细账户，进行明细核算。

【例8-2】扬城有限责任公司2022年7月末、8月末、9月末根据其在银行的存款数额和银行利率估算当月的银行存款利息收入各为2 000元，季末实际结算利息为6 000元。

该笔业务取得的利息是企业存放在开户银行里随时准备动用的流动资金所产生的利息收入，一般情况下是将其视为银行借款利息支出的减项处理，冲减"财务费用"账户。同时，为了区别投资等其他业务产生的利息收入（确认应收时记入"应收利息"科目），该笔业务可记入"其他应收款"即借记"其他应收款"账户，贷记"财务费用"账户。每个季度的每个月均照此处理，待该季度结束，根据银行计算出的本季度的实际利息收入进行结算时，再借记"银行存款"账户，贷记"其他应收款"账户。如果企业估算的利息收入与实际利息收入不一致，其差额作为增减财务费用处理。其账项调整的会计分录为：

7月末：
  借：其他应收款   2 000
    贷：财务费用   2 000
8月末、9月末处理同上。

第三季度末根据银行实际结算出的利息编制如下会计分录：
  借：银行存款   6 000
    贷：其他应收款   6 000

如果本季度每月估计的利息收入为2 000元，共计6 000元，而该季度实际利息收入为6 200元，实际利息收入比估计利息收入多200元，则应做如下调整：
  借：银行存款   6 200
    贷：其他应收款   6 000
      财务费用   200

也可以采用另外的处理方法，即季度的最后一个月不需对该月份利息收入单独进行调整，待实际收到银行结算出的利息时，借记"银行存款"账户，将本季度前两个月估算的利息收入记入"其他应收款"账户的贷方，将实际利息收入与前两个月估算的利息收入的差额作为第三个月的利息收入，直接记入"财务费用"账户的贷方。

如上例：

7月末和8月末做如下会计分录：
  借：其他应收款   2 000
    贷：财务费用   2 000
9月末实际收到6 200元利息收入，则
  借：银行存款   6 200
    贷：其他应收款   4 000
      财务费用   2 200

三、预付费用款项的调整

预付费用是指预先支付应由本期和以后各期负担的费用。企业支付的某些费用，会使本期及后续的会计期间受益，所以应归属于各受益期间，例如预付房租、保险费、报纸杂志费等。

【例8-3】扬城有限责任公司2022年1月1日用银行存款预付全年度机器设备保险费18 000元。

预付费用一般设置"预付账款"账户来进行核算，核算企业已经支出但应由本期和以后各期分摊且分摊期在一年以内的各项费用。本例中预付的全年度保险费，应由全年共同负担，预付时应全额记入"预付账款"账户的借方，以后每个月月末分期摊销。预付时应作如下会计分录：

借：预付账款　　　　　　　　　　　　　　　　　　　18 000
　　贷：银行存款　　　　　　　　　　　　　　　　　　　18 000

以后1—12月每个月月末编制一笔账项调整分录，每月分摊机器设备保险费1 500元，记入"制造费用"账户，编制如下会计分录：

借：制造费用　　　　　　　　　　　　　　　　　　　1 500
　　贷：预付账款　　　　　　　　　　　　　　　　　　　1 500

四、应计费用款项的调整

应计费用是指应由本期负担但尚未支付的费用。由于平时是按实际收付现金等相关会计凭证来登记账项的，而对于那些义务已形成，但尚未到期支付的事项，平时尚未记入有关费用项目。因此，每到会计期末，就应将那些未入账的费用调整入账，并确认形成企业的负债。

【例8-4】扬城有限责任公司2022年1月1日向银行贷款1 000 000元，期限一年，年利率12%，到期一次还本付息。

应计利息费用一般设置"应付利息"来进行核算。该例中，扬城有限责任公司12月末应偿还120 000元的借款利息，但由于该贷款是全年使用，故利息应由每个月来承担。1月份负担的利息费用，应编制如下会计分录：

借：财务费用　　　　　　　　　　　　　　　　　　　10 000
　　贷：应付利息　　　　　　　　　　　　　　　　　　　10 000

同样，以后2—12月每个月月末也应调整各月份应负担的利息费用，编制的会计分录与1月份相同。

当实际支付银行借款利息时，冲销已预提的数额。假定该企业12月月末以银行存款支付银行借款利息120 000元，则应编制如下会计分录：

借：应付利息　　　　　　　　　　　　　　　　　　　120 000
　　贷：银行存款　　　　　　　　　　　　　　　　　　　120 000

如果实际支付的银行借款利息与预提的数额不相等，其差额直接在年末月份调整计入该月的财务费用。

五、其他事项的调整

除了上述四种情况外，还有许多项目需在期末作出必要的调整。如固定资产折旧、无形资产摊销、本期应交税费的计算等。

（一）固定资产折旧

固定资产是企业生产经营的物质技术基础，是劳动手段，可以为企业长期受益。但由于物质上或经济上的各种原因，终有不堪使用或不便使用之时，而丧失其原有价值或降低其原有价值。此种损失因与使用各期有关，不能由任何一个会计期间单独负担。为了合理地把固定资产由于使用或其他原因引起的价值损耗补偿回来，必须将其损失的价值分期摊入各受益期的成本费用，以折旧费的形式将固定资产的价值转移到成本费用中，由各受益期承担。因此，其性质与预付费用相类似。

【例8-5】扬城有限责任公司1月末应计提固定资产折旧20 000元，其中车间使用固定资产应计提折旧12 000元，其他为公司行政管理部门使用固定资产的折旧。该项经济业务应作如下会计分录：

借：制造费用　　　　　　　　　　　　　　　　　　12 000
　　管理费用　　　　　　　　　　　　　　　　　　　8 000
　　贷：累计折旧　　　　　　　　　　　　　　　　　20 000

（2）应交税费的计算

企业应于每一会计期末，根据本期的营业收入，按照规定的税率计算应缴纳的各项税金。由于税金的缴纳往往是在下月初经税务机关审查核定的，因此企业应在会计期末计提应交税费数额。为了贯彻配比原则，使得本期的收入同为赚取当期收入而耗费的费用相配比，企业应于本期末将属于本期支出而尚未支付的税金，通过期末账项调整全部登记入账。编制调整分录时，借记"税金及附加""所得税费用"科目等，贷记"应交税费"科目，等到实际交纳税款时，再借记"应交税费"科目，贷记"银行存款"科目。

【例8-6】扬城有限责任公司计算出本月利润总额为1 000 000元，所得税税率为25%。

该项经济业务应作如下会计分录：

借：所得税费用　　　　　　　　　　　　　　　　　250 000
　　贷：应交税费——应交所得税　　　　　　　　　　250 000

实际缴纳时，会计分录为：

借：应交税费——应交所得税　　　　　　　　　　　250 000
　　贷：银行存款　　　　　　　　　　　　　　　　　250 000

至于其他项目的期末账项调整，将在以后的"中级财务会计"课程中讲述。

第三节 财产清查

一、财产清查的意义

所谓财产清查，就是通过盘点或核对的方法，确定各项财产物资、货币资金及债权、债务的实存数，查明实存数与账存数是否相符的一种专门方法。财产清查是会计核算的一种方法，也是重要的会计监督工作。

根据财务管理的要求，各经济单位应通过账簿记录来反映和监督各项财产的增减变化及结存情况。为了保证账簿的记录正确，应加强会计凭证的日常审核，定期核对账簿记录，做到账证相符、账账相符。但是账簿记录正确并不能说明账簿记录真实可靠，因为有很多原因可能使各项财产的账面数与实存数发生差异，造成账实不符。因此，为了保证会计账簿记录的真实可靠，为经济管理提供可靠的信息资料，必须运用财产清查这一专门的会计核算方法，对各项财产进行定期的清查，并与账簿记录核对相符，做到账实相符。

（一）保证会计核算资料的真实性

通过财产清查，可以查明各项财产物资的实有数，确定实有数与账面数的差异，以便按规定的手续，合理地调整账面价值，做到账实相符，从而保证会计资料的真实性。

（二）保护各项财产物资的安全与完整

通过财产清查，不仅可以查明财产物资账存数与实存数的差异，而且可进一步分析差异产生的原因，检查各项财产物资有无毁损、变质及贪污盗窃的情况，查明各种财产物资的增减、收发是否按照规定的制度办理必要的手续，各种物资的保管是否妥善等，以便及时采取措施，切实地保护各项财产物资的安全与完整。

（三）挖掘财产物资的潜力

通过财产清查，可以查明各项财产物资的储备和利用情况，以便采取不同措施，积极利用和处理，提高物资使用效率。对储备不足的及时补充，确保生产需要，对超储、积压、呆滞的财产物资及时处理，防止盲目采购和不合理的闲置，充分挖掘物资潜力，加速资金周转，提高经济效益。

（四）监督财经法规和财经纪律的执行

通过财产清查，可以查明企业有关人员是否遵守财经纪律和结算制度，有无贪污盗窃、挪用公款的情况；检查企业有无违反现金管理的规定，各种结算款项有无长期拖欠不清的情况等，以便发现问题，及时纠正，监督企业严格遵守财经法规和纪律。

二、财产清查的种类

财产清查种类很多，可以按不同的标志进行分类。本书主要按以下两种方法进行分类。

（一）按照财产清查的范围不同，可分为全面清查和局部清查两种

1. 全面清查

全面清查是指对所有权属于本单位的所有财产物资、债权债务进行的全面盘点和核对。以工业企业为例，全面清查的内容一般包括：

（1）库存现金、银行存款、银行借款、各种有价证券；
（2）存货，包括产成品、在产品、原材料、燃料、包装物、低值易耗品等；
（3）各项固定资产、在建工程及其他物资；
（4）与其他单位、个人之间发生的各种往来款项；
（5）在途材料、在途货币资金、委托其他单位加工、保管的原材料和物资；
（6）租入使用、受托加工保管的各项财产物资。

全面清查内容多、范围广、工作量大，得出的财产物资的实有数，比较真实确切。但是由于全面清查的内容多、范围广，一般只有在特殊情况下才需要进行全面清查，比如：每年年终决算之前；或在单位合并、关闭、改变隶属关系、解散、破产；资产评估、清资核产时；单位主要领导人变动等。

2. 局部清查

局部清查就是根据管理的需要或依据有关规定，对部分财产物资、债权债务进行盘点和核对。一般对流动性较强的财产物资，如原材料、在产品、产成品等，除了年终进行全面清查外，年度内要轮流盘点或重点抽查；对于各种贵重物资，每月都要清查盘点一次；对于库存现金，每日终了应由出纳人员自行清点核对，每月终了由有关人员监督盘点一次；对于银行存款、银行借款，每月至少要与银行核对一次；对于各种债权、债务，每年至少应与对方单位、个人核对一次至两次。

局部清查范围小、内容少、工作量小、次数多，对于财产物资的日常管理、监督，保护财产安全具有非常重要的意义。

（二）按财产清查的时间不同划分，可分为定期清查和不定期清查

1. 定期清查

定期清查是指按照预先计划安排好的具体时间，对财产物资、债权债务进行的清查。定期清查一般定于月末、季末、年末结账之前进行。根据经济活动的特点和管理的需要，采用全面清查或局部清查的方法。

2. 不定期清查

不定期清查是指事先并无计划安排，而是根据实际需要所进行的临时性的清查。不定期清查事先不规定好具体时间，如果工作需要，可随时进行。例如：发生自然灾害或意外损失时；保管人员调动更换时；财政、税收、审计等部门进行突击会计检查时等。由于这是根据实际工作需要查明有关财产物资的真实情况，单位应及时安排人力、物力，做好配合、协调工作，保证清查工作的圆满进行。

三、财产清查的一般程序

财产清查工作涉及面广、工作量大，为了保证财产清查工作有条不紊地进行，

应遵守一定的程序。财产清查主要包括下面三个步骤：

(一) 成立专门的财产清查小组

财产清查是一项复杂而细致的工作，它不仅是会计部门的工作，还涉及财产物资保管部门和生产车间以及各个职能部门，因此必须成立专门的财产清查小组。财产清查小组一般由会计、业务、保管等各职能部门人员组成，并由具有一定权限的人员负责财产清查组织的领导工作。

(二) 清查前的准备工作

清查前的准备工作是进行财产清查的关键。为了做好财产清查工作，财产清查前，会计部门和有关业务部门必须做好以下各项准备工作：

(1) 会计部门的准备工作。会计部门应当在清查以前做好所有账簿的登记工作，将总账中的货币资金、财产物资和债权债务的有关账户与其所属的明细账和日记账核对准确，做到账证相符、账账相符，为账实核对提供正确的账簿资料。只有这样，在清查以后，通过账面数与实存数的对比，才能正确得出盘亏、盘盈的具体金额。

(2) 财产物资保管部门的物资整理准备。物资保管部门要做好各种财产物资的入账工作，并与会计部门的有关财产物资账簿登记核对相符，同时，将各种财产物资排列整齐、挂上标签，标明品种、规格及结存数量，以便盘点核对。

(3) 财产清查小组的准备工作。财产清查小组在清查业务前，也要进行必要的准备，如计量器具的准备，要按照国家计量标准校正准确，减少误差；有关清查过程中用于记录所需的各种表册等的准备。

(三) 实施财产清查

在做好上述工作后，应由清查人员根据清查对象的特点，依据清查目的，采用相应的清查方法，实施财产清查。在进行盘点时相关人员必须到场，如盘点财产时，其保管人员必须到场；盘点现金时，出纳人员必须到场等。盘点时要由盘点人员做好盘点记录；盘点结束，盘点人员应根据财产物资的盘点记录，编制"盘存单"，并由盘点人员、财产物资的保管人员及有关责任人签名盖章；同时，应根据有关账簿资料和盘存资料填制"账存实存对比表"，据以检查账实是否相符，并根据对比结果调整账簿记录，分析差异原因，做出相应的处理。

四、财产清查的一般方法

财产清查是对企业各项财产物资、债权债务都要从数量上和质量上进行清查。由于各种财产物资、债权债务的存在形态、体积堆放方式等各不相同，因而应采用不同的清查方法。财产清查方法常用的有以下几种：

(一) 实地盘点法

实地盘点法，是指对各项财产通过逐一清点或者用计量器具来确定其实存数量的一种方法。实地盘点法一般是在存放地点对财产通过点数、过磅等手段来具体确定其数量。在财产清查中，这种方法适用范围较广，大多数实物财产都可使用。

（二）技术推算盘点法

技术推算盘点法，是指按照一定的标准推算其实有数的方法。具体做法是通过量方、计尺等方法确定有关数据，然后据此计算其重量。技术推算盘点法主要适应于那些大量成堆、价廉笨重且不能逐项清点的物资。如露天堆放的燃料煤。但使用这种方法时，必须做到测定标准重量比较准确，整理后的形状符合规定要求。只有这样，计算出的实际数额，才能接近实际。

（三）抽样盘点法

抽样盘点法，是通过测算总体积或总重量，再抽样盘点单位体积和单位重量，然后测算出总数的方法。这种方法主要适用于那些价值小、数量多、重量比较均匀，但又不便于逐一点数的财产物资的清查。如煤、盐、装包前仓库的粮食等。

（四）查询法

查询法，是指依据账簿记录，用信函或电函的方式向对方单位进行查询相关内容的一种方法。这种方法根据查询结果进行分析，来确定有关财产物资数量和价值量，主要适用于债权债务、出租出借的财产物资查询核实。

（五）核对账目法

核对账目法，是指企业收到有关单位交来的单据，并根据单据上的记录与本单位的账簿记录相互核对的一种方法，如果双方记录有误，即可找出原因并进行调整。这种方法主要适用于银行存款的清查。

五、存货的盘存制度与存货的计价方法

财产清查的主要环节是对财产物资进行盘点，尤其是存货的盘点，既要确定数量的真实性，还要在账簿中反映其结存的价值。所以企业在盘点工作中，一方面要盘点存货的数量，另一方面还要选择何种单价来计量，这就是我们在此需要解决的两大问题即存货的盘存制度与存货的计价方法。

（一）存货盘存制度

为了保证财产清查工作的有效实施，企业必须建立科学的存货盘存制度。在实际工作中，财产物资的盘存制度有永续盘存制和实地盘存制两种。

1. 永续盘存制

（1）概念。永续盘存制，又称账面盘存制，是指平时对各项财产物资的增加数和减少数都要根据会计凭证连续记入有关账簿，并随时结出账面余额的存货盘存制度。采用这种方法时，财产物资明细账按品种、规格设置，在明细账中，除平时登记收、发、结存数外，通常还要登记金额。该种盘存制度的目的是以账存数控制实存数。其计算公式为：

期初结存+本期增加-本期减少=期末结存

在永续盘存制下，各种财产物资虽然能在各自的明细账中计算出结存数，但也可能因为种种原因出现账实不符的情况。为了保证账实相符，仍然需要定期或轮番

进行实物盘点，以便进行账实核对。

（2）优缺点。永续盘存制的优点是核算手续严密，可以随时通过账面反映和掌握各项财产物资的收入、发出和结存情况，为加强财产物资的计划、管理和控制提供及时准确的信息，保证财产物资的安全与完整。其缺点是财产物资的明细核算工作量大，特别是在财产物资品种复杂、繁多的企业需要投入大量的人力、物力。但与实地盘存制相比，它在控制和保护财产物资安全、完整方面具有明显的优越性，所以，在实际工作中为多数企业采用。

【例8-7】扬城有限责任公司某月甲材料的期初结存及购进和发出的资料如下：

1月1日，结存200件，单价50元；

1月5日，发出100件；

1月10日，购进300件，单价50元；

1月20日，购进200件，单价50元；

1月23日，发出500件。

根据上述资料，采用永续盘存制，在材料明细账上的记录如表8-1所示。

表8-1 材料明细账

品名：甲材料　　　　　　　　　　　　　　　　　　　　　　　　计量单位：件

2022年		凭证字号	摘要	收入			发出			结余		
月	日			数量	单价	金额	数量	单价	金额	数量	单价	金额
1	1	略	期初							200	50	10 000
	5		领用				100	50	5 000	100	50	5 000
	10		购进	300	50	15 000				400	50	20 000
	20		购进	200	50	10 000				600	50	30 000
	23		领用				500	50	25 000	100	50	5 000
	31		本期发生额及余额	500	50	25 000	600	50	30 000	100	50	5 000

通过上例可以看出，采用永续盘存制，可以在账簿中反映存货的收入、发出和结存情况，并从数量和金额两方面进行管理控制；账簿上的结存数量，可以通过盘点加以核对，如果账簿上的结存数量与实存数量不符，可以及时查明原因。这种盘存制度要求每一品种的存货都要开设一个明细账，使存货的明细分类核算工作量较大。

2. 实地盘存制

（1）概念。实地盘存制又称定期盘存制，是指对各种财产物资，平时在账簿上只登记增加数，不登记减少数，月末根据实地盘点的盘存数，倒挤减少数并据以登记有关账簿的一种盘存制度。其计算公式为：

期初结存+本期增加-期末盘存=本期减少

在实地盘存制下，企业对各种财产物资进行实地盘点，其主要目的是核算财产物资的减少数,并作为账簿中减少数的登记依据。

(2)优缺点。实地盘存制的优点是不需要每天记录存货的发出和结存数量,简化了日常核算工作,工作量小。其缺点是不能随时反映存货的发出和结存成本,倒轧出的各项存货的销售或耗用成本较复杂,除了正常销售或耗用外,容易掩盖物资管理中的自然和人为的损耗,因而不便于对存货进行控制和监督,不能及时反映和监督各项财产物资的收入、发出和结存的情况,加大了期末的工作量,不利于财产物资的管理。实地盘存制只适用于价值低、收发频繁、销售数量不稳定的鲜活商品等商品流通企业。

【例8-8】根据上例资料,期末盘点,该种材料的结存数量为60件。采用实地盘存制,登记材料明细账如表8-2所示。

表8-2 材料明细账

品名:甲材料　　　　　　　　　　　　　　　　　　　计量单位:件

2022年		凭证字号	摘要	收入			发出			结余		
月	日			数量	单价	金额	数量	单价	金额	数量	单价	金额
1	1	略	期初							200	50	10 000
	10		购进	300	50	15 000						
	20		购进	200	50	10 000						
	31		盘点							60	50	3 000
	23		发出				640	50	32 000			
	31		本期发生额及余额	500	50	25 000	640	50	32 000	60	50	3 000

通过上例可以看出,采用实地盘存制,平时记录购进成本,不记录发出的数量、金额,可以简化存货的核算工作。但这种盘存制度不能从账面上随时反映存货的收入、发出和结存情况,只能通过定期盘点,计算、结转发出存货的成本。由于倒挤发出存货的成本,使结转的发出成本中可能包含非正常耗用的成本,如上例中的结存数量为60件,而采用永续盘存制的结存数量为100件,差额40件为非正常耗用。

(二)存货计价方法

企业采用永续盘存制确定了期末存货数量和发出存货数量后,还要计算期末存货成本和发出存货成本,成本的确定就需要存货的单价,由于会计期间不同批次存货的购进单价往往不一致,因此,存在着如何确定存货单价的问题。存货的计价方法主要有先进先出法、加权平均法、移动加权平均法和个别计价法等。

1. 先进先出法

先进先出法是指根据先入库先发出的原则,对于发出的存货以先入库存货的单价计算发出存货成本的方法。采用这种方法的具体做法是:先按存货的期初余额的单价计算发出存货的成本,领发完毕后,再按第一批入库的存货的单价计算,依此从前向后类推，计算发出存货和结存存货的成本。

采用这种方法，其优点是使企业不能随意挑选存货计价以调整当期利润，用先进先出法计算的期末存货额，比较接近市价；缺点是工作比较繁琐，特别对于存货进出频繁的企业更是如此。而且当物价上涨时，会高估企业当期利润和库存存货价值；反之，会低估企业存货价值和当期利润。

【例8-9】扬城有限责任公司2022年7月1日结存甲材料1 000千克，每千克实际成本3.00元。本月发生如下有关业务：

（1）8日，购入甲材料4 000千克，每千克实际成本2.80元，材料已验收入库。

（2）15日，发出甲材料2 000千克。

（3）20日，购入甲材料5 000千克，每千克实际成本3.20元，材料已验收入库。

（4）26日，发出甲材料3 000千克。

计算过程如下：

15日发出甲材料的成本＝1 000×3.00+1 000×2.80＝5 800（元）

26日发出甲材料的成本＝3 000×2.80＝8 400（元）

月末结存甲材料的成本＝5 000×3.20＝16 000（元）

根据上述计算，本月甲材料的收入、发出和结存情况，如表8-3所示。

表8-3　材料明细账（先进先出法）

品名：甲材料　　　　　　　　　　　　　　　　　　　　　　　　　　计量单位：千克

2022年		凭证字号	摘要	收入			发出			结余		
月	日				数量	单价	金额	数量	单价	金额	数量	单价	金额
7	1	略	期初							1 000	3.00	3 000
	8		购进	4 000	2.80	11 200				1 000	3.00	3 000
											4 000	2.80	11 200
	15		发出				1 000	3.00	3 000	3 000	2.80	8 400
								1 000	2.80	2 800			
	20		购进	5 000	3.20	16 000				3 000	2.80	8 400
											5 000	3.20	16 000
	26		发出				3 000	2.80	8 400	5 000	3.20	16 000
	31		本期发生额及余额	9 000		27 200	5 000		14 200	5 000	3.20	16 000

2. 加权平均法

加权平均法亦称全月一次加权平均法，是指以当月全部进货数量加上月初存货数量作为权数，去除当月全部进货成本加上月初存货成本，计算出存货的加权平均单位成本，以此为基础计算当月发出存货的成本和期末存货的成本的一种方法。

存货加权平均单位成本 = $\dfrac{\text{月初结存存货成本}+\text{本月购入存货成本}}{\text{月初结存存货数量}+\text{本月购入存货数量}}$

月末库存存货成本 = 月末库存存货数量 × 存货加权平均单位成本

本期发出存货的成本 = 本期发出存货的数量 × 存货加权平均单位成本

采用这种方法，只在月末一次计算加权平均单价，比较简单，而且在市场价格上涨或下跌时所计算出来的单位成本平均化，对存货成本的分摊较为折中。其缺点是不利于核算的及时性，平时无法从账上提供发出和结存存货的单价及金额；而且在物价变动幅度较大的情况下，按加权平均单价计算的期末存货价值与现行成本有较大的差异。这种方法适用于前后进价相差幅度不大且月末定期计算和结转销售成本的商品。

【例 8-10】按上例资料，根据加权平均法的要求，其计算过程如下：

加权平均单位成本 =（3 000+11 200+16 000）/（1 000+4 000+5 000）
　　　　　　　　= 3.02（元）

期末结存的甲材料成本 = 5 000×3.02 = 15 100（元）

本月发出甲材料的成本 = 5 000×3.02 = 15 100（元）

根据上述计算，本月甲材料的收入、发出和结存情况，如表 8-4 所示。

表 8-4　材料明细账（加权平均法）

品名：甲材料　　　　　　　　　　　　　　　　　　　　　计量单位：千克

2022年		凭证字号	摘要	收入			发出			结余		
月	日			数量	单价	金额	数量	单价	金额	数量	单价	金额
7	1	略	期初							1 000	3.00	3 000
	8		购进	4 000	2.80	11 200				5 000		
	15		发出				2 000			3 000		
	20		购进	5 000	3.20	16 000				8 000		
	26		发出				3 000			5 000		
	31		本期发生额及余额	9 000		27 200	5 000	3.02	15 100	5 000	3.02	15 100

3. 移动加权平均法

移动加权平均法，是指以每次进货的成本加上原有库存存货的成本，除以每次进货数量与原有库存存货的数量之和，据以计算加权平均单位成本，以此为基础计算当月发出存货的成本和期末存货的成本的一种方法。

存货移动加权平均单位成本 = $\dfrac{\text{以前结存存货成本}+\text{本批购入存货成本}}{\text{以前结存存货数量}+\text{本批购入存货数量}}$

采用移动平均法计算出来的商品成本比较均衡和准确，但计算起来的工作量大，每购进一批存货，只要进货单价与库存单价不同，就要重新计算一次单价，每发出一次存货，都要以上次结存存货的平均单价作为本次发出存货的单价。其一般适用于经营品种不多或者前后购进商品的单价相差幅度较大的商品流通类企业。

【例8-11】按上例资料，根据移动平均法的要求，其计算过程如下：

8日购进材料平均单位成本＝（1 000×3.00+4 000×2.80）／（1 000+4 000）
　　　　　　　　　　　　＝2.84（元）

15日发出甲材料的成本＝2 000×2.84＝5 680（元）

20日购进材料平均单位成本＝（3 000×2.84+5 000×3.20）／（3 000+5 000）
　　　　　　　　　　　　＝3.065（元）

26日发出甲材料的成本＝3 000×3.065＝9 195（元）

根据上述计算，本月甲材料的收入、发出和结存情况，如表8-5所示。

表8-5　材料明细账（移动加权平均法）

品名：甲材料　　　　　　　　　　　　　　　　　　　　　　　计量单位：千克

2022年		凭证字号	摘要	收入			发出			结余		
月	日			数量	单价	金额	数量	单价	金额	数量	单价	金额
7	1	略	期初							1 000	3.00	3 000
	8		购进	4 000	2.80	11 200				5 000	2.84	14 200
	15		发出				2 000	2.84	5 680	3 000	2.84	8 520
	20		购进	5 000	3.20	16 000				8 000	3.065	24 520
	26		发出				3 000	3.065	9 195	5 000	3.065	15 325
	31		本期发生额及余额	9 000		27 200	5 000		14 875	5 000	3.065	15 325

注：表中的3.065元是为了计算更加精准，便于理解，但会计实务中一般要四舍五入到小数点后两位。

4. 个别计价法

个别计价法是假设存货的成本流转与实物流转相一致，按照各种存货，逐一辨认各批发出存货和期末存货所属的购进批别或生产批别，分别按其购入或生产时所确定的单位成本作为计算各批发出存货和期末存货成本的方法。个别计价法又称"个别认定法""具体辨认法""分批实际法"。

发出存货的实际成本＝各批（次）存货发出数量×该批次存货实际进货单价

采用个别计价法，其优点是计算发出存货的成本和期末存货的成本比较合理、准确；缺点是实务操作的工作量繁重，困难较大。个别计价法适用于容易识别、存货品种数量不多、单位成本较高的存货计价。

六、财产清查的具体方法

（一）实物资产的清查

实物财产主要包括固定资产和各种存货，在清查中，不仅要清查各种实物的数量，还要注意各种实物的质量。实物财产的清查方法有实地盘点法、技术推算盘点法和抽样盘点法，其中实地盘点法是通常采用的。实物财产的清查工作可按下列程序进行：

（1）实物保管人员必须在场，并参加清查工作。

（2）各类实物的清查，按顺序逐一进行，以免遗漏或重复。

实际清查时，既要认真清点实物数量，又要检查实物质量是否完好，有无缺损、霉烂、变质等情况，对某些半成品还要注意其配套性。

（3）对财产物资的清查结果，要如实填制各项财产物资清查盘存单，并由清查人员和实物保管人员签名盖章，以明确经济责任。财产物资清查盘存单具体格式如表8-6所示。

表8-6 盘存单

单位名称： 编号：
财产类别： 盘点时间
 存放地点

编号	名称	计量单位	数量	单价	金额	备注

盘点人签章_____ 保管人签章_____

（4）全部财产清查完毕后，应将各项财产物资的盘存单交送财务部门，财会人员根据盘存单和有关账簿记录编制"账存实存对比表"（格式如表8-7所示）确定账实相符情况及各项财产物资盘盈盘亏的数量和金额。

表8-7 账存实存对比表

单位名称： 年 月 日

编号	类别及名称	计量单位	单价	账存数		实存数		对比结果				备注
								盘盈		盘亏		
				数量	金额	数量	金额	数量	金额	数量	金额	

单位负责人签章_____ 填表人签章_____

"账存实存对比表"是用来调整账簿记录的重要原始凭证，也是分析差异原因、明确经济责任的依据。"账存实存对比表"主要是反映盘盈盘亏情况，因此该表又称"盘盈盘亏报告表"。

对于委托单位加工、保管的财产物资，出租的包装物、固定资产等，可以按照有关账簿记录的账面结存数，通过信函等方式与对方单位进行核查，确定账实是否相符。

（二）货币资金的清查

货币资金的清查主要包括库存现金和银行存款两个内容的清查。

1. 现金的清查

现金的清查，应采用实地盘点法，即通过实地清点票面金额来确定现金的实存数，然后以实存数与现金日记账的账面余额进行核对，以查明账实是否相符及盈亏情况。

在盘点现金时，必须有出纳人员在场，并协助盘点工作，如果发现盘盈或盘亏，必须当场核实其数额。清查时，还应注意有无违反现金管理制度和以白条抵库现象。盘点结束后，应编制"现金盘点报告表"（格式如表8-8所示），并由盘点人员和出纳人员同时签章。此外，当出纳人员正在进行现金收付业务时，所作的突击清查，可能出现收付款凭证尚未入账的情况。这时，必须严格审查凭证的合法性，然后以实存现金调整合法凭证中的收付金额后，再与账面金额进行核对。

表8-8 现金盘点报告表

编表单位：　　　　　　　　　　　　　　　　年　月　日

实存金额	账存金额	对比结果		备注
		盘盈	盘亏	

盘点人签章_____　　　　　　　　出纳员签章_____

2. 银行存款的清查

银行存款的清查与现金的清查方法不同，不是采取实地盘点，而是采取与银行核对账目的方法进行清查。在与银行核对账目之前，应该先仔细检查本单位银行存款日记账的正确性与完整性，然后与银行送来的对账单进行逐笔核对。在银行对账单上，逐笔登记着一段时间内单位银行存款的收入、支出和结存的全部情况。通过核对，如果发现双方账目不相符，则要找出原因，并编制"银行存款余额调节表"。

（三）往来款项的清查

对于企业的各种借款和其他债权、债务往来款项的清查，其方法主要是采用查询法来进行的。往来款项包括对外单位的结算款项和对本单位内部各个部门和个人的结算款项，清查时应当区别情况，采用不同的方法。

对于外单位的往来款项一般可采取寄送对账单的方法加以核对。编制应收账款对账单或应付账款对账单一式两联，一联自留，一联寄送对方单位作为回单，由对方单位对账并将对账结果注明后退回清查单位，如有数字不符，应在对账单上注明，或另抄对账单寄送对方单位，作为进一步核对的依据；对于内部各部门的往来款项，可由各部门财产清查人员、会计人员直接根据账簿记录核对，发现不符，当即可查明原因，加以调整，对于与本单位个人间发生的结算款项可抄列清单与本人核对，或用定期公布的方法加以核对。

对债权、债务的清查，除了查对账实是否相符外，还应注意债权、债务的账龄，从而掌握逾期债权、债务情况，以便及时处理，减少呆账、坏账损失。

七、财产清查结果的会计处理

企业、单位通过财产清查必然会发现会计工作、财产物资管理乃至整个经营管理工作上的问题，妥善地处理好这些问题，是财产清查工作的主要目的之一，也是财产清查发挥积极作用的关键所在。对于财产清查结果的处理，不应当仅仅着眼于账务处理，做到账实相符，更主要的是提出改进财产物资管理的措施，从而实现会计的管理职能。

（一）账务处理步骤与账户设置

财产清查后，如果实存数与账存数一致，账实相符，不必进行会计处理。如果实存数与账存数不一致，会出现两种情况：当实存数大于账存数的，称为盘盈；当实存数小于账存数时，称为盘亏；实存数虽与账存数一致，但实存的财产物资有质量问题，不能按正常的财产物资使用的，称为毁损。不论是盘盈、盘亏，还是毁损，都需要进行会计处理，调整账存数，使账存数与实存数一致，保证账实相符，盘盈时调整账存数增加，使其与实存数一致；盘亏或毁损时调整账存数减少，使其与实存数一致。盘盈、盘亏或毁损等都说明企业在经营管理与财产物资的保管中存在着一定的问题，因此，一旦发现账存数与实存数不一致时，应核准数字，并进一步分析形成差异的原因，明确经济责任，并提出相应的处理意见。经规定的程序批准后，才能对差异进行处理。

对于清查结果的账务处理，一般分为两步进行：第一步，批准前先调整账簿，做到账实相符。对财产清查中发现的各种差异即已经查明属实的财产盘盈、盘亏或损失，根据已填制的"账存实存对比表"编制记账凭证，并据以登记账簿，使各项财产物资达到账实相符。但对于应收而收不回的坏账损失，在批准前不做此项账务处理，待批准后再行处理。第二步：批准后进行账务处理。在审批之后，应严格按批复意见进行账务处理，编制记账凭证，登记有关账簿。

为了反映和监督财产清查结果的账务处理情况，需要设置"待处理财产损溢"账户，该账户属于资产类账户，用于核算企业在清查财产过程中查明的各种物资盘盈、盘亏及处理情况。其借方登记发生的待处理财产盘亏、毁损数和结转已批准处理的财产盘盈数；贷方登记发生的待处理财产盘盈和转销已批准处理的财产盘亏和毁损数。"待处理财产损溢"账户的结构如图8-1所示。

借方	待处理财产损溢	贷方
发生额： （1）发生的待处理财产盘亏和毁损数 （2）批准转销的待处理财产盘盈数		发生额： （1）发生的待处理财产盘盈数 （2）批准转销的待处理财产盘亏和毁损数
余额： 尚未批准处理的盘亏和毁损数与盘盈数的差额		余额： 尚未批准处理的盘盈数与盘亏和毁损数的差额

图8-1 待处理财产损溢账户基本结构

该账户下设置"待处理固定资产损溢"和"待处理流动资产损溢"两个明细账

户，分别对固定资产和流动资产损溢进行核算。由于财产清查的对象不同，其结果处理也不相同。

（二）存货清查结果的会计处理

造成存货账实不符的原因多种多样，应根据不同情况进行不同的处理。一般处理原则是：定额内的盘亏，应增加管理费用；责任事故造成的损失，应由过失人负责赔偿；非常事故如自然灾害，在扣除保险公司赔偿和残料价值后，经批准应列作营业外支出等。如果发生盘盈则一般冲减管理费用。

【例8-12】扬城有限责任公司在财产清查中，确定甲材料盘盈1 000元。

（1）在报经批准前，根据"账存实存对比表"，编制如下会计分录：

借：原材料——甲材料　　　　　　　　　　　　　　　1 000
　　贷：待处理财产损溢——待处理流动资产损溢　　　　1 000

（2）查明上述材料属自然升溢所致，盘盈材料报经批准后转销。根据批准意见，作如下会计分录：

借：待处理财产损溢——待处理流动资产损溢　　　　　1 000
　　贷：管理费用　　　　　　　　　　　　　　　　　　1 000

【例8-13】扬城有限责任公司在财产清查中，确定乙材料盘亏5 000元，按规定程序上报有关部门审批。

（1）在报经批准前，根据"账存实存对比表"，编制如下会计分录：

借：待处理财产损溢——待处理流动资产损溢　　　　　5 000
　　贷：原材料——乙材料　　　　　　　　　　　　　　5 000

（2）上述乙材料，经查明后自然损耗的为2 000元，批准作为管理费用计入当期损益；属管理不善的为1 000元，责成过失人张三赔偿；其余2 000元属非常损失，其中500元作残料入库，保险公司同意赔偿1 000元，根据批准意见，编制如下会计分录：

借：管理费用　　　　　　　　　　　　　　　　　　　2 000
　　其他应收款——张三　　　　　　　　　　　　　　1 000
　　其他应收款——保险公司　　　　　　　　　　　　1 000
　　原材料　　　　　　　　　　　　　　　　　　　　 500
　　营业外支出　　　　　　　　　　　　　　　　　　 500
　　贷：待处理财产损溢——待处理流动资产损溢　　　5 000

（三）固定资产清查结果的会计处理

对于盘盈的固定资产，按现行会计准则规定，应作为前期差错记入"以前年度损益调整"科目，其具体会计处理将在后续课程"中级财务会计"中学习；对于盘亏的固定资产，企业应及时办理固定资产注销手续，并查明原因，其损失扣除责任人和保险公司的赔偿后，作为营业外支出处理。

【例8-14】扬城有限责任公司在财产清查中，发现盘亏设备一台，其原值为

40 000元，已提折旧 25 000 元。

（1）在报经批准前，根据"账存实存对比表"，编制如下会计分录：

借：待处理财产损溢——待处理固定资产损溢　　　15 000
　　累计折旧　　　　　　　　　　　　　　　　　25 000
　　贷：固定资产　　　　　　　　　　　　　　　　　　　40 000

（2）上述盘亏的固定资产经查明，责任人李四赔偿 5 000 元，其余由企业承担，编制如下会计分录：

借：其他应收款——李四　　　　　　　　　　　　5 000
　　营业外支出　　　　　　　　　　　　　　　　10 000
　　贷：待处理财产损溢——待处理固定资产损溢　　　　　15 000

（四）货币资金清查结果的会计处理

货币资金的清查主要包括库存现金和银行存款的清查，库存现金清查结果的处理与存货类似，故不再重复。对于银行存款未达账项出现的差异，只编制"银行存款余额调节表"进行核对，不调整账簿记录。

所谓未达账项，是指在开户银行和本单位之间，对于同一款项的收付业务，由于凭证传递时间和记账时间的不同，发生一方已经入账而另一方尚未入账的会计事项。企业与银行双方造成账目不符的主要原因有两个：一是账面差错，包括企业方面记账差错和银行方面记账差错；二是未达款项。通过逐笔核对，以上两种情况都可以查明。

企业与银行之间的未达款项一般有以下四种情况：

1. 企业已收而银行未收

企业存入银行的各种款项，在送存银行时已登记入账，作为银行存款的增加，但银行由于某些原因尚未在对账前记入企业的分户账中。如企业存入其他企业所开的转账支票，银行尚未办妥转账手续，或因故退票等使银行未入账。

2. 企业已付而银行未付

企业开出的支票等付款结算凭证，在开出时已经登记入账，作为银行存款的减少，但是支票持有者尚未到银行去取款或未办理转账手续，所以银行未能及时入账。

3. 银行已收而企业未收

银行收到的其他单位通过委托付款而转来的款项、外地汇来的货款和银行计付的存款利息，银行于收到日和计息日已经全部登记入账，作为企业存款的增加，但是，企业尚未收到银行的收账通知等凭证，所以未能在对账前入账。

4. 银行已付而企业未付

银行付出的其他单位委托银行代收的款项和银行计收的借款利息，银行已于付款时和计息日登记入账，作为企业存款的减少，但是，企业尚未收到通知和付款结算凭证，所以未能在对账前入账。

以上任何一种情况的发生，都会使企业的账面余额和银行对账单余额不一致。

在 1 和 4 两种情况下，会使企业账面存款余额大于银行对账单的余额；而在 2 和 3 两种情况下，又会使企业账面存款余额小于银行对账单的余额。

通过逐笔核对查出未达款项后，应根据已查明的未达款项编制"银行存款余额调节表"。银行存款余额调节表的格式和编制方法有多种，在实际工作中，一般使用补记法，即在双方账面余额的基础上，将各自应记未记的账项，补充登记在各自余额上，使双方调节后的余额一致。

【例 8-15】扬城有限责任公司 2022 年 9 月末清查银行存款，发现 9 月份银行存款账面记录与银行发来的对账单，有下列情况：

1. 企业银行存款日记账部分记录如下：

（1）23 日，存入销售货款转账支票 18 000 元；

（2）24 日，开出支票#1024，支付委托外单位加工费 3 400 元；

（3）25 日，开出支票#1025，支付购入材料价款 12 540 元；

（4）29 日，存入销售货款转账支票 1 120 元；

（5）29 日，开出支票#1026，支付购料运输费 270 元；

（6）29 日，开出支票#1027，支付燃料费 7 800 元；

（7）30 日，银行存款结存余额：20 540 元。

2. 银行对账单部分记录如下：

（1）24 日，转账收入 18 000 元；

（2）26 日，代交应付电费 2 800 元；

（3）27 日，支票#1024，支付加工费 3 400 元；

（4）28 日，支票#1025，支付材料款 12 540 元；

（5）30 日，存款利息收入 828 元；

（6）30 日，支票#1027，支付燃料费 7 800 元；

（7）30 日，结存余额：17 718 元。

根据上述资料，将银行对账单与企业银行存款日记账逐笔勾对，找出未达款项，编制银行存款余额调节表，如表 8-9 所示。

表 8-9　银行存款余额调节表

2022 年 9 月 30 日　　　　　　　　　　　　　　　　　　　　单位：元

项目	金额	项目	余额
企业银行存款日记账余额	20 540	银行对账单余额	17 718
加：银行已收企业未收	828	加：企业已收银行未收	1 120
减：银行已付企业未付	2 800	减：企业已付银行未付	270
调节后的存款余额	18 568	调节后的存款余额	18 568

"银行存款余额调节表"并不是更改账簿记录的原始凭证，而是查明企业和银行双方结账日算出的余额有无差错的一种清查方法。未达账项的入账，一定要等到

有关正式凭证到达后,按记账程序入账,不能根据银行存款余额调节表登记入账。至于查出的差错,也要根据规定的改错方法进行更正。

(五) 往来款项清查结果的会计处理

应收应付款项清查结果的处理与其他财产清查结果的处理不同,它不通过"待处理财产损溢"科目进行核算,而是直接冲销即可。在财产清查中发现的长期不结清的往来款项,应当及时清理。对于经查明确定无法支付的应付款项,应借记"应付账款"科目,贷记"营业外收入"科目;对于长期收不回来的应收账款,即坏账,可按规定程序报经批准后予以核销。坏账核销的具体会计处理将在后续课程"中级财务会计"中学习。

第四节 对账与结账

一、对账

(一) 对账的意义

所谓对账,就是核对账目,是指在会计核算中,为保证账簿记录正确可靠,对账簿中的有关数据进行检查和核对的工作。在会计核算工作中,有时难免会发生各种差错和账实不符的情况。如:填制记账凭证时的差错;记账或过账时的差错;数量或金额在计算上的差错等。因此,在结账前,有必要核对各种账簿记录,检查记账工作有无差错。只有这样,才能保证各种账簿记录的正确完整,才能据以编制出可靠的会计报表。

(二) 对账工作的内容

对账工作主要包括以下三个内容:

1. 账证核对

账证核对,即根据各种账簿记录与记账凭证及其所附的原始凭证核对相符。其主要核对会计账簿记录与原始凭证、记账凭证的时间、凭证字号、内容、金额是否一致,记账方向是否相符。这种核对主要是在日常编制凭证和记账过程中进行,核对时,可以根据需要,采用逐笔核对或抽查核对的方法。但无论采用哪种方法,其目的都是为了确保账证相符。如果发现差错,则应查明原因,并按照规定的方法予以更正。

2. 账账核对

账账核对,即各种账簿之间的有关数字核对相符。具体包括:

(1) 总分类账中各账户的期末借方余额合计数和贷方余额合计数是否相符。

(2) 总分类账各账户余额与其所属有关明细分类账各账户余额合计数是否相符。

(3) 现金日记账和银行存款日记账的余额与总分类账中库存现金和银行存款账

户余额是否相符。

（4）会计部门各种财产物资明细分类账的结存数应与财产物资保管或使用部门的有关保管账的结存数核对相符。

3. 账实核对

账实核对，是指在账账核对的基础上，将各种财产物资的账面余额与实存数额相互核对。账实核对主要包括现金日记账账面余额与现金实际库存数额相核对；银行存款日记账账面余额与开户银行对账单上的余额相核对；各种材料、物资明细分类账账面余额与材料、物资实存数额相核对；各种应收、应付款明细分类账账面余额与有关债务、债权单位的对账单相核对。账实核对一般要结合财产清查进行。有关财产清查的内容、方法等我们已在上节讲述过了，不再重复。

二、结账

（一）结账的概念

所谓结账，简单地说，就是结算各种账簿记录，即按规定把一定时期（月份、季度、年度）内所发生的应记入账簿的经济业务全部登记入账，并计算出本期发生额及期末余额，据以编制会计报表并将余额结转下期或新的账簿。另外，企业因撤销、合并等而办理账务交接时，也需要办理结账。

结账是会计分期假设的体现。结账是会计循环的一个基本步骤，为了总结本期的账簿记录，提供编制会计报表的资料，期末应在全部经济业务登记入账的基础上结出各账户的本期发生额和余额。如果只记账而不结账，记账也就没有作用了。结账工作是否正常进行，关系到会计报表的质量和及时报送，所以，各企业都应该于会计期末做好结账工作。

（二）结账的程序

在结账时，首先应将本期内所发生的经济业务全部记入有关账簿，不能为了赶编会计报表而提前结账，也不得先编报表而后结账。

1. 检查本期内日常发生的经济业务是否已全部登记入账，若发现漏账、错账，应及时补记、更正。

2. 在实行权责发生制的单位，应按照权责发生制的要求，进行账项调整的账务处理，以计算确定本期的成本、费用、收入和财务成果。

3. 将损益类科目转入"本年利润"科目，结平所有损益类科目。

4. 进行对账，确保账证相符、账账相符和账实相符。

5. 在上述工作全部处理完毕并保证正确的基础上，计算并登记所有账户的本期发生额和期末余额。

（三）结账的具体方法

结账分为月结、季结和年结三种，其具体方法如下：

1. 月结

月结即每个月月末进行的结账工作。办理月结时，应在各账户本月份账簿记录的最末一行下面划一条通栏红线，在红线下的摘要栏内注明"本月发生额及余额"字样，并加计本月借方和贷方发生额合计，根据各类账户期末余额公式计算出余额，填入余额栏。在"借/贷"栏，标明余额性质（如果期末无余额，则写上"平"字，并在余额栏元的相应位置上写"0"），然后在月结行的下端再画出一条通栏红线，表示本月账簿记录的结束，以便与下月份发生额划分清楚。

2. 季结

季结是指各季度末的结账。季度结账时，应在3、6、9、12"月结"行的下端划一条通栏红线，并在下一行的摘要栏内注明"第×季发生额及余额"字样，并加计本季借方和贷方发生额合计，再计算并填写季末余额。最后，在季结行的下端划一条通栏红线，表示完成季结工作。

3. 年结

年结是指在年度终了时的结账。年结要求将各个账户结平，并将各账户余额结转到下年度新开设的账户中去。办理年度结账时，应在第4季度的季结下面，划一通栏红线，表示年度终了；然后，在红线下面填列全年12个月份的月结发生额合计或4个季度的季结发生额合计，并在摘要栏内注明"本年发生额及余额"或"本年合计"字样；年度结账，为求得借、贷双方合计数平衡，应将上年结转的年初借（或贷）方余额，列入"本年发生额及余额"栏下一行的借（或贷）方栏内，在摘要栏内注明"年初余额"字样；然后再将本年余额反方向（借方余额列入"贷方"栏内，贷方余额列入"借方"栏内）列入次一行，并于摘要栏内写明"结转下年"字样；最后，将借贷双方数字加总，并在摘要栏内注明"合计"字样，借、贷双方数字应当相等，在合计数栏下端划两道通栏红线，以示平衡和年度封账。在会计上，结账时画的单红线称为计算线，画的两条平行红线称为结束线。月结、季结和年结例示如表8-10所示。

表8-10　总分类账

账户名称：应收账款

××年		凭证	摘要	借方金额	贷方金额	借或贷	余额
月	日						
1	1	略	上年结转			借	100 000
1	31		本月发生额及余额	500 000	300 000	借	300 000
3	31		本月发生额及余额	540 000	440 000	借	400 000
3	31		本季发生额及余额	1 600 000	1 300 000	借	400 000
12	31		本月发生额及余额	400 000	600 000	借	200 000

表8-10(续)

××年		凭证	摘要	借方金额	贷方金额	借或贷	余额
月	日						
12	31		本季发生额及余额	1 500 000	1 600 000	借	200 000
12	31		本年发生额及余额	6 500 000	6 400 000	借	200 000
12	31		年初余额	100 000			
			结转下年		200 000		
			合计	6 600 000	6 600 000	平	0

复习思考题

一、名词解释

1. 期末账项调整
2. 财产清查
3. 实地盘存制
4. 永续盘存制
5. 未达账项
6. 对账
7. 结账

二、单选题

1. 银行存款余额调节表（　　）。
   A. 只起对账作用
   B. 是调节账面余额的凭证
   C. 是登记银行存款日记账的依据
   D. 属于外来原始凭证

2. 下列业务中，不需要通过"待处理财产损溢"账户核算的是（　　）。
   A. 固定资产盘亏　　　　　　　　B. 库存商品盘亏
   C. 材料盘亏　　　　　　　　　　D. 银行存款的错记

3. 在年度决算前，为了确保年终会计资料真实、正确，需要进行（　　）。
   A. 财产的重点抽查　　　　　　　B. 财产的全面清查
   C. 财产的临时清查　　　　　　　D. 财产的账面清查

4. 根据财产清查结果调整账簿记录的主要目的是为了（　　）。
   A. 改正错账　　　　　　　　　　B. 明确经济责任
   C. 账实相符　　　　　　　　　　D. 编制会计报表

5. 采购员小王借差旅费，应借记的会计科目是（　　）。

A. 其他应收款 B. 其他应付款
C. 应收账款 D. 预收账款

6. 企业进行资产重组时，一般应进行（　　）。
A. 定期清查 B. 不定期清查
C. 全面清查 D. 局部清查

7. 实地盘点法不适合于（　　）的清查。
A. 固定资产 B. 原材料
C. 银行存款 D. 库存现金

8. 编制银行存款余额调节表时，银行对账单调节后的余额是按（　　）调整的。
A. 银行对账单余额+企业已收银行未收-企业已付银行未付
B. 银行对账单余额-企业已收银行未收+企业已付银行未付
C. 银行对账单余额-银行已收企业未收+银行已付企业未付
D. 银行对账单余额+银行已收企业未收-银行已付企业未付

9. 某企业原材料盘亏，现查明原因，属于定额内损耗，按照规定予以转销，会计处理时应借记的账户是（　　）。
A. 销售费用 B. 制造费用
C. 管理费用 D. 营业外支出

10. 存货盘盈，经批准后一般应作为（　　）处理。
A. 冲减销售费用 B. 冲减制造费用
C. 冲减管理费用 D. 营业外收入

三、多选题

1. 采用实地盘存制，企业财产物资账簿的登记方法是（　　）。
A. 平时登记增加数 B. 平时不登记增加数
C. 平时登记减少数 D. 平时不登记减少数
E. 随时结出账面余额

2. 银行存款日记账的余额与银行对账单的余额不一致，原因可能有（　　）。
A. 银行记账错误 B. 企业记账错误
C. 存在应收项目 D. 存在应付项目
E. 存在未达账项

3. 按清查的范围不同，可将财产清查分为（　　）。
A. 全面清查 B. 局部清查
C. 定期清查 D. 内部清查
E. 外部清查

4. 财产清查按照清查的时间可分为（　　）。
A. 定期清查 B. 局部清查

C. 不定期清查 D. 全面清查
E. 内部清查

5. "账存实存对比表"是（ ）。
A. 财产清查的重要凭证 B. 会计账簿的重要组成部分
C. 调整账簿的原始凭证 D. 资产负债表的附表之一
E. 分析盈亏原因，明确经济责任的重要依据

6. 定期清查的时间一般为（ ）。
A. 年末 B. 单位合并时
C. 中外合资时 D. 半年末
E. 月末

7. 对于固定资产和存货物质的数量清查，一般采用（ ）。
A. 账面价值法 B. 实地盘点法
C. 对账法 D. 查询核实法
E. 技术推算法

8. "待处理财产损溢"账户借方登记的内容有（ ）。
A. 财产物质的盘亏数额 B. 财产物质的毁损数额
C. 财产物质的盘盈数额 D. 盘盈的转销数额
E. 盘亏的转销数额

9. 发现的财产物资盘亏数批准后可能转入的账户是（ ）。
A. "管理费用" B. "其他应收款"
C. "销售费用" D. "营业外支出"
E. "待处理财产损溢"

10. 企业盘亏固定资产时，未经批准转销前，应（ ）。
A. 借记"待处理财产损溢——待处理固定资产损溢"
B. 贷记"待处理财产损溢——待处理固定资产损溢"
C. 贷记"固定资产"
D. 借记"固定资产"
E. 借记"累计折旧"

四、判断题

1. 财产局部清查的特点是范围广、内容多、时间短、花费小、参与人员少、专业性较强。（ ）

2. 对仓库中的所有存货进行盘点属于全面清查。（ ）

3. 实地盘存制是指平时根据会计凭证在账簿中登记各种财产的增加数和减少数，在期末时再通过盘点实物，来确定各种财产的数量，并据以确定账实是否相符的一种盘存制度。（ ）

4. 实物资产盘点后，编制的"账存实存对比表"应作为调整实物资产账面余额记录的原始凭证。（   ）

5. 会计部门要在财产清查之前将所有的经济业务登记入账并结出余额。做到账账相符、账证相符，为财产清查提供可靠的依据。（   ）

6. 采用加权平均法，平时无法从账上提供发出和结存存货的单价及金额，因而不利于加强对存货的管理。所以，它只是理论上的一种方法，不为企业所采用。（   ）

7. 经批准转销固定资产盘亏净损失时，账务处理应借记"营业外支出"科目，贷记"固定资产清理"科目。（   ）

8. 存货盘亏、毁损的净损失一律记入"管理费用"科目。（   ）

9. 未达账项是指在企业和银行之间，由于凭证的传递时间不同，而导致了记账时间不一致，即一方已接到有关结算凭证已经登记入账，而另一方由于尚未接到有关结算凭证尚未入账的款项。（   ）

10. 企业库存现金应该每月清查一次。（   ）

五、业务题

（一）目的：练习财产清查的会计处理

资料：华联有限责任公司2022年12月31日进行财产清查，发现下列情况：

1. 甲材料盘亏10千克，单价每千克30元。经查系材料定额内损耗，批准后转入管理费用。

2. 乙材料毁损1 500千克，单价每千克15元。经查自然损耗200千克，计3 000元；管理人员失职丢失100千克，计1 500元；其余系暴风雨袭击仓库所致，保险公司同意赔偿5 000元，收回残料价值1 000元。

3. 职工张三借差旅费18 000元，以现金支付。

4. 盘亏设备一台，账面原价为65 000元，已提折旧为14 000元，经批准按其净值转作营业外支出。

5. 丙材料盘盈25千克，单价每千克20元，经查系材料收发过程中计量误差累计所致，批准后冲减管理费用。

6. 张三出差回来，报销差旅费6 000元。

7. 公司应付某单位货款10 000元，因该单位撤销而无法支付，经批准转作营业外收入。

8. 因意外事故导致张三去世，其前借款12 000元无法收回，经批准直接冲销，计入管理费用。

要求：根据以上经济业务编制会计分录。

（二）目的：练习银行存款余额调节表的编制

资料：假定2022年12月31日华联有限责任公司银行存款账面余额为52 373元，银行给出对账单余额为57 080元。经过逐项核对，发现双方不符的原因有：

1. 华联有限责任公司收到蓝天公司货款 7 000 元的转账支票一张，委托银行办理托收，并根据银行送回的收款通知联入账，但银行因手续尚未办妥，还未入账。

2. 华联有限责任公司 12 月 18 日向银行托收的兴业公司货款 8 800 元，银行已经收款入账，但华联有限责任公司因未收到银行的收款通知而未入账。

3. 华联有限责任公司 12 月 30 日开出支票 580 元，并已入账；但持票人未到银行取款，银行未入账。

4. 银行从华联有限责任公司存款中扣除结算的利息费用 3 000 元，但华联有限责任公司没有收到有关凭证而未入账。

5. 华联有限责任公司本月支付水电费 1 258 元，误记为 1 285 元。

6. 银行将伟力公司存入的支票 5 300 元，误记入华联有限责任公司账号。

要求：根据以上资料，编制 12 月底的银行存款余额调节表。

（三）目的：练习期末账项调整

资料：华联有限责任公司 2022 年 12 月份需要调整的有关项目如下：

1. 应计提固定资产折旧费 50 000 元。其中生产车间应计提 30 000 元，行政管理部门应计提 20 000 元。

2. 预提本月办公大楼租金 3 000 元。

3. 用银行存款支付明年一年报刊订阅费 6 000 元。

4. 月底收到第四季度利息 2 900 元，系企业存放在开户银行的流动资金所产生的利息（前两个月已预提 2 000 元）。

要求：根据上述资料编制调整分录。

（四）目的：练习存货计价方法

资料：华联有限责任公司 2022 年 7 月 1 日结存甲材料 1 000 千克，每千克实际成本 10 元。本月发生如下有关业务：

（1） 8 日，购入甲材料 2 000 千克，每千克实际成本 11 元，材料已验收入库。

（2） 15 日，发出甲材料 2 000 千克。

（3） 20 日，购入甲材料 1 000 千克，每千克实际成本 12 元，材料已验收入库。

（4） 26 日，发出甲材料 1 500 千克。

要求：根据上述资料，分别采用先进先出法、加权平均法、移动平均法计算发出存货成本，并填列在相关表格中。

六、案例分析题

资料：锦江公司在 2022 年 11 月 30 日将银行存款日记账与银行对账单进行核对，发现有一笔 15 万元的账项对不上，经过多方查找发现了一张银行到账的通知单被重复记账，马上进行了更正。12 月 31 日公司收到了银行对账单，经过编制银行存款余额调节表后发现有 3 笔未达账项，财务部根据银行对账单进行记账更正。

请问：财务部的处理是否正确？为什么？

第九章
财务会计报告

本章详细阐述了资产负债表、利润表的概念和编制方法，以及财务会计报告的报送、审批与汇总等内容。通过本章的学习，要求正确理解财务会计报告的概念、种类及编制要求；掌握资产负债表和利润表的概念、基本结构及其编制方法；了解财务报告的报送、审批和汇总。本章学习的重点是财务会计报告的概念、种类，资产负债表和利润表的结构与编制方法；学习的难点是资产负债表的编制方法。

第一节 财务会计报告概述

一、编制财务会计报告的意义

财务会计报告，是指企业对外提供的反映企业某一特定日期财务状况和某一会计期间经营成果、现金流量、所有者权益等会计信息的书面文件。如前所述，财务会计最终是通过财务会计报告形式对外揭示并传递财务信息的，所以编制财务会计报告是财务会计工作的一项重要内容，是财务会计核算的一项专门方法。

在会计日常核算工作中，企业、事业等单位通过设置和登记会计账簿，全面、连续、系统地记录和计算经济业务，借以反映经济活动情况和实行会计监督。但是，会计账簿所反映的经济内容是按照经济业务性质的不同分门别类地加以反映，也就是说企业所发生的经济业务都分散地记录在不同的账簿中去了，这不利于报表使用者全面了解企业的整体财务状况和经营成果，也不符合国家宏观经济管理的要求。因此，仅仅进行日常核算，还不能满足企业综合管理的要求，还需在日常核算的基础上，根据会计信息使用者的需要，定期将分散在账簿上的资料进一步归类整理，形成全面反映经济活动和财务成果的指标体系，这种对日常会计核算资料进行加工处理和分类整理的过程，就是财务会计报告编制的过程。

就其性质而言，编制财务会计报告的过程，也就是对已在账簿中归类记录、初步加工的会计数据，按会计要素进行第二次确认，使之转化为决策有用的财务信息的过程。通过财务会计报告传送的信息，对会计信息使用者有着重要的作用。

（1）对企业本身来说，财务会计报告所提供的资料，可以帮助企业管理层了解企业资产、负债、所有者权益的增减变动情况以及企业收入的取得、费用的开支、成本和盈利的形成情况及企业现金净流量的形成原因；分析检查企业的经济活动是否符合制度规定；考核企业资金、成本利润等计划指标完成程度；分析评价经营管理中的成绩和缺点，能及时发现经营管理中存在的问题，采取有效措施迅速改善经营管理，帮助企业进行未来经营计划和经营方针的决策。

（2）对投资人、债权人和其他利害有关人来说，财务会计报告是他们了解企业经营状况的主要工具。财务会计报告是企业财务会计确认与计量的最终结果体现，投资者等会计信息使用者主要是通过财务会计报告来了解企业当前的财务状况、经营成果和现金流量等情况，从而预测未来的发展趋势。因此，财务会计报告是向投资者等财务报告使用者提供决策有用信息的媒介和渠道，是沟通投资者、债权人等使用者与企业管理层之间信息的桥梁和纽带。

（3）对财政、税务部门来说，通过财务会计报告不仅可以了解企业生产经营情况的好坏和管理水平的高低，而且还能监督企业是否执行了国家的有关财经方针、政策，是否遵守了财经纪律，是否合理节约地使用资金，税金是否及时、足额上缴。此外，政府职能部门还可以对有关资料进行综合汇总，分析和考核国民经济运行情况，对宏观经济作出调控，为政府进行宏观控制提供决策依据。

总之，财务会计报告作为会计核算工作的结果，不仅能全面提供企业生产经营管理情况和财务状况，而且还可以对国家、上级主管部门、投资者、债权人等提供基本的会计信息。

二、财务会计报告的组成内容

财务会计报告包括会计报表及其附注和其他应当在财务会计报告中披露的相关信息和资料。

（一）会计报表

会计报表是财务会计报告的重要内容，企业会计准则中规定，会计报表至少应包括资产负债表、利润表、现金流量表和所有者权益变动表。会计报表的各个部分是相互联系的，它们从不同的角度说明企业的财务状况、经营成果和现金流量情况。

（二）会计报表附注

会计报表附注是对在会计报表中列示项目所作的进一步说明，以及对未能在这些报表中列示项目的说明等。附注由若干附表和对有关项目的文字性说明组成。企业编制附注的目的是通过对财务报表本身作补充说明，以更加全面、系统地反映企业财务状况、经营成果和现金流量的全貌，从而有助于向使用者提供更为有用的决策信息，帮助其做出更加科学合理的决策。

（三）其他相关信息

企业除了披露以上规定的会计报表外，还应披露其他相关信息，即应根据法律法规的规定和外部信息使用者的信息需求而披露其他信息。如社会责任、对社区的贡献和可持续发展能力等。

需要说明的是，由于本课程属基础会计，故财务会计报告一章只涉及资产负债表和利润表的编制，其他内容将在后续课程"中级财务会计"详细讲解。

三、企业会计报表的分类

不同的企业、事业和行政单位，会计报表的形式和内容不会是千篇一律的。各单位要编制哪些会计报表，要服从于国家宏观管理和各单位管理工作的实际需要。因此对外报送的财务会计报表的种类、格式、内容以及编表说明，应由国家统一，这样对外报送的财务会计报表所提供的信息才具有可比性。会计报表可以按不同标志进行分类。

（一）会计报表按编制用途分类

会计报表按编制用途不同分为外部报表和内部报表。目前国家规定的对外报送的报表有：资产负债表、利润表、现金流量表及所有者权益变动表，其格式和编制方法由国家统一规定；而内部报表是为企业内部各职能部门提供会计信息而编制的会计报表。这类会计报表一般都涉及企业的商业秘密，如生产成本及经营计划等，因而不宜公开，由企业财务部门自行设计，定期或不定期编制。内部报表一般有：成本报表、预测和决策方面的报表等。

（二）会计报表按经济内容分类

会计报表按经济内容不同可以分为四大类：一是反映企业某一特定日期财务状况的财务报表，如资产负债表；二是反映企业一定时期收支情况和经营成果的财务报表，如利润表；三是反映企业一定时期的财务状况变动及其原因的财务报表，如现金流量表；四是反映企业一定时期所有者权益增减变动及其原因的财务报表，如所有者权益变动表。

（三）会计报表按编制时间分类

会计报表按编制的时间，可分为月报、季报、半年报和年报。月报是按月编报，以简明扼要的形式反映企业某月份财务状况和经营成果；季报的编制按季度进行，它通常是将月报的内容累计，综合反映一个季度经营成果和财务状况；半年报是指前6个月结束后编制的会计报表，除了月报和季报外的内容外，还包括对重大事项的说明；年报是按会计年度编制和报送的，以全面反映会计主体全年经济活动、财务收支和财务成果的报表，它所提供的信息是最为完整齐全的。

（四）会计报表按其所反映的资金运动状况分类

会计报表按其所反映的资金运动状况，可分为静态报表和动态报表。静态报表是反映企业特定日期资产、负债和所有者权益情况的会计报表，如资产负债表。由于账户期末余额提供的是各项目的增减变动结果指标即静态指标，所以静态报表一般根据账户结余额填列；动态报表反映企业在一定时间内收入、费用、利润形成情况的会计报表，如利润表。由于企业各账户借、贷方发生额提供的是动态指标，因此,动态报表一般根据账户的发生额填列。

(五)会计报表按编制单位不同分类

会计报表按编制单位不同,可以分为基层报表和汇总报表。基层报表是指独立核算的企事业单位根据本单位日常核算资料编制的会计报表,反映的内容是本单位的财务状况、经营成果和现金流量;汇总报表是由基层单位的主管部门根据所属单位的会计报表和其他核算资料汇总编制的会计报表,反映的是同一地区、同一部门、同一行业的综合情况。

(六)会计报表按母、子公司之间关系分类

会计报表按母、子公司之间关系进行分类,可分为个别会计报表和合并会计报表。个别会计报表是由企业编制的单独反映本企业自身经营成果、财务状况及其变动情况的会计报表;合并会计报表是由企业集团对其他单位拥有控制权的母公司编制的综合反映企业集团整体经营成果、财务状况及其变动情况的会计报表。合并会计报表所包含的内容和报表指标与基层会计报表相同,只是其指标的数值中既包含母公司的情况,又包含其所属子公司或分支机构的情况。

四、会计报表设计的原则和基本内容

(一)会计报表设计的原则

会计报表是会计部门提供会计信息资料的重要手段,为了充分发挥会计信息的作用,在设计报表时,应当遵循以下主要原则:

1. 充分反映原则

充分反映原则是会计报表设计应遵循的重要原则。按此原则的要求,设计的会计报表必须使企业内外的报表使用者通过阅读报表,就能全面了解该单位的财务状况和经营情况,因此,会计报表提供的会计信息应该全面、概括,从不同方面反映经济活动相互联系的一系列报表。具体而言,包括以下内容:

(1)能反映企业的资产总额、权益总额及其增减变化情况;

(2)能反映企业的经营成果及其形成情况,包括收入情况、费用情况和利润总额及构成等情况;

(3)能反映企业与国家及其他利益关系人如投资人、债权人等的财务关系情况,如各项税金的缴纳情况、分给投资人利润情况、债权债务清偿情况、可转换债券的转换情况等;

(4)能反映企业一段时期内现金净流量状况及其形成原因等情况;

(5)能反映构成所有者权益的各组成部分当期的增减变动情况。

需要注意的是,资产负债表、利润表、现金流量表及所有者权益变动表等会计报表都采用货币作为计量单位来反映会计主体的经营情况。而企业许多经济信息往往难以用货币来衡量或者用数字进行定量化描述,然而,这些信息对报表使用者的分析判断起着同样重要的作用。因此,那些对分析财务状况和经营成果有重大影响的非数量资料,以及上述会计报表不能提示的数量资料,如企业经营方针、资产计价基础、会计处理方法的变更、重大财务活动、关联方交易等,应通过会计报表附注等形式加以充分披露,以便使财务报告使用者正确理解会计报表数据变动的原因,从而提高报表的使用效能。

2. 可比性原则

会计报表的可比性原则包括两层含义:一是指报表要按照规定的方法编制,项目指标口径一致,以便使同一时期不同企业之间的会计报表相互可比;二是指报表编制方法前后各期应当一致,不得随意变更,以便使同一企业的不同时期会计报表相互可比。

3. 清晰性原则

报表是会计部门向企业内外提供会计信息的重要手段,因此,会计报表项目的设置和分类以及列示方法,都应当遵循清晰明了、便于理解和利用的原则。具体而言,包括以下四层含义:

(1) 报表内项目的排列要清晰。项目的排列要有逻辑性,重要内容应排在表的突出位置,单独核算、单独反映;对于不重要的内容可简化、合并核算和反映。

(2) 有关数据的钩稽关系要清晰。对表内相同性质的各项目可适当作些小计,这样可使报表使用者减少计算工作量,提高报表的效用。

(3) 报表格式要标准。各行业内部各企业的同一报表格式应相同,各行业之间主要的报表格式也应相同或基本相同,以便数字的汇总和报表之间的可比。

(4) 简明扼要。一张报表包括的内容不宜过多过杂。

4. 便于分析原则

会计报表应当清晰易懂、方便分析。为此,设计的会计报表应做到表首清晰明了,项目分类明确,会计信息力求客观、统一、连贯。此外,为了方便报表使用者分析,在财务报表设计时,可以设置一些比较指标,以提高报表的分析性。例如,在报表中可设置"上年"与"本年""年初"与"年末"等专栏,以便反映发展趋势。

(二) 会计报表的基本内容

会计报表设计的要求总的看来是做到报表要素齐全并易于编制,也就是说,任何一张报表都必须具备一些内容,它们是:

(1) 报表名称和编号,即所编报表的名称和编号;

(2) 编制单位,即编制报表单位的名称;

(3) 报表日期,即编制报表的日期或报表所包括的会计期间;

(4) 计量单位,即货币单位,元、千元、万元等;

(5) 经济指标内容;

(6) 制表人和审核人;

(7) 补充资料。有的报表还需列出补充资料,其目的是为帮助财务报表阅读者理解报表的内容所做的解释。

五、会计报表的编制要求

企业的会计报表是向投资者、债权人、政府有关部门及其他报表使用者提供会计信息。为适应投资者主体多元化对会计信息的需求，会计报表必须按一定程序和方法，并按一定的要求进行编制。数字准确、内容完整是会计信息的质量要求，报送及时是报表使用者对会计信息的时效要求。因此，编制会计报表的基本要求是数字准确、内容完整、报送及时。

（一）数字准确

企业会计报表必须如实反映生产经营活动和财务收支情况，因此数字一定要真实、准确，如果会计报表提供的会计信息不是真实可靠，其至提供虚假财务报告，这样不仅不能发挥会计信息应有的作用，而且会导致利用扭曲的信息，使报表使用者作出错误的决策。为使数字准确可靠，企业编制的报表，必须以核实后的账簿记录为依据，不能以估计的数字和推算的数字编制，更不允许以任何方式弄虚作假，隐瞒谎报。数字的真实性是编制会计报表的首要条件，只有如实反映情况，才能使政府有关部门、投资人、债权人等，对企业作出正确的结论。为使会计报表数字真实、正确，在编制财务报表时，必须做到：

（1）按期结账。在结账之前，所有发生的收入、支出、债权债务，应该摊销或预提的费用以及其他已经完成的经济活动和财务收支事项，都应全部登记入账；并依照相关规定的结账日进行结账，结出有关会计账簿的发生额和余额。

（2）认真对账和进行财产清查。对于各种账簿记录，在编制报表之前，必须认真的审查和核对，对有关财产物资进行盘点和清查，对应收、应付款项和银行存（借）款进行查询核对，以达到账证相符、账账相符、账实相符。

（3）在结账和对账及财产清查的基础上，通过编制总分类账户本期发生额试算平衡表以验算账目有无错漏，为正确编制会计报表提供可靠的数据。在编制报表以后，还必须认真复核，做到账表相符，报表与报表之间有关数字衔接一致。

（二）内容完整

企业会计报表的种类、格式和内容是根据多方面需要而制定的，只有按规定的项目和内容进行编报，才能全面反映企业的财务状况和经营成果，使有关方得到必要的资料，不能只填几个主要指标和少送任何报表。因此，每个单位都必须按照统一规定的报表种类、格式和内容编制财务报表，以保证财务报表的完整性。对不同的会计期间（月、年）应当编报的各种会计报表，必须编报齐全；应当填列的报表指标，必须全部填列；应当汇总编制的所属各单位的会计报表，必须全部汇总，不得漏编、漏报。

（三）报送及时

信息的特征就是具有时效性，只有及时的编报，才有助于报表使用者及时了解编报单位的财务状况和经营成果,迅速准确的进行决策;也便于有关部门及时进行汇总。要保证会计报表编报及时,必须加强日常的核算工作,认真做好记账、算账、对账和财产清查,调整账面工作;同时还应加强会计部门与企业内部各有关部门的配合协作,使日常核算工作能均衡有序地进行,但不能为赶财务报表而提前结账,更不应为了提前报送而影响报表质量。月度会计报表通常应于月份终了后6天对外提供;季度会计报表应当于季度终了后15天内对外提供;半年度会计表应当于年度中期结束后60天内对外提供;年度会计报表应于年度终了后4个月内对外提供。

第二节 资产负债表的编制

一、资产负债表的概念和作用

资产负债表是反映企业在某一特定日期财务状况的报表。它是根据资产、负债和所有者权益之间的相互关系,按照一定的分类标准和一定的顺序,把企业一定日期的资产、负债和所有者权益各项目予以适当排列,并对日常工作中形成的大量数据进行高度浓缩整理后编制而成的。它表明企业在某一特定日期所拥有或控制的经济资源、所承担的现实义务和所有者对企业净资产的要求权。

资产负债表是主要财务报表之一,也是最重要的财务报表,它所提供的信息对国家、投资人、债权人及其他报表使用者有着重要的作用。

(1)企业管理者通过资产负债表提供的信息,可以了解企业所拥有或控制的经济资源和承担的责任、义务;了解资产、负债各项目的构成比例是否合理;通过对前后资产负债表的对比分析,可以了解企业一定时期的经营活动、经营成果等对企业资产、负债和所有者权益的影响,从而了解企业财务状况的变动趋势。

(2)企业的投资者通过资产负债表提供的信息,可以考核企业管理人员是否有效地利用了现有的经济资源,是否使资产得到了增值,从而对企业管理人员的业绩进行考核评价,并据以作为是否继续投资的依据。

(3)企业投资人和供应商通过资产负债表提供的信息,可以了解企业的偿债能力与支付能力及现有财务状况,为他们分析企业财务风险,预测企业发展前景,作出贷款决策、营销决策提供必要的信息。

(4)财政、银行、税务等部门根据资产负债提供的信息,可以了解企业贯彻执行有关方针、政策的情况;了解企业缴纳税款的情况,以便进行宏观调控。

二、资产负债表的局限性

信息使用者在利用资产负债表时,不仅需要了解资产负债表的重要作用,还必须对其局限性有足够的认识。资产负债表的局限性主要表现在以下几个方面:

(一) 资产负债表并没有反映企业所有的资产和负债

由于会计的确认和计量需要遵循可计量原则和可靠性原则，因此，那些无法用货币计量或不能可靠计量的重要经济资源和义务信息，就不能在资产负债表中得到反映。如企业自创的商誉；矿物、天然气或石油的已发现价值；牲畜、木材的生长价值；各种执行中的赔偿合同；管理人员的报酬合约；企业所承担的社会责任、信用担保等。因而，充分披露会计信息的要求，严格说来，是没有达到的。

(二) 资产负债表上的不少信息是人为估计的

作为会计日常核算的继续和总结，资产负债表所反映的内容也要受到会计基本假设、基本准则和业务性准则的影响，所以有不少地方要涉及会计估计。例如坏账准备的提取，需要对坏账的百分比加以估计；固定资产折旧的计提，需要对固定资产的使用年限进行估计。人为估计的数据难免或多或少地带有一些主观的成分，从而影响资产负债表所提供信息的客观性。

(三) 资产负债表对不同的资产项目采用了不同的计价方法

资产项目的计量，受到不同计价方法和会计原则的制约。例如，遵循历史成本计量属性和稳健性原则，对银行存款按其账面价值表示，对应收账款按照扣除备抵坏账后的净值表示等。这样由于不同资产采用不同的计价方法，资产负债表得出的合计数失去了可比的基础并变得令人费解和缺乏可比性，影响了会计信息的相关性。

(四) 物价变动使得以历史成本为基础的资产负债表难以真实地反映企业的财务状况

现行的资产负债表是以历史成本报告为基础，它提供的信息虽然具有客观性和可核实性的优点，但是在物价变动比较大的环境下，资产负债表上资产的历史成本必然与编制日现实的价值发生较大程度的背离，从而降低了资产负债表提供信息的可靠性与相关性。

三、资产负债表的结构和格式

(一) 资产负债表的结构

资产负债表是由资产、负债、所有者权益三个会计要素板块组成，并按"资产＝负债+所有者权益"的平衡关系将这三个要素联系起来，从而形成该表的基本结构。为了提供这三个要素的具体信息，各要素均按照一定的分类标准和一定的次序进行排列。

1. 资产类项目

资产类项目包括流动资产和非流动资产。资产类项目是按其流动性大小或按变现能力的强弱来排列的，流动性越大的排在越前面，流动性越小的排在越后面。

2. 负债类项目

负债类项目包括流动负债和非流动负债。负债类项目是按照债务偿还期长短排列的，债务偿还期越短的排在越前面，偿还期越长的排在越后面。

3. 所有者权益类项目

所有者权益类项目包括实收资本、资本公积、盈余公积和未分配利润。所有者权益类项目是按照稳定性程度来排列的,越稳定的项目排在越前面,越不稳定的项目排在越后面。

(二)资产负债表的格式

资产负债表各会计要素及要素项目的不同排列方式,形成了该表的具体格式。资产负债表的格式多种多样,常见的有报告式和账户式两种。

1. 报告式资产负债表

报告式资产负债表也称垂直式资产负债表,是将列入资产负债表的各项目垂直排列,先列示资产,然后列示负债,最后列示所有者权益。资产总额=负债总额+所有者权益总额,或者资产总额-负债总额=所有者权益总额。其简化格式如表 9-1 所示。

表 9-1 资产负债表(报告式)

编制单位:　　　　　　　　　　　___年__月__日　　　　　　　　　　单位:元

项目	金额	
	期末余额	年初余额
资产: 　流动资产 　非流动资产 　资产合计		
负债: 　流动负债 　非流动负债 　负债合计		
所有者权益: 　实收资本 　资本公积 　盈余公积 　未分配利润 　所有者权益合计		

2. 账户式资产负债表

账户式资产负债表是将表分为左右两方,资产项目列示在左方,负债和所有者权益列示在右方,左右双方总计金额平衡。其简化格式如表 9-2 所示。

表 9-2　资产负债表（账户式）

编制单位：　　　　　　　　　　　　　　年　月　日　　　　　　　　　　　　　　单位：元

资产	金额		负债和所有者权益	金额	
	期末余额	年初余额		期末余额	年初余额
流动资产：			流动负债：		
货币资金			短期借款		
应收票据			应付票据		
应收账款			应付账款		
预付款项			预收款项		
其他应收款			应付职工薪酬		
存货			应交税费		
流动资产合计			应付利息		
			应付利润（股利）		
			其他应付款		
			流动负债合计		
非流动资产：			非流动负债：		
固定资产			长期借款		
在建工程			非流动负债合计		
无形资产			负债合计		
非流动资产合计			所有者权益：		
			实收资本（股本）		
			资本公积		
			盈余公积		
			未分配利润		
			所有者权益合计		
资产总计			负债和所有者权益总计		

从表 9-2 可以看出，账户式资产负债表的优点是资产和权益之间的平衡关系一目了然，因此，世界各国普遍采用这种格式，我国的资产负债表也采用此格式。

四、资产负债表的编制方法

财务报表的编制主要依赖于企业审核无误的账簿记录，但是并不是所有的账簿信息都可以进入财务报表。财务报表提供的信息要求是高度概括和浓缩的，而账簿信息既包括总分类账提供的信息，也包括明细分类账提供的信息。所以，账簿信息比报表信息详细得多，因而，肯定有些账簿信息是不能转化为报表信息的，即使进入财务报表的账簿信息，也不可能全部原封不动在报表上加以揭示。账簿信息最终以何种方式在报表中列示，则主要取决于报表的性质、作用、格式以及企业管理需要等方面的因素。故在填列报表时，有的项目直接根据有关账户的期末余额填列，有的项目根据有关账户的期末余额分析计算填列，有的项目则根据有关账户资料进行加工、调整计算填列。其具体方法归纳起来主要有以下四种：

（一）直接根据总分类账户余额填列

资产负债表中大部分项目都可以根据总分类账户期末余额直接填列，如"短期借款""应付票据""应付职工薪酬""应交税费""应付利息""应付利润""实收资本（或股本）""资本公积""盈余公积"等项目，应根据有关总账科目的余额填列。

（二）根据几个总分类账户余额分析计算填列

资产负债表中有些项目需要根据若干个总分类账户余额分析计算填列，如"货币资金"项目，应根据"库存现金""银行存款""其他货币资金"三个总账科目余额的合计数填列。类似的还有"存货"项目、"利润分配"项目等。

（三）根据总账科目和明细账科目的余额分析计算填列

如"长期借款"项目，需根据"长期借款"总账科目余额扣除"长期借款"科目所属的明细科目中将在资产负债表日起一年内到期且企业不能自主地将清偿义务展期的长期借款后的金额计算填列。

（四）根据几个明细分类账户余额分析计算填列

如"应付账款"项目，应根据"应付账款"和"预付账款"两个科目所属的相关明细科目的期末贷方余额合计数填列；又如"应收账款"项目，应根据"应收账款"和"预收账款"两个科目所属的相关明细科目的期末借方余额合计数填列。类似的还有"预付账款"项目、"预收账款"项目等。

五、资产负债表中各项目的填列方法

（一）年初数的填列方法

资产负债表"年初数"栏内各项数字，应根据上年末资产负债表"期末数"栏内所列数字填列。

（二）年末数的填列方法

资产负债表"期末数"栏主要是根据资产类账户和负债类、所有者权益类账户的期末余额和其他有关资料填列的。由于本书讲解的是会计学原理方面的知识，故在此只列示会计学原理所涉及的业务与科目的填列方法。

1. "货币资金"项目，反映企业库存现金、银行存款、外埠存款、银行汇票存款、银行本票存款、信用证保证金存款等的合计数。本项目应根据"库存现金""银行存款""其他货币资金"账户的期末余额合计数填列。

2. "应收票据"项目，反映企业因销售商品、产品和提供劳务等而收到的商业汇票。本项目应根据"应收票据"账户的期末余额填列。

3. "应收账款"项目，反映企业因销售商品、产品和提供劳务等应向购买单位收取的各种款项。本项目应根据"应收账款"账户所属各明细科目的期末借方余额合计,加上"预收账款"账户所属各明细科目的期末借方余额合计数填列。

4. "预付款项"项目,反映企业预付给供应单位的款项。本项目应根据"预付账款"账户所属各明细科目的期末借方余额合计,加上"应付账款"账户所属各明细科目的期末借方余额合计数填列。

5. "其他应收款"项目,反映企业对其他单位和个人的应收和暂付的款项。本项目应根据"其他应收款"账户所属各明细科目的期末借方余额合计,加上"其他应付款"账户所属各明细科目的期末借方余额合计数填列。

6. "存货"项目,反映企业期末库存的各项存货的实际成本,包括各种材料、在产品、产成品等。本项目应根据"在途物资""原材料""生产成本""库存商品"等账户期末余额的合计数填列。

7. "流动资产合计"项目,反映企业一年内(含一年)变现或耗用资产的金额,应根据上述各项目的合计数填列。

8. "固定资产"项目,反映企业的各种固定资产的净值。本项目应根据"固定资产"账户余额减去"累计折旧"账户余额后的金额填列。

9. "在建工程"项目,反映企业期末各项未完工程的实际支出。本项目应根据"在建工程"账户的期末余额填列。

10. "无形资产"项目,反映企业持有的无形资产,包括专利权、商标权、著作权等。本项目应根据"无形资产"账户的期末余额填列。

11. "非流动资产合计"项目,反映企业一年以上变现或耗用资产的金额,应根据上述非流动资产项目的合计数填列。

12. "资产总计"项目,反映企业的资产总额,应根据上述各种资产的合计数计算填列。

13. "短期借款"项目,反映企业借入尚未归还的一年期以下(含一年)的借款。本项目应根据"短期借款"账户的期末余额填列。

14. "应付票据"项目,反映企业购买原材料、商品和接受劳务供应等开出的、承兑的商业汇票。本项目应根据"应付票据"账户的期末余额填列。

15. "应付账款"项目,反映企业购买原材料、商品和接受劳务供应等应付给供应单位的款项。本项目应根据"应付账款"账户所属各明细账的期末贷方余额合计,加上"预付账款"账户所属各明细账的期末贷方余额合计数填列。

16. "预收款项"项目,反映企业预收购买单位的账款。本项目应根据"预收账款"账户所属各明细账的期末贷方余额合计,加上"应收账款"账户所属各明细账的期末贷方余额合计数填列。

17. "应付职工薪酬"项目,反映企业应付而未付的职工工资及各种薪酬。本项目应根据"应付职工薪酬"账户的期末余额填列。

18. "应交税费"项目,反映企业期末未交、多交或未抵扣的各种税金和其他费用。本项目应根据"应交税费"账户的期末贷方余额填列;如"应交税费"账户期末为借方余额,则以"-"号填列。

19."应付利息"项目,反映企业按照规定应当支付的利息。本项目应根据"应付利息"账户的期末余额填列。

20."应付利润"项目,反映企业期末应付未付给投资者及其他单位和个人的利润。应根据"应付利润"账户的期末余额填列。如果该账户为借方余额,则以"-"号填列。

21."其他应付款"项目,反映企业所有应付和暂收其他单位和个人的款项。本项目应根据"其他应付款"账户所属各明细科目的期末贷方余额合计,加上"其他应收款"账户所属各明细科目的期末贷方余额合计数填列。

22."流动负债合计"项目,反映企业一年内(含一年)应偿还的负债金额。本项目应根据上述各流动负债项目的合计数填列。

23."长期借款"项目,反映企业借入的尚未归还的一年期以上(不含一年)的借款本息。本项目应根据"长期借款"账户的期末余额填列。

24."非流动负债合计"项目,反映企业超过一年(不含一年)应偿还的负债金额。本项目应根据各非流动负债项目的合计数填列。

25."负债合计"项目,反映企业的负债总金额。本项目应根据上述"流动负债合计"加上"非流动负债合计"的金额计算填列。

26."实收资本(或股本)"项目,反映企业各投资者实际投入的资本(或股本)总额。本项目应根据"实收资本(或股本)"账户的期末余额填列。

27."资本公积"项目,反映企业资本公积的期末余额。本项目应根据"资本公积"账户的期末余额填列。

28."盈余公积"项目,反映企业盈余公积的期末余额。本项目应根据"盈余公积"账户的期末余额填列。

29."未分配利润"项目,反映企业尚未分配的利润。本项目应根据"本年利润"账户和"利润分配"账户的余额计算填列。未弥补的亏损,在本项目内以"-"号填列。

30."所有者权益合计"项目,反映企业的所有者在企业资产中享有的权益数。本项目应根据上述各所有者权益项目的合计数填列。

31."负债和所有者权益总计"项目,反映企业的债权人和所有者在企业资产中所享有的权益。本项目应根据"负债合计"项目和"所有者权益合计"项目计算填列。

六、资产负债表的运用举例

现以工业企业为例,简要说明资产负债表的编制方法。

扬城有限责任公司 2022 年 12 月 31 日各账户期末余额见表 9-3。

表9-3 扬城有限责任公司2022年12月31日各账户期末余额　　单位：元

账户名称	借方余额 一级科目	借方余额 明细科目	贷方余额 一级科目	贷方余额 明细科目
库存现金	6 000			
银行存款	250 000			
应收账款 　其中：A单位 　　　　B单位 　　　　C单位	20 000	8 000 17 000		5 000
在途物资	30 000			
原材料	35 000			
生产成本	22 000			
库存商品	94 000			
预付账款 　其中：D单位 　　　　E单位	75 000	85 000		10 000
其他应收款	2 000			
固定资产	150 000			
累计折旧			45 000	
短期借款			70 000	
应付账款 　其中：X单位 　　　　Y单位 　　　　T单位		30 000	48 000	68 000 10 000
预收账款 　其中：Z单位 　　　　S单位		7 000	19 000	26 000
应付职工薪酬			31 000	
应交税费	75 000			
实收资本			450 000	
资本公积			66 000	
盈余公积			20 000	
利润分配			10 000	
合计	759 000		759 000	

根据表9-3资料，计算资产负债表中的各项目金额，并填入到资产负债表中。

如表 9-4 所示。

表 9-4 资产负债表

编制单位：扬城有限责任公司　　　2022 年 12 月 31 日　　　　　　　　单位：元

资产	期末余额	年初余额（略）	负债和所有者权益	期末余额	年初余额（略）
流动资产：			流动负债：		
货币资金	256 000		短期借款	70 000	
应收票据			应付票据		
应收账款	32 000		应付账款	88 000	
预付款项	115 000		预收款项	31 000	
其他应收款	2 000		应付职工薪酬	31 000	
存货	181 000		应交税费	−75 000	
流动资产合计	586 000		应付利息		
			应付利润		
			其他应付款		
			流动负债合计		
非流动资产：			非流动负债：	145 000	
固定资产	105 000		长期借款		
在建工程			非流动负债合计		
无形资产			负债合计		
非流动资产合计	105 000		所有者权益：	145 000	
			实收资本		
			资本公积	450 000	
			盈余公积	66 000	
			未分配利润	20 000	
			所有者权益合计	10 000	
				546 000	
资产总计	691 000		负债和所有者权益总计	691 000	

计算过程如下：

1. 货币资金＝6 000（库存现金）＋250 000（银行存款）＝256 000（元）
2. 应收账款＝（8 000＋17 000）（应收账款明细账借方余额合计）＋7 000（预收账款明细账借方余额合计）＝32 000（元）
3. 预付款项＝85 000（预付账款明细账借方余额合计）＋30 000（应付账款明细账借方余额合计）＝115 000（元）
4. 其他应收款＝2 000（元）
5. 存货＝30 000（在途物资）＋35 000（原材料）＋22 000（生产成本）

+94 000（库存商品）= 181 000（元）

　　6. 固定资产 = 150 000（固定资产）-45 000（累计折旧）= 105 000（元）

　　7. 短期借款 = 70 000（元）

　　8. 应付账款 =（68 000+10 000）（应付账款明细账的期末贷方余额合计）+10 000（预付账款明细账的期末贷方余额合计）= 88 000（元）

　　9. 预收款项 = 26 000（预收账款明细账的期末贷方余额合计）+5 000（应收账款明细账的期末贷方余额合计）= 31 000（元）

　　10. 应付职工薪酬 = 31 000（元）

　　11. 应交税费 = -75 000（元）

　　12. 实收资本 = 450 000（元）

　　13. 资本公积 = 66 000（元）

　　14. 盈余公积 = 20 000（元）

　　15. 未分配利润 = 10 000（元）

第三节　利润表的编制

一、利润表的概念及作用

　　利润表又称损益表，是反映企业在一定会计期间的经营成果的会计报表。它把一定时期的收入与同一会计期间相关的费用进行配比，以计算出企业一定时期的税后净利润。利润表所提供的盈利或亏损资料，往往是衡量管理成就的主要依据；对于投资者、债权人以及税务机关等有关方面都具有重要作用。

　　（1）投资人可以根据利润表提供的信息，比较、分析企业不同时期获利能力的变化，据此来判断是否投资或再投资，投资到哪一个部门；债权人可以预测、评价企业的债务偿还能力，决定是否维持、增加或收缩对企业的信贷，以及再次投资的条件。

　　（2）利润表还可帮助企业管理者分析、评价企业利用现有经济资源的能力，并考核其经营管理绩效；也可以通过比较、分析利润表中各项构成因素，评价各项收入、费用及损益之间的消长趋势；还可以帮助管理者发现经营管理中存在的问题，揭露矛盾，找出差距，以便改善经营管理，作出合理的决策。

　　（3）利润表提供的资料还是国家行政管理部门进行宏观调控的工具，是税务、银行等部门对企业创造的利润和税金上缴情况进行检查的依据；依据利润表提供的资料，可以满足各方面对企业经营成果进行分析、评价，并为他们的决策提供资料。

二、利润表的结构和内容

　　利润表的格式有单步式和多步式两种。

(一) 单步式利润表

单步式利润表是将一定会计期间的所有收入加在一起,然后再把所有费用、支出加在一起,两者相减,一次计算出当期净利润。其基本结构如表9-5所示。

表9-5 利润表(单步式)

编制单位： ＿＿年＿月 单位:元

项目	本期金额	上期金额
收入 　　××收入 　　××收入 　　××收入 　　××收入 　　收入合计 费用 　　××成本 　　××税金 　　××费用 　　费用合计		
净利润		

单步式利润表具有步骤简化、结构简单、易于理解和编制简便的特点。但其难以满足报表使用者的需要,因为根据这种报表所提供的资料,反映不出企业利润的构成内容,而是把企业所有的收入和费用等内容掺合在一起,不分层次和步骤,既无法判断企业营业性收益与非营业性收益对实现利润的影响,也无法判断主营业务收益与附营业务收益对实现利润的影响,也不便于对未来盈利能力的预测。因此,在我国,单步式利润表主要用于那些业务比较单纯的服务咨询行业。

(二) 多步式利润表

多步式的利润表是按照利润的构成内容分层次、分步骤地逐步、逐项计算编制而成的报表。按照这一要求,企业净利润的计算一般有以下三个步骤:

净利润=利润总额-所得税费用

利润总额=营业利润+营业外收入-营业外支出

营业利润=营业收入-营业成本-税金及附加-销售费用-管理费用
　　　　　-财务费用

多步式利润表格式如表9-6所示。

表 9-6 利润表（多步式）

编制单位：　　　　　　　　　　　　年　月　　　　　　　　　　　单位：元

项目	本期金额	上期金额
一、营业收入		
减：营业成本		
税金及附加		
销售费用		
管理费用		
财务费用		
二、营业利润		
加：营业外收入		
减：营业外支出		
三、利润总额		
减：所得税费用		
四、净利润		
五、其他综合收益的税后净额		
六、综合收益总额		
七、每股收益		

多步式利润表是根据经营活动的主次和经营活动对企业利润的贡献情况排列编制。它能够科学地揭示企业利润及构成内容的形成过程，从而便于对企业生产经营情况进行分析，有利于不同企业之间进行比较，有利于预测企业今后的盈利能力。因此，世界大多数国家多采用多步式利润表。按国际惯例，我国现行会计制度和会计准则也采用了多步式利润表格式。

三、利润表的编制方法

利润表中的大部分项目都可以根据账户的发生额分析填列。如税金及附加、销售费用、管理费用、财务费用、营业外收入、营业外支出、所得税费用等；也有部分项目是根据各项目之间的关系计算演列。如营业利润、利润总额、净利润等。

1. 利润表"本期金额"栏反映各项目的本月实际发生额，该栏应根据各项目本月实际发生数填列。

2. 利润表"上期金额"栏反映各项目的上期实际发生额，该栏应根据上期利润表中的"本期金额"栏内所列数字填列。

3. "营业收入"项目，反映企业经营主要业务和其他业务所确认的收入总额。

本项目应根据"主营业务收入"和"其他业务收入"账户的本期发生额合计分析填列。

4. "营业成本"项目,反映企业经营主要业务和其他业务所发生的成本总额。本项目应根据"主营业务成本"和"其他业务成本"账户的本期发生额合计分析填列。

5. "税金及附加"项目,反映企业销售商品、提供劳务等业务应负担的各种税费。本项目应根据"税金及附加"账户的本期发生额分析填列。

6. "销售费用"项目,反映企业在销售商品和提供劳务等经营业务过程中所发生的各项销售费用。本项目应根据"销售费用"账户的本期发生额分析填列。

7. "管理费用"项目,反映企业本期发生的各种管理费用。本项目应根据"管理费用"账户的本期发生额分析填列。

8. "财务费用"项目,反映企业本期发生的财务费用。本项目应根据"财务费用"账户的本期发生额分析填列。

9. "营业利润"项目,反映企业进行经营活动所取得的利润。本项目应根据公式"营业收入-营业成本-税金及附加-销售费用-管理费用-财务费用=营业利润"计算填列。

10. "营业外收入"项目和"营业外支出"项目,反映企业发生的与生产经营无直接关系的各项收入和支出。这两个项目应分别根据"营业外收入"和"营业外支出"账户的本期发生额分析填列。

11. "利润总额"项目,反映企业实现的利润,应根据公式"营业利润+营业外收入-营业外支出=利润总额"计算填列,如为亏损,则以"-"号填列。

12. "所得税费用"项目,反映企业按规定从当期损益中扣除的所得税。该项目应根据"所得税费用"账户的本期发生额分析填列。

13. "净利润"项目,反映企业缴纳所得税后的净利润。本项目应根据公式"利润总额-所得税费用=净利润"计算填列,如为亏损,则以"-"号填列。

需要说明的是:由于利润表中"其他综合收益的税后净额"项目、"综合收益总额"项目和"每股收益"项目等披露内容较为复杂,本教材不作讲解,具体核算内容将在后续课程"中级财务会计"讲授。

四、利润表的运用举例

1. 扬城有限责任公司2022年12月31日所有损益类账户的余额见表9-7所示。

表 9-7　科目余额表　　　　　　　　　　　　单位：元

账户名称	借方余额	贷方余额
主营业务收入		300 000
其他业务收入		50 000
营业外收入		20 000
主营业务成本	180 000	
其他业务成本	20 000	
税金及附加	20 000	
管理费用	30 000	
财务费用	12 000	
销售费用	10 000	
营业外支出	2 000	
所得税费用	15 000	

2. 根据以上资料编制该企业 2022 年 12 月份利润表，如表 9-8 所示。

表 9-8　利润表

编制单位：　　　　　　2022 年 12 月　　　　　　单位：元

项目	本期余额	上期余额
一、营业收入	350 000	略
减：营业成本	200 000	
税金及附加	20 000	
销售费用	10 000	
管理费用	30 000	
财务费用	12 000	
二、营业利润	78 000	
加：营业外收入	20 000	
减：营业外支出	2 000	
三、利润总额	96 000	
减：所得税费用	15 000	
四、净利润	81 000	

第四节　财务会计报告的报送、审批和汇总

一、财务会计报告的报送

财务会计报告是反映各会计主体财务状况、经营成果和现金流量的书面文件。为了充分发挥会计报告的作用，各会计主体应定期向投资者、债权人、有关政府部

门以及其他报表使用者提供财务会计报告。我国《会计法》明确规定：财务会计报告编制完成后，在报送前，必须由本单位会计机构的负责人或会计主管人员和单位负责人进行认真复核并签名或盖章；设置总会计师的单位还要由总会计师审核盖章，主要是复核报表的项目是否填列齐全，补充资料填列是否完整，是否附有必要的编制说明，报表与报表的有关指标是否衔接一致。经复核无误的财务会计报告应依次编定页数，加具封面，装订成册，盖上有关人员印章并加盖公章。封面上应注明：单位名称、地址、主管部门、开业日期、报表所属年度和月份、送出日期等。

各个会计主体应向哪些部门或单位报送财务会计报告，这同各单位的隶属关系、经济管理和经济监督的需要有关，如国有企业一般要向上级主管部门、开户银行、财政、税务机关等单位报送财务会计报告；同时，还应向投资者、债权人以及其他与企业有关的报表使用者提供财务会计报告。公开发行股票的股份有限公司还应向证券交易机构和证券监督管理委员会等提供年度有关财务会计报告，以便这些部门和机构能够及时利用各单位财务会计报告的信息和数据资料，发挥这些部门职能作用。

财务会计报告报送的期限，一方面应考虑需要财务会计报告的有关单位对财务会计报告的需要程度，另一方面又要考虑编报单位的机构、组织形式、编报工作量大小以及编报单位所在地的交通条件等因素，正确规定财务会计报告的报送期限。这样有利于各编制单位如期报送财务会计报告，便于及时汇总和利用财务会计报告，以发挥其应有的作用。

上市公司的财务会计报告需要经注册会计师审计，企业应当将注册会计师及其会计师事务所出具的审计报告随同财务会计报告一并对外提供。

另外要注意的是，单位领导人对财务报告的合法性、真实性负法律责任。任何人不得篡改或者授意、指使、强令他人篡改财务会计报告的有关数字。会计机构、会计人员对指使、强令编造、篡改财务会计报告行为，应当制止和纠正；制止和纠正无效的，应当向上级主管单位报告，请求处理。

二、财务会计报告的审批

财务会计报告的审批是对上级主管部门或总公司而言的。对于基层单位报送的财务会计报告，上级主管部门或总公司应及时进行审核和批复。对于财务会计报告的审核，主要从两个方面来进行审核：一是审核财务会计报告的编制、报送是否符合规定，即检查报表是否存在技术方面的问题，如报表的种类、报表的签章是否符合规定，报表的数字计算是否准确，报表间的数字钩稽是否正常、报表项目的完整性，附注及补充资料的完备性等。二是审核财务会计报告的内容是否符合我国《会计法》及《企业会计准则》的要求，如资金使用和管理是否符合《现金管理条例》及有关结算制度的要求；利润计算与利润分配是否符合有关法规的规定。税金的缴纳是否及时、足额，有无拖欠税款等情况。

财务会计报告经过审核，如果发现填报错误或手续不全，应及时通知填报单位更正或补办手续，如果发现违反国家法令制度，应当查明原因，严肃处理。上级部门对基层单位报来的财务会计报告审核之后，要进行批复。企业对上级主管部门的批复意见，应认真研究执行，需要调整账务的，须及时进行调整。经过批复的财务会计报告是重要的经济档案，应按规定妥善保存。

三、财务会计报告的汇总

企业是国民经济的微观基础，企业所报送的财务会计报告应经过一定的汇总，逐级上报，才能得到一个地区、行业或部门乃至一个国家的会计信息。汇总财务会计报告是由上级管理部门或总公司将所属企业的财务会计报告进行整理、汇总另行编制的财务会计报告。上级主管部门或总公司收到所属单位报来的财务会计报告，首先应进行严格的审核，其次根据会计准则的要求，对所属企业上报的会计报表逐级编报汇总会计报表。

复习思考题

一、名词解释

1. 财务会计报告
2. 会计报表附注
3. 资产负债表
4. 利润表
5. 其他相关信息

二、单选题

1. 下列账户余额，可能在资产负债表中用负数填列的是（　　）。
   A. "应收账款"账户　　　　　　B. "应交税费"账户
   C. "累计折旧"账户　　　　　　D. "无形资产"账户
2. 我国对外报告的资产负债表的格式是（　　）。
   A. 单步式　　　　　　　　　　B. 多步式
   C. 账户式　　　　　　　　　　D. 报告式
3. 按照会计报表所反映的内容分类，利润表属于（　　）。
   A. 财务状况报表　　　　　　　B. 经营成果报表
   C. 成本费用报表　　　　　　　D. 对内会计报表
4. "应收账款"科目所属明细科目如有贷方余额，应在资产负债表（　　）项目中反映。
   A. 预付账款　　　　　　　　　B. 预收账款
   C. 应收账款　　　　　　　　　D. 应付账款

5. 资产负债表的下列项目中，需要根据几个总账账户的期末余额进行汇总填列的是（　　）。
   A. 应收账款　　　　　　　　　　B. 短期借款
   C. 累计折旧　　　　　　　　　　D. 货币资金

6. 财务会计报告的主体和核心是（　　）。
   A. 会计报表　　　　　　　　　　B. 会计报表附注
   C. 指标体系　　　　　　　　　　D. 其他相关信息

7. 下列选项中，反映了资产负债表内有关所有者权益项目排列顺序的是（　　）。
   A. 实收资本、盈余公积、资本公积、未分配利润
   B. 实收资本、资本公积、盈余公积、未分配利润
   C. 实收资本、资本公积、未分配利润、盈余公积
   D. 实收资本、未分配利润、资本公积、盈余公积

8. 某企业期末"应付账款"总账账户为贷方余额260 000元，其所属明细账户的贷方余额合计为330 000元，所属明细账户的借方余额合计为70 000元；"预付账款"总账账户为借方余额150 000元，其所属明细账户的借方余额合计为200 000元，所属明细账户的贷方余额合计为50 000元。则该企业资产负债表中"应付账款"项目的期末数应为（　　）元。
   A. 380 000　　　　　　　　　　B. 260 000
   C. 150 000　　　　　　　　　　D. 270 000

9. 资产负债表中的资产项目是按（　　）的顺序排列的。
   A. 相关性大小　　　　　　　　　B. 重要性大小
   C. 可比性高低　　　　　　　　　D. 流动性大小

10. 资产负债表中，负债项目是按照（　　）进行排列的。
    A. 变现能力　　　　　　　　　　B. 盈利能力
    C. 清偿债务的先后顺序　　　　　D. 变动性

三、多选题

1. 资产负债表中，"未分配利润"项目期末数的填列方法是（　　）。
   A. 根据利润分配总账科目贷方余额直接填列
   B. 根据利润分配明细科目贷方余额直接填列
   C. 年度中间，根据"本年利润"和"利润分配"总账科目期末余额分析计算填列
   D. 年末，根据利润分配总账科目贷方余额直接填列
   E. 年末，根据利润分配总账科目借方余额直接填列

2. 下列会计报表中，属于对外报送并反映财务状况的报表有（　　）。

A. 利润表 B. 利润分配表
C. 资产负债表 D. 现金流量表
E. 制造费用表

3. 财务会计报告中的会计报表至少应当包括（　　）。
A. 资产负债表 B. 成本报表
C. 利润表 D. 现金流量表
E. 所有者权益变动表

4. 在编制资产负债表中，应根据总账科目的期末余额直接填列的项目有（　　）。
A. 应收账款 B. 应收票据
C. 固定资产 D. 应付账款
E. 短期借款

5. 资产负债表的"存货"项目应根据下列总账科目的合计数填列的有（　　）。
A. 库存商品 B. 自制半成品
C. 在建工程 D. 低值易耗品
E. 委托加工物资

6. 下列资产负债表项目中需根据明细科目分析填列的是（　　）。
A. 应收账款 B. 预收账款
C. 应付账款 D. 预付账款
E. 存货

7. 关于资产负债表，下列说法中正确的有（　　）。
A. 又称为财务状况表
B. 可据以分析企业的经营成果
C. 可据以分析企业的债务偿还能力
D. 可据以分析企业在某一日期所拥有的经济资源及其分布情况
E. 可据以分析企业的现金流量流入流出的具体情况

8. 利润表中的"营业成本"项目填列的依据有（　　）。
A. "营业外支出"发生额
B. "主营业务成本"发生额
C. "其他业务成本"发生额
D. "税金及附加"发生额
E. "所得税费用"发生额

9. 会计报表按照编制单位不同可以分为（　　）。
A. 个别会计报表 B. 合并会计报表
C. 基层会计报表 D. 汇总会计报表

E. 累计会计报表

10. 根据国家统一会计制度的规定，单位对外提供的财务会计报告应当由单位有关人员签字并盖章。下列各项中，应当在单位对外提供的财务会计报告上签字并盖章的有（　　）。

A. 单位负责人　　　　　　　　B. 总会计师
C. 会计机构负责人　　　　　　D. 单位内部审计人员
E. 出纳人员

四、判断题

1. 会计报表按其反映的经济内容，可以分为动态会计报表和静态会计报表。资产负债表是反映在某一特定时期内企业财务状况的会计报表，属于静态会计报表。（　　）

2. 企业可以根据需要不定期编制财务会计报告。（　　）

3. 会计报表是综合反映企业资产、负债和所有者权益的情况及一定时期的经营成果和现金流量的书面文件。（　　）

4. 利润表中"营业成本"项目，反映企业销售产品和提供劳务等主要经营业务的各项销售费用和实际成本。（　　）

5. 资产负债表中所有者权益内部各个项目按照流动性或变现能力排列。（　　）

6. 资产负债表中"货币资金"项目，应主要根据"银行存款"各种结算账户的期末余额填列。（　　）

7. "应收账款"科目所属明细科目期末有贷方余额的，应在资产负债表"预收账款"项目内填列。（　　）

8. 年度终了，除"未分配利润"明细科目外，"利润分配"科目下的其他明细科目应当无余额。（　　）

9. 利润表是反映企业某一特定日期经营成果的会计报表。（　　）

10. 目前国际上比较普遍的利润表的格式主要有多步式和单步式两种。为简便明晰起见，我国企业采用的是单步式利润表格式。（　　）

五、业务题

（一）目的：练习资产负债表的编制

1. 资料：华联有限责任公司2022年10月份部分总账及明细账期末余额资料如下：

会计科目	总分类账		明细分类账	
	借方	贷方	借方	贷方
库存现金	5 000			
银行存款	86 000			
应收账款	4 000			
——乙单位			4 000	
预收账款		20 000		28 000
——丙单位				
——乙单位			8 000	
应交税费	7 500			
——应交增值税			7 500	
本年利润		94 200		
生产成本	8 000			
利润分配	10 000			
库存商品	12 000			

2. 要求：

根据上述资料，填制资产负债表以下项目的金额：

① 货币资金   （   ）

② 应收账款   （   ）

③ 应交税费   （   ）

④ 未分配利润 （   ）

⑤ 存货   （   ）

(二) 目的：练习利润表的编制

1. 资料：华联有限责任公司 2022 年 10 月 31 日各项收入、费用账户的资料如下（单位：元）：

主营业务收入	1 000 000
主营业务成本	500 000
销售费用	30 000
税金及附加	80 000
管理费用	90 000
财务费用	20 000
其他业务收入	150 000
营业外收入	40 000
营业外支出	50 000
其他业务成本	80 000
所得税费用	85 000

2. 要求：根据上述资料编制华联有限责任公司2022年10月份的利润表。

六、案例分析题

资料：某市一个体小商店，老板想了解他的企业在一年之内的经营状况。得知你学的是会计专业，向你寻求帮助。他将全年的财务资料以12月31日为终止日期发给了你，如下。

有关会计事项　　　　　　　　　　　　单位：元

支付给员工的工资	3 744
年末货车价值	4 800
销售成本	70 440
自付薪水	15 600
销售收入	110 820
年末商店和土地的价值	60 000
保险柜里的现金和银行中存款	2 100
其他费用（包括电费、电话费等）	10 500
年末欠供应商的款项	2 400

通过调查，你获知地产的价值仍维持在一年前的相同水平上。另一方面，货车一年前价值6 000元，但是，现在经过一年的折旧，价值比以前减少了。

请问：

（1）该商店一年来的经营业绩如何？

（2）该商店年末的财务状况如何？

（3）如果不计算折旧在内，该杂货商一年的净收益应是多少？

第十章
会计核算组织程序

本章在研究会计凭证和会计账簿的基础上,介绍了各种凭证和各种账簿结合使用的方式,即会计核算组织程序问题。通过本章的学习,要求掌握记账凭证核算组织程序、科目汇总表核算组织程序、汇总记账凭证核算组织程序、分录日记账核算组织程序的特点和适用范围;理解各种具体核算组织程序的异同;了解选用会计核算组织程序的原则。本章学习的重点是记账凭证核算组织程序、科目汇总表核算组织程序和分录日记账核算组织程序;学习的难点是汇总记账凭证核算组织程序。

第一节 会计核算组织程序概述

一、会计核算组织程序的概念及意义

(一)会计核算组织程序的概念

日常核算资料是运用会计的一系列核算方法提供的反映日常经济活动的各种核算指标。在经济业务发生以后,通过设置会计科目、复式记账、填制会计凭证、登记账簿、成本计算等一系列会计核算的专门方法取得了日常核算资料,特别是通过填制会计凭证、登记账簿,对经济业务进行不断的归类、加工整理、汇总综合,最后在账簿中形成比较系统的核算资料,再将这些分散在账簿中的日常核算资料,按照预先规定的指标体系进一步归类、综合、汇总,并通过编制报表将其排列成系统的指标体系。在对日常经济业务的逐层加工、汇总、综合的过程中,填制会计凭证是核算资料的收集及初步分类,登记账簿是核算资料的分类整理,编制报表是核算资料的再加工。

在资料的收集阶段,要求会计凭证的填制具有全面性、真实性,并对经济业务进行初步归类。为此,各会计主体应根据经济业务的具体内容,根据登记账簿的需要,设计会计凭证的种类、格式。通常根据需要设计各种格式的原始凭证及收付款凭证和转账凭证等记账凭证。在核算资料的分析整理阶段,要求账簿的登记必须系统、连续地分类反映各项经济业务的内容,为此设置不同的账簿种类及格式,如序时账、总分类账和明细分类账等,每一账簿又有不同格式,如明细账有三栏式、多

栏式和数量金额式等。为了反映经济活动的全貌，需要对账簿提供的核算资料进行综合，使会计核算的过程进入再加工阶段。这个阶段要求编制的会计报表具有综合性、可比性、通用性；需要统一设计财务报表的种类、格式和内容，如资产负债表、利润表、现金流量表等的格式和内容。填制会计凭证、登记账簿、编制报表都是会计核算的重要方法，都有特定的目的、原则和手段，但它们不是孤立的，而是相互联系的，也就是说编制报表的资料主要来源于账簿，报表的内容对账簿的种类、格式和记录内容又有制约作用；账簿的登记依据是会计凭证，账簿的种类、格式又决定着会计凭证的种类和格式。正是由于会计凭证、账簿、报表三者之间存在着相互联系、相互制约的关系，而且三者的相互关系以及各种凭证之间、账簿之间、报表之间的配合，决定着会计核算资料的全面性、综合性、及时性。因此，每一个会计主体都应该根据实际情况，设计会计凭证、账簿、财务报表及其相应的编制程序，即会计核算组织程序。

会计核算组织程序也称账务处理程序，或会计核算形式，它是指会计循环中，会计主体采用的会计凭证、会计账簿、会计报表的种类和格式与记账程序有机结合的方法和步骤。

对于会计核算组织程序的基本含义，可结合图 10-1 进行理解。

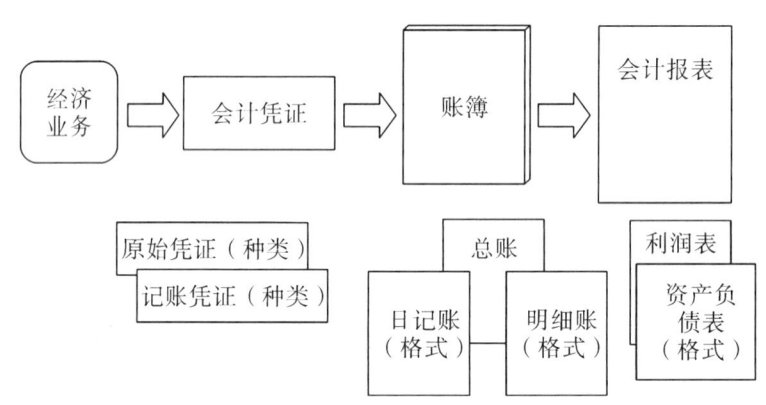

图 10-1 会计核算组织程序基本含义理解图

（二）会计核算组织程序的意义

会计核算组织程序是否科学合理，会对整个会计核算工作产生诸多方面的影响。确定科学合理的会计核算组织程序，对于保证能够准确、及时提供系统而完整的会计信息，具有十分重要的意义，也是会计部门和会计人员的一项重要工作。

1. 有利于规范会计核算组织工作

会计核算工作需要会计部门和会计人员之间的密切配合，有了科学合理的会计核算组织程序，会计机构和会计人员在进行会计核算的过程中就能够做到有序可循，按照不同的责任分工，有条不紊地处理好各个环节上的会计核算工作。

2. 有利于保证会计核算工作质量

在进行会计核算的过程中，保证会计核算工作的质量是对会计工作的基本要求。建立科学合理的会计核算组织程序，形成加工和整理会计信息的正常机制，是提高会计核算工作质量的重要保证。

3. 有利于提高会计核算工作效率

会计核算工作效率的高低，直接关系到会计信息提供上的及时性和有用性。按照既定的会计核算组织程序进行会计信息的处理，将会大大提高会计核算的工作效率。

4. 有利于节约会计核算工作成本

组织会计核算的过程也是对人力、物力和财力的消耗过程，因此，要求会计核算本身也要讲求经济效益。会计核算组织程序安排科学合理，选用的会计凭证、会计账簿和会计报表种类适当，格式适用，数量适中，在一定程度上也能够节约会计核算的工作成本。

二、设计会计核算组织程序的原则

会计主体在设计选用适合本单位会计核算组织程序时，应遵循以下原则：

（一）应从本会计主体的实际情况出发

应充分考虑本会计主体经济活动的性质、经营管理的特点、规模的大小、经济业务的繁简以及会计机构和会计人员的设置等因素，使会计核算组织程序与本单位会计核算工作的需要相适应。

（二）应以保证会计核算质量为立足点

确定会计核算组织程序，要保证能够准确、及时和完整地提供系统而完备的会计信息资料，以满足会计信息的使用者了解会计信息，并据以作出经济决策的需要。

（三）应力求降低会计核算成本

在满足会计核算工作需要，保证会计核算工作质量，提高会计核算工作效率的前提下，力求简化核算手续，节省核算时间，降低核算成本。

（四）应有利于建立会计工作岗位责任制

确定会计核算组织程序，要有利于会计部门和会计人员的分工与合作，有利于明确各会计人员工作岗位的职责。

第二节　手工环境下的会计核算组织程序

手工环境下常用的会计核算组织程序主要有以下几种：记账凭证核算组织程序、汇总记账凭证核算组织程序和科目汇总表核算组织程序等。

一、记账凭证核算组织程序

(一) 记账凭证核算组织程序的概念

记账凭证核算组织程序是指根据经济业务发生以后所填制的各种记账凭证直接逐笔登记总分类账簿,并定期编制会计报表的一种账务处理程序。它是一种最基本的核算组织程序,其他核算组织程序都是在此基础上发展演变而形成的。

在记账凭证核算组织程序下,采用的记账凭证、会计账簿和会计报表种类很多,其格式也各异。记账凭证可采用"收款凭证""付款凭证"和"转账凭证"等专用的记账凭证格式,也可以采用通用记账凭证格式。"库存现金日记账"和"银行存款日记账"一般采用收、付、余三栏式;总分类账簿一般采用借、贷、余三栏式;明细分类账簿一般可根据核算需要采用借、贷、余三栏式、数量金额式或多栏式。记账凭证核算组织程序下的会计凭证、会计账簿和会计报表的种类与格式如图 10-2 所示。

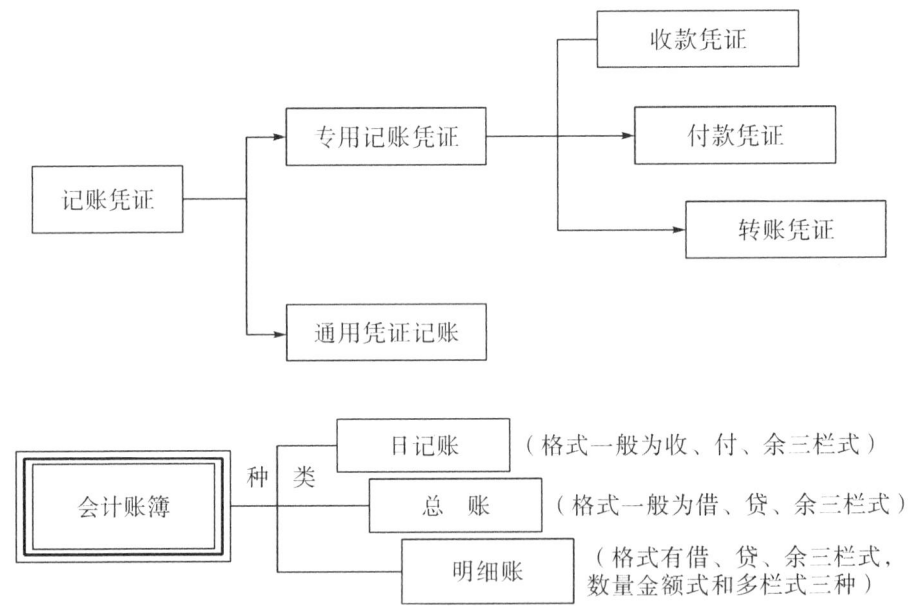

图 10-2 记账凭证核算组织程序下采用的会计凭证与会计账簿的种类图示

在记账凭证核算组织程序下使用的会计报表主要有利润表、资产负债表和现金流量表等。报表的种类不同,格式也不尽相同。由于在国家颁布的企业会计准则中对于会计报表的种类和格式已有统一规定,不论在什么样的会计核算组织程序下,会计报表的种类与格式都不会有大的变动。会计报表的具体种类和格式以及编制方法已在本书的第九章中详细讲述过,因此,在研究会计核算组织程序的过程中,对会计报表的种类与格式不再作探讨。

（二）记账凭证核算组织程序下账务处理的基本步骤

记账凭证核算组织程序的账务处理基本步骤如图 10-3 所示。

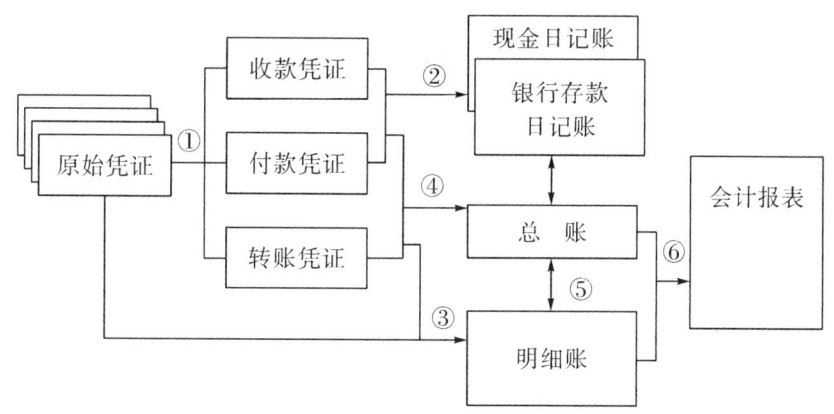

图 10-3　记账凭证核算组织程序图

程序基本步骤说明：

（1）根据经济业务发生所取得的原始凭证或原始凭证汇总表编制各种专用记账凭证；

（2）根据收款凭证、付款凭证逐日逐笔地登记库存现金日记账和银行存款日记账；

（3）根据记账凭证并参考原始凭证或原始凭证汇总表，逐笔登记各种明细分类账；

（4）根据各种记账凭证逐笔登记总分类账。

（5）月末，将日记账、明细分类账的余额与总分类账中相应账户的余额进行核对；

（6）月末，根据总分类账和明细分类账资料编制会计报表。

（三）记账凭证核算组织程序的特点、优缺点及适用范围

1. 记账凭证核算组织程序的特点

记账凭证核算组织程序的特点是：直接根据各种记账凭证逐笔登记总分类账。

各种会计核算组织程序在账务处理的做法上有共同之处，如登记各种日记账和明细分类账，不论哪种核算组织程序在做法上基本是相同的。将各种会计核算组织程序相比较，它们的特点主要体现在对总分类账的登记方法上。直接根据各种记账凭证逐笔登记总分类账，是记账凭证核算组织程序与其他核算组织程序截然不同的做法，也是记账凭证核算组织程序的一个鲜明特点。

2. 记账凭证核算组织程序的优点、缺点

（1）记账凭证核算组织程序的优点表现为以下几点：

①在记账凭证上能够清晰地反映账户之间的对应关系。当一笔经济发生以后，利用一张记账凭证就可以编制出该经济业务的完整会计分录。

②总分类账上能够比较详细地反映经济业务的发生情况。

③总分类账登记方法简单,易于掌握。

(2)记账凭证核算组织程序的缺点主要有以下几点:

①总分类账登记工作量过大。对发生的每一笔经济业务都要根据记账凭证逐笔在总分账中进行登记,其实际上与登记日记账和明细分类账的做法一样,是一种简单的重复登记,势必会增大登记总分类账的工作量,特别是在经济业务量比较大的情况下更是如此。

②账页耗用多,预留账页多少难以把握。由于总分类账对发生的所有经济业务要重复登记一遍,势必会耗用更多的账页,造成一定的账页浪费。如果是在一个账簿上设置多个账户,由于登记业务的多少很难预先确定,对于每一个账户应预留多少账页很难把握,预留过多会形成浪费,预留过少又会影响账户登记上的连续性。

3. 记账凭证核算组织程序的适用范围

记账凭证核算组织程序一般只适用于规模较小、经济业务量比较少、会计凭证不多的会计主体。

二、汇总记账凭证核算组织程序

(一)汇总记账凭证核算组织程序的概念

汇总记账凭证核算组织程序是根据各种专用记账凭证定期汇总编制汇总记账凭证,然后根据汇总记账凭证登记总分类账簿,并定期编制会计报表的一种账务处理程序。

汇总记账凭证是对日常会计核算过程中所填制的专用记账凭证,按照凭证的种类,采用一定的方法定期进行汇总而重新填制的一种记账凭证。在采用汇总记账凭证核算组织程序的情况下,可以不必再根据各种专用记账凭证逐笔登记总分类账簿,而是根据汇总记账凭证上的汇总数字登记有关的总分类账簿,这样可以减少登记总分类账簿的工作量。由此可见,汇总记账凭证核算组织程序是在记账凭证核算组织程序的基础上发展演变而来的一种会计核算组织程序。

在汇总记账凭证核算组织程序下,采用的记账凭证与会计账簿种类也很多。从记账凭证角度看,使用汇总记账凭证,包括汇总收款凭证、汇总付款凭证和汇总转账凭证是汇总记账凭证核算组织程序的独特之处。使用的会计账簿与记账凭证核算组织程序基本相同。汇总记账凭证核算组织程序下的会计凭证、会计账簿的种类与格式如图10-4所示。

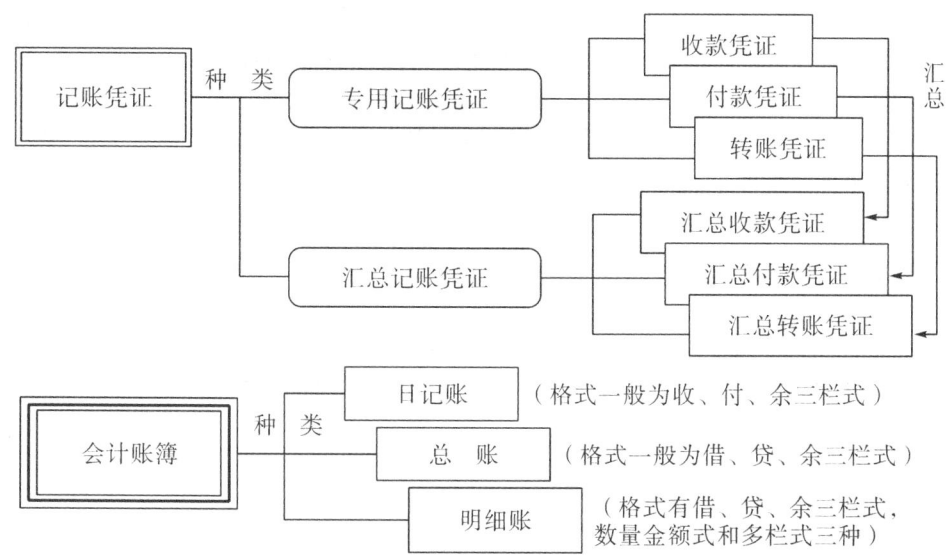

图 10-4 汇总记账凭证核算组织程序下采用的会计凭证与会计账簿种类图示

（二）汇总记账凭证的种类与编制方法

汇总记账凭证是在填制的各种专用记账凭证的基础上，按照一定的方法进行汇总编制而成的。汇总记账凭证的种类不同，汇总编制的方法也有所不同。

1. 汇总收款凭证的编制方法

汇总收款凭证按日常核算工作中所填制的专用记账凭证中的收款凭证上会计分录的借方科目设置汇总收款凭证，按分录中相应的贷方科目定期（如每5天或10天等）进行汇总，每月编制一张。汇总时计算出每一个贷方科目发生额合计数，填入汇总收款凭证的相应栏次。

由于收款凭证上反映的是收款业务，因而必须围绕反映货币资金收入的会计科目（"库存现金"或"银行存款"等）进行汇总。在借贷记账法下，这些科目的增加又应在借方登记。因此，编制汇总收款凭证时要求按"借方科目设置"，就是要求按"库存现金"或"银行存款"设置汇总记账凭证上的主体科目，以其为主进行汇总。

"按分录中相应的贷方科目汇总"，其中的"贷方科目"是指收款凭证上会计分录中"库存现金"或"银行存款"的对应科目。尽管在一定的会计期间内，企业可能会发生若干笔收款业务，但由于有些经济业务是重复发生的，就需要填制若干份在会计科目上完全相同的收款凭证。例如：企业每次销售产品收到货款存入银行，会计分录都是借记"银行存款"，贷记"主营业务收入"和"应交税费"等。这样，就可以根据贷方科目在一定会计期间内的若干次发生额定期进行汇总，编制汇总收款凭证。

经过上述汇总过程得到的各个贷方科目发生额的合计数，就是这些账户在一定会计期间发生额的总和。其可以根据各次的汇总数分次登记到有关账簿中去，也可以在月末时对各次汇总数字相加，求得该账户的全月发生额合计，一次性登记到有关账簿中去。对以上各账户的发生额合计数进行合计，也就是所汇总的主体科目"库存现金"或"银行存款"在该会计期间的借方发生额总额，可据其分次或月末一次登记"库存现金"或"银行存款"账户。

【例10-1】扬城有限责任公司根据2022年12月发生的收款业务所填制的收款凭证编制汇总收款凭证，其格式如表10-1所示。

表10-1 汇总收款凭证

借方账户：银行存款　　　　　　2022年12月　　　　　　汇收字：001号

贷方账户	金额				总账页数	
	1—10日收款凭证	11—20日收款凭证	21—31日收款凭证	合计	借方	贷方
主营业务收入	2 000	10 000		12 000	下略	下略
应交税费	500	1 700		2 200		
应收账款	200		30 000	30 200		
合计	2 700	11 700	30 000	44 400		

会计主管：　　　　记账：　　　　审核：　　　　制单人：

为了便于编制汇总收款凭证，在日常编制收款凭证时，会计分录的形式最好是一借一贷、一借多贷，不宜多借一贷或多借多贷。这是由于汇总收款凭证是按借方科目设置的，多借一贷或多借多贷的会计分录都会给编制汇总收款凭证带来一定的不便，或者会造成收款凭证在汇总过程中由于被多次重复使用而产生汇总错误，或者造成会计账户之间的对应关系变得模糊难辨。

2. 汇总付款凭证的编制方法

汇总付款凭证按日常核算工作中所填制的专用记账凭证中的付款凭证上会计分录的贷方科目设置汇总付款凭证，按分录中相应的借方科目定期（如每5天或10天等）进行汇总，每月编制一张。汇总时计算出每一个借方科目发生额合计数，填入汇总付款凭证的相应栏次。

【例10-2】扬城有限责任公司根据2022年12月发生的付款业务所填制的付款凭证编制汇总付款凭证，其格式如表10-2所示。

表 10-2　汇总付款凭证

贷方账户：银行存款　　　　　　　　2022 年 12 月　　　　　　　　汇付字：002 号

借方账户	金额				总账页数	
	1—10 日付款凭证	11—20 日付款凭证	21—31 日付款凭证	合计	借方	贷方
材料采购	20 000		10 000	30 000	下略	下略
应交税费	3 400		1 700	5 100		
销售费用	500			500		
库存现金	1 000			1 000		
合计	24 900		11 700	36 600		

会计主管：　　　　记账：　　　　审核：　　　　制单人：

为了便于编制汇总付款凭证，在日常编制付款凭证时，会计分录的形式最好是一借一贷、一贷多借，不宜一借多贷或多借多贷。这是由于汇总付款凭证是按贷方科目设置的，一借多贷或多借多贷的会计分录都会给编制汇总付款凭证带来一定的不便，或者会造成付款凭证在汇总过程中由于被多次重复使用而产生汇总错误，或者造成会计账户之间的对应关系变得模糊难辨。

3. 汇总转账凭证的编制方法

汇总转账凭证按日常核算工作中所填制的专用记账凭证中的转账凭证上会计分录的贷方科目设置汇总转账凭证，按分录中相应的借方科目定期（如每 5 天或 10 天等）进行汇总，每月编制一张。汇总时计算出每一个借方科目发生额合计数，填入汇总转账凭证的相应栏次。

为了便于编制汇总转账凭证，在日常编制转账凭证时，会计分录的形式最好是一借一贷、一贷多借，不宜一借多贷或多借多贷。这是由于汇总转账凭证是按贷方科目设置的，一借多贷或多借多贷的会计分录都会给编制汇总转账凭证带来一定的不便。

【例 10-3】扬城有限责任公司根据 2022 年 12 月发生的转账业务所填制的转账凭证编制汇总转账凭证，其格式如表 10-3 所示。

表 10-3　汇总转账凭证

贷方账户：应交税费　　　　　　　　2022 年 12 月　　　　　　　　汇转字：004 号

借方账户	金额				总账页数	
	1—10 日转账凭证	11—20 日转账凭证	21—31 日转账凭证	合计	借方	贷方
税金及附加	5 000		3 000	8 000	下略	下略
其他业务成本	400			400		

表10-3(续)

借方账户	金额				总账页数	
	1—10日 转账凭证	11—20日 转账凭证	21—31日 转账凭证	合计	借方	贷方
管理费用	600			600		
合计	6 000		3 000	9 000		

会计主管：　　　　　　记账：　　　　　　审核：　　　　　　制单人：

（三）汇总记账凭证核算组织程序下账务处理的基本步骤

汇总记账凭证核算组织程序下账务处理的基本步骤可通过图10-5表示。

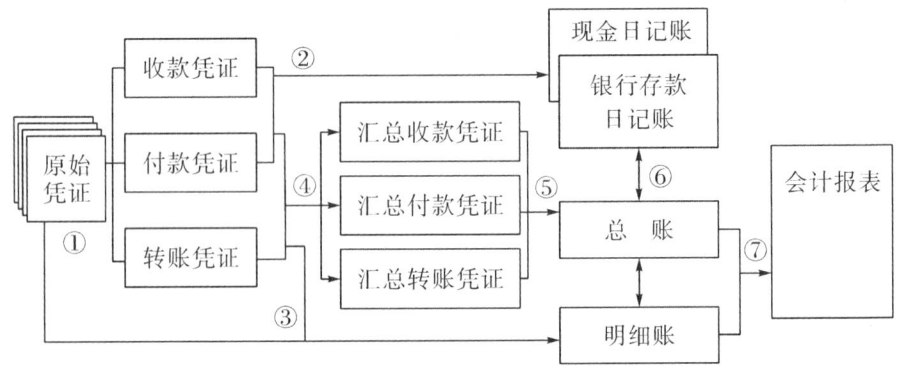

图10-5　汇总记账凭证核算组织程序的账务处理的基本程序图

程序基本步骤说明：

（1）根据经济业务发生所取得的原始凭证或原始凭证汇总表编制各种专用记账凭证；

（2）根据收款凭证、付款凭证逐日逐笔登记库存现金日记账和银行存款日记账；

（3）根据记账凭证并参考原始凭证或原始凭证汇总表，逐笔登记各种明细分类账；

（4）根据各种记账凭证分别编制汇总收款凭证、汇总付款凭证和汇总转账凭证；

（5）根据各种汇总记账凭证汇总登记总分类账；

（6）月末，将日记账、明细分类账的余额与总分类账中相应账户的余额进行核对；

（7）月末，根据总分类账和明细分类账资料编制会计报表。

（四）汇总记账凭证核算组织程序的特点、优缺点及适用范围

1. 汇总记账凭证核算组织程序的特点

汇总记账凭证核算组织程序的特点是：定期将全部记账凭证分别编制汇总收款

凭证、汇总付款凭证和汇总转账凭证，根据各种汇总记账凭证上的汇总数字登记总分类账簿。

2. 汇总记账凭证核算组织程序的优点、缺点

（1）汇总记账凭证核算组织程序的优点主要有：

①在汇总记账凭证上能够清晰地反映账户之间的对应关系。汇总记账凭证是采用按会计科目对应关系进行分类汇总的办法，能够清晰反映出有关账户之间的对应关系。

②可以大大减少登记总分类账簿的工作量。在汇总记账凭证核算组织程序下，可以根据汇总记账凭证上有关账户的汇总发生额，在月份当中定期或月末一次性登记总分类账，可以使登记总分类账的工作量大为减少。

（2）汇总记账凭证核算组织程序的缺点主要有：

①定期编制汇总记账凭证的工作量比较大。对发生的经济业务首先要填制专用记账凭证，在此基础上，还需要定期分类地对这些专用记账凭证进行汇总，编制作为登记总分类账依据的汇总记账凭证，增加了编制汇总记账凭证的工作量。

②对汇总过程中可能存在的错误难以发现。编制汇总记账凭证是一项比较复杂的工作，容易产生汇总错误。而且汇总记账凭证本身又不能体现出有关数字之间的平衡关系，即使存在汇总错误也很难发现。

3. 汇总记账凭证核算组织程序的适用范围

由于汇总记账凭证核算组织程序具有能够清晰地反映账户之间的对应关系和能够减轻登记总分类账的工作量等优点，它一般只适用于规模较大、经济业务量比较多、专用会计凭证也较多的会计主体。

三、科目汇总表核算组织程序

（一）科目汇总表核算组织程序的概念

科目汇总表核算组织程序是指根据各种记账凭证先定期（或月末一次）按会计科目汇总编制科目汇总表，然后根据科目汇总表登记总分类账，并定期编制会计报表的账务处理程序。科目汇总表核算组织程序也是在记账凭证核算组织程序的基础上发展和演变而来的。

（二）科目汇总表的格式与编制方法

科目汇总表也是根据专用记账凭证汇总编制而成的。基本编制方法是：根据一定时期内的全部记账凭证，按照相同会计科目进行归类，定期（每10天或15天，或每月一次）分别汇总每一个账户的借、贷双方的发生额，并将其填列在科目汇总表的相应栏内，借以反映全部账户的借、贷方发生额。根据科目汇总表登记总分类账时，只需要将该表中汇总起来的各科目的本期借、贷方发生额的合计数，分次或月末一次记入相应总分类账的借方或贷方即可。

"科目汇总表"的基本格式与前面所述的发生额试算平衡表很相似，其格式如

表 10-4 所示。

表 10-4 科目汇总表

2022 年 12 月　　　　　　　　　　　　　　　　　　　　　　单位：元

会计科目	1—15 日 借方	1—15 日 贷方	16—31 日 借方	16—31 日 贷方	本月合计 借方	本月合计 贷方	总账页数
库存现金	150 000	150 740		1 500	150 000	152 240	
银行存款	5 295 000	4 104 100	104 000	76 500	5 399 000	4 180 600	
应收账款			134 000		134 000	0	
在途物资	280 540	280 540	18 200	18 200	298 740	298 740	
原材料	280 540	189 000	18 200		298 740	189 000	
预付账款	10 000			10 000	10 000	10 000	
库存商品			111 000	150 000	111 000	150 000	
固定资产	3 800 000				3 800 000	0	
累计折旧			30 000	0		30 000	
应付账款	41 000	150 000		41 000	41 000	191 000	
短期借款		241 000			0	241 000	
应付职工薪酬	150 000			150 000	150 000	150 000	
应交税费	42 000		57 100		99 100	0	
应付利润	20 000			16 000	20 000	16 000	
预收账款		10 000	10 000		10 000	10 000	
实收资本		5 040 000			0	5 040 000	
盈余公积				15 000	0	15 000	
本年利润			282 600	362 400	282 600	362 400	
利润分配			32 000		32 000	0	
生产成本	175 000		135 800	111 000	310 800	111 000	
制造费用	6 000		29 000	35 000	35 000	35 000	
主营业务收入		95 000	361 000	266 000	361 000	361 000	
主营业务成本			150 000	150 000	150 000	150 000	
税金及附加			36 100	36 100	36 100	36 100	
销售费用			5 000	5 000	5 000	5 000	
管理费用	10 300		58 900	69 200	69 200	69 200	

表10-4(续)

会计科目	1—15日 借方	1—15日 贷方	16—31日 借方	16—31日 贷方	本月合计 借方	本月合计 贷方	总账页数
营业外收入			1 400	1 400	1 400	1 400	
营业外支出			1 300	1 300	1 300	1 300	
合计	10 260 380	10 260 380	1 545 600	1 545 600	11 805 980	11 805 980	

应当注意的是："科目汇总表"虽然也是经过汇总而编制的，但与汇总记账凭证的汇总方法有所不同。"科目汇总表"是按各个会计科目的发生额分别进行汇总的，形成的是一张表格，而不是三种汇总的记账凭证。根据科目汇总表登记总分类账时，只需要将科目汇总表中各有关科目的本期借、贷方发生额合计数，分次或月末一次记入相应总分类账的借方或贷方即可。另外，采用科目汇总表时，凭证的编号方法也有一定的变化，应以"科汇字第×号"字样按月连续编号。

(三) 科目汇总表核算组织程序下账务处理的基本步骤

科目汇总表核算组织程序的账务处理基本程序如图10-6所示。

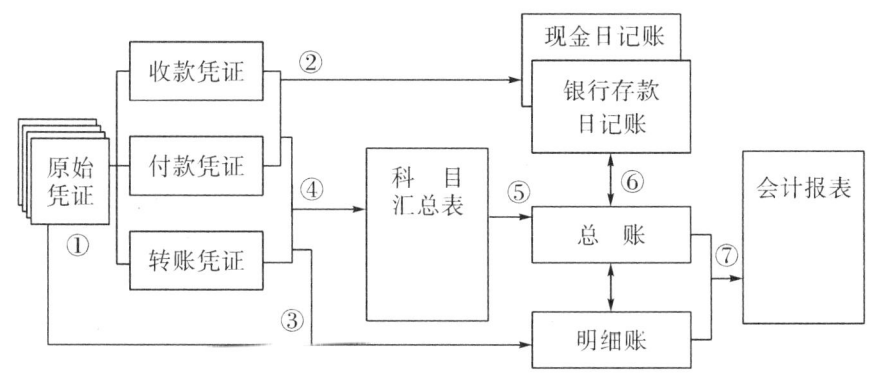

图10-6 科目汇总表核算组织程序的账务处理基本程序图

账务处理程序说明：

(1) 根据经济业务发生所取得的原始凭证或原始凭证汇总表编制各种专用记账凭证；

(2) 根据收款凭证、付款凭证逐日逐笔登记库存现金日记账和银行存款日记账；

(3) 根据记账凭证并参考原始凭证或原始凭证汇总表，逐笔登记各种明细分类账；

(4) 根据各种记账凭证汇总编制科目汇总表；

(5) 根据科目汇总表汇总登记总分类账；

(6) 月末，将日记账、明细分类账的余额与总分类账中相应账户的余额进行核对；

（7）月末，根据总分类账和明细分类账资料编制会计报表。

（四）科目汇总表核算组织程序的特点、优缺点及适用范围

1. 科目汇总表核算组织程序的特点

科目汇总表核算组织程序的特点是：定期根据所有记账凭证汇总编制科目汇总表，根据科目汇总表上的汇总数字登记总分类账。

2. 科目汇总表核算组织程序的优缺点

（1）科目汇总表核算组织程序的优点是：

①可以利用该表的汇总结果进行账户发生额的试算平衡。在科目汇总表上的汇总结果体现了一定会计期间内所有账户的借方发生额和贷方发生额的相等关系，利用这种发生额的相等关系，可以进行全部账户记录的试算平衡。

②在试算平衡的基础上记账能保证总分类账登记的正确性。在科目汇总表核算组织程序下，总分类账是根据科目汇总表上的汇总数字登记的，由于在登记总分类账之前，能够通过科目汇总表的汇总结果检验所填制的记账凭证是否正确，就等于在记账前进行了一次试算平衡，对汇总过程中可能存在的错误也容易发现。在所有账户借、贷发生额相等的基础上再记账，在一定程度上能够保证总分类账登记的正确性。

③可以大大减轻登记总分类账的工作量。在科目汇总表核算组织程序下，可根据科目汇总表上有关账户的汇总发生额，在月中定期或月末一次性登记总分类账，可以使登记总分类账的工作量大大减轻。

④适用性比较强。与记账凭证核算组织程序和汇总记账凭证核算组织程序相比，由于科目汇总表核算组织程序优点较多，任何规模的会计主体都可以采用。

（2）科目汇总表核算组织程序的缺点是：

①编制科目汇总表的工作量比较大。在科目汇总表核算组织程序下，对发生的经济业务首先要填制各种专用记账凭证，在此基础上需要定期地对这些专用记账凭证进行汇总，编制作为登记总分类账依据的科目汇总表，增加了编制科目汇总表的工作量。

②科目汇总表上不能够清晰地反映账户之间的对应关系。科目汇总表是按各个会计科目归类汇总其发生额的，在该表中不能清楚地显示出各个账户之间的对应关系，不能清晰地反映经济业务的来龙去脉。在这一点上，科目汇总表不及专用记账凭证和汇总记账凭证。

3. 科目汇总表核算组织程序的适用范围

由于科目汇总表核算组织程序具有试算平衡的功能，又能减轻总分类账登记的工作量等优点，因而，不论规模大小的会计主体都可以采用。

第三节 IT环境下的会计核算组织程序

一、手工环境下会计核算组织程序的缺陷

手工环境下的会计核算组织程序都是围绕如何减少工作量而产生的,因此也就决定了这些核算组织程序先天带有手工处理的局限性。其主要缺陷有以下四点:

(一) 数据大量重复

记账凭证是会计核算系统的数据源,从一定意义上讲,它包含的信息量等于各种明细分类账、总分类账以及会计报表所包含的信息量之和。手工处理设置了登记明细账、总账等环节,使得记账凭证上的数据被多次转抄。例如,一笔反映现金支出业务的记账凭证编制完毕之后,需要由不同的会计人员在库存现金日记账、相关的明细分类账、总分类账上同时转抄记账凭证上的日期、凭证号、摘要、金额等数据。同一数据的大量重复不仅造成存储浪费,还极易导致数据的不一致。手工会计下时有账证不符、账表不符的现象产生,这与手工环境下数据的大量重复登记有直接关系。

(二) 信息提供不及时

会计报表是会计处理系统的"最终产品",是企业内部管理部门、债权人及投资者等了解企业经营状况和经营成果的重要资料,也是这些部门进行有关经济决策的依据。但由于账务处理的工作量很大,再加上手工处理速度缓慢,往往要延迟相当长的时间才能编制出各种会计报表,严重削弱了会计报表所起的作用。

(三) 准确性差

在长期的账务处理实践中,人们总结出了一套特有效的方法来避免和发现错误,如记账凭证登账之后,一般在它上面加注"√"以防止重复登账;明细分类账和总分类账采用平行登记的方法,以便相互核对发现明细分类账或总分类账中的过账错误和计算错误。但无论会计人员的素质如何,在从记账凭证的编制到报表输出的每一个环节中,转抄错误和计算错误都难以避免。而会计账目不允许有一分钱的差错,为此常常因为几分钱的差错,多次进行手工汇总和核对,既费时又费力。特别是在期末,为了尽快编报出各种会计报表而又保证账表相符,有时不得不根据报表来修改总账。类似做法不能不影响到会计数据的准确性。

(四) 工作强度大

为了达到既要算得快又要算得准的目标,在其他条件不变的情况下,只能加大会计人员的劳动强度,这是手工账务处理的必然结果。

二、IT环境下和手工环境下账务处理程序的异同

IT环境下和手工环境下账务处理程序的最终结果都是账簿和报表,处理过程都

实现了从凭证到账簿、从账簿到报表的全过程。但是，IT环境下和手工环境下的账务处理程序在很多关键环节上有很大的不同，主要表现在以下几点：

（一）数据处理的起点不同

在手工环境下，会计业务的处理起点为原始凭证；而IT环境下，会计业务的处理起点可以是记账凭证、原始凭证或机制凭证。

（二）数据处理方式不同

在手工环境下，记账凭证由不同的会计人员按照选定的会计核算组织程序，分别登记到不同的会计账簿中，完成数据处理。在IT环境下，原有的会计核算组织程序失去了意义，企业无须选择会计核算组织程序，不需要每个会计人员一遍遍地登记账簿；数据间的运算与归集由计算机自动完成，记账变成了计算机自动处理数据的过程，这样大大减少了会计人员的记账工作量。

（三）数据存储方式不同

在手工环境下，会计数据存储在凭证、日记账、总分类账、明细账等纸张介质中；而在IT环境下，会计数据存储在凭证文件、汇总文件等数据文件中，需要时通过查询或打印输出。

（四）对账的方式不同

在手工环境下，按照复式记账的原则，总分类账、日记账、明细分类账必须采用平行登记的方法，根据每张记账凭证和原始凭证登记明细账，根据记账凭证或汇总数据以登记总分类账，然后会计人员定期将总分类账、日记账与明细账中的数据进行核对。当明细账和总账的数据不相符时，说明必然有一方或双方有记账错误。从一定意义上可以说，这是手工环境下的一种行之有效的查错方法。

在IT环境下，由于会计系统采用预先编好的记账程序自动、准确、高速地完成记账过程，明细与汇总数据同时产生。只要预先编制好的应用程序正确，计算错误完全可以避免，这样就没有必要进行总分类账、日记账、明细账的核对。

（五）会计资料的查询统计方式不同

在手工环境下，会计人员为编制一张急需的数据统计表，或查找急需的会计数据，要付出很多劳动；而在IT环境下，由于计算机具有调整数据处理能力，会计人员只需要通过选择各种查询功能，就可以最快的速度完成数据的查询统计。

三、分录日记账核算组织程序

手工环境下账务处理程序存在诸多缺陷，信息技术的广泛应用为消除手工处理方式所造成的缺陷提供了条件。与手工处理相比，计算机处理不仅在处理速度上有成百上千倍的提高，数据的存储能力也是手工无法比拟的，而且不会因工作时间过长或疲劳引起计算错误和抄写错误。因此，IT环境下账务处理程序不能照搬手工环境下的账务处理程序，而应突破长期的手工处理所形成的定式，设计出更适合计算机、效率更高、处理更合理的会计核算组织程序。就目前而言，分录日记账核算组织程序是比较典型的适用于计算机操作的会计核算组织程序。

（一）分录日记账核算组织程序的概念

分录日记账核算组织程序是指将所有的经济业务按所涉及的会计科目，以分录的形式记入日记账，再根据日记账的记录过入科目汇总文件，并定期编制会计报表的账务处理程序。

分录日记账核算组织程序下分录日记账取代记账凭证，传统意义上的会计账簿的功能已弱化，以凭证文件、科目汇总文件取代总分类账和明细分类账的功能。

（二）分录日记账核算组织程序下的账务处理程序

分录日记账核算组织程序下的账务处理程序如图 10-7 所示。

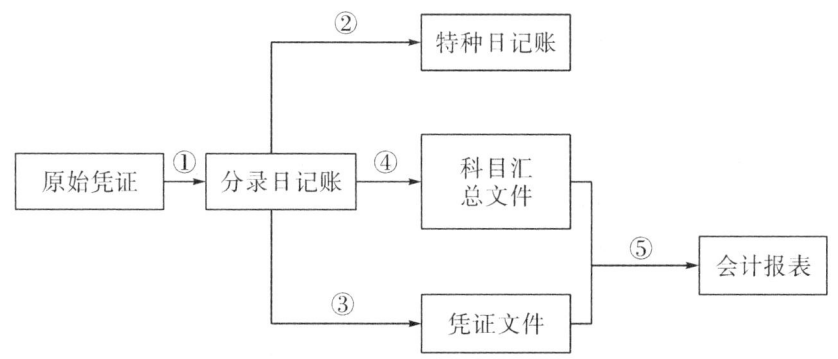

图 10-7　分录日记账核算组织程序下的账务处理程序图

账务处理程序说明：

（1）根据经济业务发生所取得的原始凭证或原始凭证汇总表编制分录日记账；

（2）根据分录日记账生成库存现金日记账和银行存款日记账；

（3）根据分录日记账生成凭证文件；

（4）根据分录日记账生成科目汇总文件；

（5）月末，根据凭证文件、科目汇总文件编制会计报表。

（三）分录日记账核算组织程序的特点、适用范围

1. 分录日记账核算组织程序的特点

分录日记账核算组织程序的特点是：与手工环境下的会计核算组织程序相比较，其以凭证文件和科目汇总文件替代了传统会计账簿，账簿之间的核对并非必需。

2. 分录日记账核算组织程序的适用范围

这种核算组织程序可以通过一本普通日记账反映一定期间的全部经济业务，而且便于采用计算机操作。它只适用于采用计算机操作的会计主体。

复习思考题

一、名词解释

1. 会计核算组织程序
2. 记账凭证核算组织程序
3. 汇总记账凭证核算组织程序
4. 科目汇总表核算组织程序
5. 分录日记账核算组织程序

二、单选题

1. 在下列核算组织程序中，最基本的核算组织程序是（　　）。
   A. 记账凭证核算组织程序　　　　　B. 汇总记账凭证核算组织程序
   C. 科目汇总表核算组织程序　　　　D. 分录日记账核算组织程序
2. 手工环境下各种会计核算组织程序的主要区别是（　　）。
   A. 填制记账凭证的依据和方法不同
   B. 登记明细分类账的依据和方法不同
   C. 登记总账的依据和方法不同
   D. 编制会计报表的依据和方法不同
3. 汇总收款凭证的设置依据是（　　）。
   A. 收款凭证上的借方科目　　　　　B. 收款凭证上的贷方科目
   C. 付款凭证上的借方科目　　　　　D. 付款凭证上的贷方科目
4. 为便于编制汇总收款凭证，在日常编制收款凭证时，会计分录的形式最好是（　　）。
   A. 一借一贷、一借多贷　　　　　　B. 一借一贷、一贷多借
   C. 一借多贷、多借多贷　　　　　　D. 一贷多借、多借多贷
5. 汇总转账凭证的设置依据是（　　）。
   A. 收款凭证上的贷方科目　　　　　B. 付款凭证上的贷方科目
   C. 转账凭证上的贷方科目　　　　　D. 转账凭证上的借方科目
6. 在科目汇总表核算组织程序下，登记总分类账的依据是（　　）。
   A. 原始凭证　　　　　　　　　　　B. 记账凭证
   C. 汇总记账凭证　　　　　　　　　D. 科目汇总表
7. 科目汇总表核算组织程序的特点是（　　）。
   A. 定期编制科目汇总表，根据科目汇总表上的汇总数字登记总分类账
   B. 利用科目汇总表的汇总结果进行账户发生额的试算平衡

C. 在试算平衡的基础上记账能保证总分类账登记的正确性

D. 适用性较强

8. 在下列核算组织程序中，适用计算机操作的核算组织程序是（   ）。

A. 记账凭证核算组织程序   B. 汇总记账凭证核算组织程序

C. 科目汇总表核算组织程序   D. 分录日记账核算组织程序

9. 科目汇总表基本的编制方法是（   ）。

A. 按照不同会计科目进行归类定期汇总

B. 按照相同会计科目进行归类定期汇总

C. 按照借方会计科目进行归类定期汇总

D. 按照贷方会计科目进行归类定期汇总

10. 下列会计核算组织程序，可不需要设置总分类账的是（   ）。

A. 记账凭证核算组织程序   B. 科目汇总表核算组织程序

C. 汇总记账凭证核算组织程序   D. 分录日记账核算组织程序

三、多选题

1. 会计核算组织程序的作用主要表现在（   ）。

A. 有利于规范会计核算的组织工作

B. 有利于保证会计核算工作的质量

C. 有利于提高会计核算的工作效率

D. 有利于节约会计核算的工作成本

E. 有利于建立会计岗位责任制

2. 手工环境下常用的会计核算组织程序主要有（   ）。

A. 记账凭证核算组织程序   B. 汇总记账凭证核算组织程序

C. 分录日记账核算组织程序   D. 科目汇总表核算组织程序

E. 日记总账核算组织程序

3. 记账凭证核算组织程序适用的会计主体是（   ）。

A. 规模较小   B. 规模较大

C. 会计凭证不多   D. 经济业务量不多

E. 经济业务量较多

4. 以下关于汇总付款凭证的编制方法，说法正确的是（   ）。

A. 按付款凭证上会计分录的借方科目设置汇总付款凭证

B. 按付款凭证上会计分录的贷方科目设置汇总付款凭证

C. 按付款凭证上会计分录的借方科目定期进行汇总

D. 按付款凭证上会计分录的贷方科目定期进行汇总

E. 汇总时计算出每一个借方科目发生额合计数，填入汇总付款凭证的相应栏次

5. 科目汇总表核算组织程序的优点是（   ）。

A. 编制科目汇总表的工作量比较大
B. 可以利用科目汇总表的汇总结果进行账户发生额的试算平衡
C. 在试算平衡的基础上记账能保证总分类账登记的正确性
D. 可以大大减轻登记总账的工作量
E. 任何规模的会计主体都可以采用

6. 手工环境下账务处理程序的缺陷有（　　）。
   A. 数据大量重复　　　　　　　　B. 信息提供不及时
   C. 数据准确性差　　　　　　　　D. 工作强度大
   E. 工作比较轻松

7. 组成会计核算组织程序的内容包括（　　）。
   A. 会计凭证　　　　　　　　　　B. 会计主体
   C. 会计账簿　　　　　　　　　　D. 会计报表
   E. 会计科目

8. 在不同的会计核算组织程序下，登记明细账的依据有（　　）。
   A. 原始凭证　　　　　　　　　　B. 原始凭证汇总表
   C. 记账凭证　　　　　　　　　　D. 汇总记账凭证
   E. 科目汇总表

9. 在手工环境下无论采用何种会计核算组织程序，都应当（　　）。
   A. 填制原始凭证　　　　　　　　B. 填制记账凭证
   C. 设置特种日记账　　　　　　　D. 设置总分类账
   E. 编制会计报表

10. 下列会计核算组织程序中，应当填制记账凭证的是（　　）。
    A. 分录日记账核算组织程序
    B. 记账凭证核算组织程序
    C. 汇总记账凭证核算组织程序
    D. 科目汇总表核算组织程序
    E. 日记总账核算组织程序

四、判断题

1. 由于记账凭证核算组织程序是最基本的一种核算组织程序，因此，它适用于所有会计主体。（　　）
2. 汇总记账凭证核算组织程序的特点是：定期将全部记账凭证汇总编制成记账凭证汇总表，然后根据记账凭证汇总表登记总分类账。（　　）
3. 编制科目汇总表，可以起到登账前的试算平衡作用。（　　）
4. 手工环境下各种会计核算组织程序的名称取自于登记总分类账的依据。（　　）

5. 各种会计核算组织程序的主要区别是登记总分类账的依据和方法不同。

（　　）

6. 根据记账凭证直接登记账户是最为简单的一种登记方法。（　　）

7. 采用分录日记账核算组织程序，不需要填制记账凭证，也不需要设置反映库存现金、银行存款的特种日记账。（　　）

8. 根据科目汇总表和汇总记账凭证，都可以大大减少登记总账的工作量，但科目汇总表能够反映账户的对应关系，而汇总记账凭证则不能反映账户的对应关系。

（　　）

9. 科目汇总表只能按月编制，每月填制一次。（　　）

10. IT 环境下和手工环境下的会计核算组织程序基本相同。（　　）

五、业务题

练习科目汇总表的编制。

（1）资料：以第五章综合业务题华联有限责任公司 2022 年 12 月经济业务的会计分录代替记账凭证。

（2）要求：根据华联有限责任公司 2022 年 12 月经济业务的会计分录，按月汇总，编制 12 月的科目汇总表。

科目汇总表

科汇字第　号

编制单位：　　　　　　　2022 年 12 月 1 日—31 日　　　　　　　单位：元

会计科目	借方	贷方	会计科目	借方	贷方
库存现金			应付利息		
银行存款			应付账款		
应收账款			应付利润		
应收票据			主营业务收入		
原材料			主营业务成本		
库存商品			税金及附加		
预付账款			销售费用		
在途物资			管理费用		
固定资产			财务费用		
累计折旧			所得税费用		
生产成本			本年利润		
制造费用			利润分配		
短期借款			实收资本		

续表

会计科目	借方	贷方	会计科目	借方	贷方
应付职工薪酬			盈余公积		
应交税费			合计		

六、案例分析题

资料：张先生2011年创办了光华商贸有限责任公司，开始规模较小，注册资本50万元，主要从事商品批发与零售业务，记账一直采用记账凭证核算组织程序。随着经济业务的发展，到2016年公司注册资本已经扩大到2 000万元，每年销售额达3亿元，这时会计人员提出公司应该采用汇总记账凭证核算组织程序。张先生同意了会计人员的建议。2022年公司购置用友ERP软件采用计算机核算，会计部经理准备采用分录日记账核算组织程序记账，并且书面报告给张先生，但张先生不同意，认为计算机完全能够按原来的核算组织程序完成记账，没有必要变更核算组织程序。请问：

（1）2016年是否应该由记账凭证核算组织程序变更为汇总记账凭证核算组织程序？请说明理由。

（2）2022年张先生不同意会计部经理的变更核算组织程序的报告，你如何看待这件事？

第十一章
会计工作组织与管理

本章主要介绍了会计机构的设置、会计人员的配备、会计法律规范、会计职业道德以及会计档案管理等问题。通过本章的学习，要求熟练掌握企业会计准则体系和会计职业道德规范；掌握会计机构的设置及岗位分工；了解我国总会计师制度；了解会计人员的任职要求和职责与权限；掌握会计人员专业技术职务的要求；了解会计档案的内容及重要会计档案的保管期限。本章学习的重点是会计机构的设置、会计机构岗位分工、会计法律规范和会计职业道德。学习的难点是会计机构的设置和会计岗位分工。

第一节 会计工作组织与管理概述

一、会计工作组织的概念及意义

所谓会计工作组织，是指如何安排、协调和管理好企业的会计工作。一个企业要顺利开展会计工作，会计机构的设置和会计人员的配备是会计工作系统运行的必要条件，而会计法规是保证会计工作系统正常运行的必要的约束机制，因此，会计工作组织主要研究如何根据会计工作的特点，设置会计机构、配备会计人员、制定会计法规制度等，以保证合理、有效的开展会计工作。科学地组织会计工作对于完成会计职能，实现会计的目标，发挥会计在经济管理中的作用，具有十分重要的意义，其具体表现在以下四个方面。

（一）为会计工作的开展与有效进行提供前提条件和基本依据与规范

会计工作的开展必须要有会计机构和人员，即使不具备设置会计机构条件的单位，也必须配备专职的会计人员，以保证对单位财务进行反映与监督，对单位开展的经济活动进行资金支持。会计组织工作的内容有会计政策和制度的设计，政策与制度的基本内容是会计的原则、程序和方法，有了这些才使得会计工作对问题的处理有了基本依据和规范。

（二）有利于保证会计工作的质量，提高会计工作的效率

会计工作是一项复杂、细致而又严密的工作。会计所反映和监督的经济活动错

综复杂,想要对这些错综复杂的经济活动进行合理、正确、全面地反映监督,只有严格按照会计工作制度、会计工作程序和会计工作方法,科学、合理的组织会计工作,才能保证会计工作有条不紊地进行,才能不断提高会计工作的效率和会计工作的质量。

(三) 有利于确保会计工作与其他经济管理工作协调一致

会计工作是一项综合性的经济管理工作,作为企业管理工作的组成部分,它既有其独立的职能,又与企业其他的管理工作有着相互促进、相互制约的千丝万缕的联系。只有通过合理地组织会计工作,科学的协调各职能部门的管理工作,才能做到与计划、统计、决策、管理等部门之间口径一致,相得益彰;才能与国家宏观的财政、税务、金融等政策相互协调,使会计工作有效地为国家宏观调控和管理服务。

(四) 有利于贯彻国家的方针、政策、法令、制度,维护财经纪律,建立良好的社会经济秩序

会计工作是一项错综复杂的系统工作,政策性很强,必须通过核算如实地反映各单位的经济活动和财务收支,通过监督来贯彻执行国家的有关政策、方针、法令和制度。因此,科学地组织好会计工作,可以促使各单位更好地贯彻实施各项方针政策,维护好财经纪律,为建立良好的社会经济秩序打下基础。

二、会计组织工作的内容

会计工作组织的内容,从广义上说,凡是与组织会计工作有关的一切事务都属于会计工作组织的内容;从狭义的角度看,会计组织工作的内容主要包括会计机构的设置和会计人员的配备、会计法律规范的制定与执行、会计职业道德的制定与执行以及会计档案管理等。

(一) 会计机构

会计机构是指直接组织领导和从事会计工作的职能部门。建立健全会计机构,是保证会计工作顺利进行的重要条件。

(二) 会计人员

会计人员是指专门从事会计工作的专业技术工作者。任何企业、事业单位都应根据实际需要配备具有一定专业技术水平的会计人员,这是做好会计工作的关键。

(三) 会计法律规范

会计法律规范是指会计法律、会计法规、会计制度等的总称。它是组织和从事会计工作必须遵守的规范。

(四) 会计职业道德

会计职业道德是指在会计职业活动中应遵循的、体现会计职业特征的、调整会计职业关系的职业行为准则和规范。

(五) 会计档案管理

会计档案管理是指每个企业都必须建立一整套制度,保证会计档案的安全完整。

三、组织会计工作的要求

科学地组织会计工作，能使会计工作同其他经济管理工作更加协调，也便于更好地共同完成经济管理任务。因此，科学地组织会计工作，要遵循以下几项要求。

（一）统一性要求

组织会计工作必须按我国《会计法》和《企业会计准则》等国家法令制度进行。只有按国家对会计工作的统一要求来组织会计工作，才能使会计提供的信息，既满足国家宏观管理的需要，也满足企业内部管理者、债权人、投资者及其他有关方面的需要。

（二）适应性要求

会计工作必须适应本单位经营管理的特点，在遵循我国《会计法》和《企业会计准则》等国家法令制度的前提下，结合自身的管理特点，制定出相应的具体办法，采用不同的账簿组织、记账方法和程序处理相应的经济业务。

（三）效益性要求

在保证会计工作质量的前提下，应讲求经济效益，节约人力和物力，提高会计工作效率。会计工作十分繁杂，如果组织不好，就会造成重复劳动，浪费人力和物力。所以对会计管理程序的规定，会计凭证、账簿、报表的设计，会计机构的设置以及会计人员的配备等，都应避免繁琐，力求精简。如今，引入了会计电算化，从工艺上改进了会计操作技术，能有效提高工作效率。会计机构应防止机构过于庞大、重叠，人浮于事和形式主义，影响会计工作的效率和质量。

（四）内部控制责任要求

在组织会计工作时，要遵循内部控制原则，在保证贯彻执行全单位责任制的同时，建立和完善如内部会计管理体系、会计人员岗位责任制度、账务处理程序制度、内部牵制制度、稽核制度、原始记录管理制度、定额管理制度、计量验收制度、财产清查制度、财务收支审批制度、成本核算制度、财务会计分析制度等内部牵制机制，对会计工作进行分工。

第二节 会计机构与会计人员

一、会计机构

会计机构是指各单位依据会计工作的需要设置的专门负责办理单位会计业务事项、进行会计核算、实行会计监督的职能部门。会计机构的主要职能是制定和执行党和国家的方针政策，制定和执行会计制度，处理日常会计工作。建立健全会计机构，配备与工作要求相适应的、具有一定素质和数量的会计人员，是做好会计工作，充分发挥会计职能作用的重要保证。

（一）会计机构的设置

我国《会计法》规定："各单位应依据会计业务的需要，设置会计机构，或者在有关机构中设置会计人员并指定会计主管人员；不具备设置条件的，应当委托经批准设立从事会计代理记账业务的中介机构代理记账"。这一规定包括以下三层含义：

1. 根据业务需要设置会计机构

根据业务需要设置会计机构，是指各单位可以根据本单位的会计业务繁简情况和会计管理工作的需要决定是否设置会计机构。为了科学、合理地组织开展会计工作，保证本单位正常的经济核算，各单位原则上应当设置会计机构。一个单位是否单独设置会计机构，主要取决于以下几个因素：

（1）单位规模大小。一般来说，实行企业化管理的事业单位或集团公司、股份有限公司、有限责任公司等应当单独设置会计机构，以便及时组织对本单位各项经济活动和财务收支的核算，实施有效的会计监督。

（2）经济业务和财务收支的繁简。具有一定规模的行政、事业单位，以及财务收支数额较大、会计业务较多的社会团体和其他经济组织，也应单独设置会计机构，以保证会计工作的效率和会计信息的质量。

（3）经营管理的要求。一个单位在经营管理上的要求越高，对会计信息的需求也会相应增加，对会计信息系统的要求也越高，从而决定了该单位设置会计机构的必要性。

2. 不能单独设置会计机构的单位，应当在有关机构中设置会计人员并指定会计主管人员

规模很小、经济业务简单、业务量相对较少的单位，为了提高经济效益，可以不单独设置会计机构，将会计职能并入其他职能部门，并设置会计人员同时指定会计主管人员。这是会计机构的另一种表现形式，是提高工作效率，明确岗位责任的内在要求，同时也是由会计工作专业性、政策性强等特点所决定的。指定会计主管人员的目的是强化责任制度，防止出现会计工作无人管理的局面。

3. 不具备单独设置会计机构的单位，应当委托经批准设立从事会计代理记账业务的中介机构代理记账

会计机构的名称没有统一的规定，各单位根据自己的具体情况确定，如会计（或财务）处、科、股、室等。

（二）会计机构岗位的设置

不同的企业单位，可以根据自身管理的需要、业务的内容以及会计人员配备情况，确定各自的岗位分布。《会计基础工作规范》第 11 条规定，会计工作岗位一般可分为：会计机构负责人或者会计主管人员、出纳、财产物资核算、工资核算、成本费用核算、财务成果核算、资金核算、往来结算、总账报表、稽核、档案管理等。

1. 会计机构负责人工作岗位

会计机构负责人工作岗位主要负责组织领导本单位的财务会计工作，完成各项工作任务，对本单位的财务会计工作负全面责任；组织学习和贯彻党的经济工作的方针、政策、法令和制度，根据本单位的具体情况，制定本单位的各项财务会计制度、办法，并组织实施；组织编制本单位的财务成本计划、单位预算，并检查其执行情况；组织编制财务会计报表和有关报告；负责财会人员的政治思想工作；组织财会人员学习政治理论和业务知识；负责对财会人员的工作考核等。

2. 出纳工作岗位

出纳工作岗位主要负责办理现金收付和银行结算业务；登记现金和银行存款日记账；保管库存现金和各种有价证券；保管好有关印章、空白支票和空白收据。

3. 财产物资核算工作岗位

财产物资核算工作岗位主要负责参与制定有关财产物资管理制度和实施办法；负责编制固定资产目录；负责建立并登记固定资产、库存材料等财产物资明细账，进行明细分类核算；负责参与协同有关财产物资管理部门进行财产清查；负责审核办理有关固定资产的购建、调拨、内部转移、盘盈、盘亏、报废等会计手续；按规定正确计算提取固定资产折旧等。

4. 工资核算工作岗位

工资核算工作岗位主要负责计算工资和奖金；审核发放工资和奖金；负责工资分配核算，编制工资分配表；计提职工福利费和工会经费。

5. 成本费用核算工作岗位

成本费用核算工作岗位主要负责拟订成本核算办法，制订成本费用计划，负责成本管理基础工作，核算产品成本和期间费用，根据本单位管理制度的规定编制成本费用报表并进行分析和考核，协助管理在产品和自制半成品。

6. 财务成果核算工作岗位

财务成果核算工作岗位主要负责编制收入、利润计划并组织实施；预测销售并督促销售部门完成销售计划；组织销售货款的回收工作；正确计算并及时缴纳有关税费；负责收入、利润等的明细核算；编制收入、利润会计报表并进行分析。

7. 资金核算工作岗位

资金核算工作岗位主要负责资金的筹集、使用和调度；随时了解、掌握资金市场的动态，为业筹集生产经营所需资金并满足需要，同时应合理安排调度使用资金，本着节约的原则，用好资金，以尽可能低的资金耗费取得尽可能好的效果。

8. 往来结算工作岗位

往来结算工作岗位主要负责购销业务及应收应付、费用等往来款项，建立必要的结算和管理制度，办理往来款项的结算业务，负责往来款项的明细核算。

9. 总账报表工作岗位

总账报表工作岗位主要负责总账的登记与核对，并与日记账和明细账相核对；

编制会计报表并进行财务状况和经营成果的综合分析,写出综合分析报告;制定或参与制定财务计划;参与企业的生产经营决策等。

10. 档案管理工作岗位

档案管理工作岗位主要负责制定会计档案的立卷、归档、保管、查阅和销毁等管理制度,保证会计档案的妥善保管、有序存放、方便查阅,严防毁损、散失和泄密。

11. 稽核工作岗位

稽核工作岗位主要负责企业管理体系及内部控制制度的制定与维护;制定年度稽核计划书;负责编制稽核报告等。

以上各会计工作岗位,各企业可根据单位具体情况及工作的业务量,可以一人一岗、一人多岗或一岗多人,但出纳人员不得兼管稽核、会计档案保管及收入、费用、债权债务账目的登记工作。企业在设置会计岗位时,应注意各岗位之间的相互衔接、配合和协调运转。各单位会计岗位的设置及其职责的规定,可根据单位实际情况,作出适时、必要的调整。

(三) 会计工作的组织形式

会计工作的组织形式是由企业的规模和它所担负的任务决定的,一般可分为集中核算和非集中核算。

1. 集中核算

集中核算又称之为一级核算。它是指将企业所有会计工作都集中在会计部门进行核算的一种会计工作组织形式。在这一形式下,企业下属各职能部门,包括生产部门及职能科室只对本部门成本科室发生的经济业务编制原始凭证或原始凭证汇总表,定期地递交会计部门,并据以填制记账凭证登记总分类账及所属的明细分类账,编制会计报表。这一核算方式便于减少核算的中间环节,提高工作效率。但如果企业职能部门机构庞大,生产复杂,则会计部门工作量就会增加,反而会降低工作效率。

2. 非集中核算

非集中核算也称分散核算,是指由各部门和车间对所发生的经济业务自行设置并登记账簿,进行比较全面的核算。各部门和车间单独计算盈亏,编制内部会计报表,并定期报送给企业会计部门。非集中核算组织形式可以使各部门和车间利用核算资料经常领导和检查工作,但采用这种组织形式,不便于会计凭证的整理,会计人员的合理分工受到了一定的限制,核算工作量较大,核算成本较高。

二、会计人员

会计人员是从事会计工作、处理会计业务、完成会计任务的人员。企事业、行政机关等单位都应根据实际需要配备一定数量的会计人员,这是做好会计工作的决定性因素。从事会计工作的人员,必须拿到会计从业资格证书以取得会计从业资格。会计工作人员必须具备的基本条件就是要坚持原则、秉公办事、具备良好的道德品质,遵守国家法律、法规,有一定的会计专业知识和技能,身体健康、能够胜任本职工作的需要等。

(一)会计人员的主要职责

我国《会计法》第五条规定:"会计机构、会计人员依照本法规定进行会计核算,实行会计监督。"这是对会计机构、会计人员基本职责的规定。

1. 进行会计核算

会计人员要按照企业会计准则的规定,认真进行会计核算工作。要认真填制、审核会计凭证,登记各种账簿,记录各种财产、物资的增减变动及使用情况,正确地计算各种收入、支出、成本和费用,正确地计算财务成果;按期核对账目,进行账实比较,确实做到账证相符、账账相符、账实相符和账表相符,保证会计数字真实、准确、完整;对外对内如实反映经济活动情况。

2. 实行会计监督

通过会计核算工作,对本单位经济业务、财务收支的合法性和合理性进行监督。会计监督的主要内容包括:对于不真实、不合法的原始凭证有权不予受理,并向单位负责人报告,请求查明原因,追究有关当事人的责任;对记载不正确、不完整的原始凭证予以退回,并要求经办人员按照企业会计准则规定进行更正、补充。会计人员如果发现账簿记录与实物、款项不符,应当按照有关规定进行处理;无权进行处理的,会计人员应当及时报请单位负责人作出处理。会计人员有权拒绝办理或纠正违法会计事项。

3. 拟定本单位办理会计事务的具体办法

会计人员要根据国家和上级主管部门制定的法规、制度,结合本单位的特点和需要,建立健全适合本单位具体情况的会计制度、经济业务处理办法、账务处理程序等。

4. 编制业务计划、财务预算,考核分析其执行情况

会计人员应根据会计资料和其他资料,按照国家的法律、政策的规定,认真编制财务计划、预算并严格执行,定期进行检查,分析计划、预算的执行情况。

5. 办理其他会计事项

经济的发展离不开会计,经济越发展,会计分工越细,会计事项也越丰富,人们对经济管理的要求越高。凡是属于会计事项的,会计人员都应进行处理。

(二)会计人员的主要权限

为了保障会计人员能切实履行《会计法》赋予自己的职责,《会计法》同样赋予了他们相应的、必要的权限。归纳起来,主要有以下几点:

1. 审核原始凭证

会计人员按照国家统一的会计制度的规定对原始凭证进行审核时,针对三种情况进行处理:

(1)如发现不真实、不合法的原始凭证,有权不予受理,并向单位负责人

报告。

（2）如发现弄虚作假、严重违法的原始凭证，有权不予受理，同时应当予以扣留，并及时向单位领导人报告，请求查明原因，追究当事人的责任。

（3）如发现记载不准确、不完整的原始凭证，有权予以退回，并要求按照国家统一的会计制度的规定，更正、补充。

2. 处理账实不符

会计人员如发现会计账簿记录与实物、款项及有关资料不相符的，按照国家统一的会计制度的规定有权自行处理的，应当及时处理；无权处理的，应当立即向单位负责人报告，请求查明原因，做出处理。

3. 处理违法收支

会计人员对违法的收支，有权不予办理，并予以制止和纠正；制止和纠正无效的，有权向单位领导提出书面意见，要求处理。对严重违法损害国家和社会公众利益的收支，会计人员有权向主管单位或者财政、审计、税务机关报告。

4. 处理造假行为

会计人员对伪造、变造、故意毁灭会计账簿或账外设账的行为，对指使、强令编造、篡改财务报告的行为，有权予以制止和纠正；制止和纠正无效的，有权向上级主管单位报告，请求做出处理。

5. 监督财务收支、资金使用等

会计人员有权监督、检查本单位有关部门的财务收支、资金使用和财产保管、收入、计量、检验等情况。

（三）总会计师制度

总会计师是主管本单位财务会计工作的行政领导。总会计师协助单位行政领导人工作，直接对单位主要行政领导人负责。

1. 总会计师的设置

根据我国《会计法》的规定，国有的和国有资产占控股地位或者主导地位的大、中型企业必须设置总会计师。其他单位可以根据业务需要，自行决定是否设置总会计师。凡是设置总会计师的单位，不再设置与总会计师职责重叠的行政副职。

2. 总会计师的任职条件

根据《总会计师条例》的规定，担任总会计师，应当具备以下条件：

（1）坚持社会主义方向，积极为社会主义建设和改革开放服务；

（2）坚持原则，廉洁奉公；

（3）取得会计师任职资格后，主管一个单位或者单位内一个重要方面的财务会计工作时间不少于三年；

（4）有较高的理论政策水平，熟悉国家财经法律、法规、方针、政策和制度，掌握现代化管理的有关知识；

（5）具备本行业的基本业务知识，熟悉行业情况，有较强的组织领导能力；

（6）身体健康，能胜任本职工作。

3. 总会计师的职责

总会计师的职责主要有两个：一是协助单位主要行政领导人对企业的生产经营、行政事业单位的业务发展以及基本建设投资等问题作出决策；二是参与新产品开发、技术改造、科技研究、商品（劳务）价格和工资奖金等方案的制订；参与重大经济合同和经济协议的研究、审查。

4. 总会计师的权限

为保证总会计师履行自己的职责，有关法规赋予总会计师以下权限：

（1）对违反国家财经法律、法规、方针、政策、制度和有可能在经济上造成损失、浪费的行为，有权制止或者纠正。制止或者纠正无效时，提请单位行政领导人处理。

（2）有权组织本单位各职能部门、直属基层组织的经济核算、财务会计和成本管理方面的工作。

（3）主管审批财务收支工作。除一般的财务收支可以由总会计师授权的财会机构负责人或者其他指定人员审批外，重大的财务收支，须经总会计师审批或者由总会计师报单位主要行政领导人批准。

（4）预算、财务收支计划、成本和费用计划、信贷计划、财务专题报告、会计决算报表，须经总会计师签署。涉及财务收支的重大业务计划、经济合同、经济协议等，在单位内部须经总会计师会签。

（5）会计人员的任用、晋升、调动、奖惩，应当事先征求总会计师的意见。财会机构负责人或者会计主管人员的人选，应当由总会计师进行业务考核，依照有关规定审批。

（四）会计主管人员或会计机构负责人

《会计法》第三十八条对会计机构负责人（会计主管人员）的从业资格作了明确规定："担任单位会计机构负责人（会计主管人员）的，除取得会计从业人员资格证书外，还应当具备会计师以上专业技术职务资格或者拥有从事会计工作三年以上经历。"具体说，其任职资格和条件包括：

（1）政治素质。会计机构负责人应遵纪守法、坚持原则、廉洁奉公，具备良好的职业道德。

（2）专业技术资格条件。担任单位会计机构负责人的，除取得会计从业资格证书外，还应当具备会计师以上专业技术职务资格或者从事会计工作3年以上经历。

（3）政策业务水平。会计机构负责人要熟悉国家财经法律、法规、规章制度，掌握财务会计理论及本行业业务的管理知识。

（4）组织能力。作为会计机构的负责人，不仅要求自己是会计工作的行家里手，重要的是要领导和组织好本单位的会计工作，因此要求其必须备一定的领导才能和组织能力，包括协调能力、综合分析能力等。

（五）会计人员专业技术职务

会计人员专业技术职务反映了会计人员应该具备的专业知识水平、业务能力和可以胜任的工作岗位等。会计人员专业技术职务按从低到高排列，分为会计员、助理会计师、会计师、高级会计师。各类会计专业人员的任职条件为：

1. 会计员

作为一名会计员，应能初步掌握财务会计知识和技能；熟悉并正确执行有关会计法规和财务会计制度，能担负一个岗位的财务会计工作。会计员应大学本科或中等专科学校毕业，在财务会计工作岗位上见习1年期满，并通过会计员专业技术职务资格考试。

2. 助理会计师

作为一名助理会计师，应能掌握一般的财务会计的基础理论和专业知识；熟悉并能正确执行有关的财经方针、政策和财务会计法规、制度；能担负一个方面或某个重要岗位的财务会计工作；取得硕士学位，或取得第二学士学位或研究生班结业证书，具备履行助理会计师职责的能力。助理会计师应大学本科毕业，在财务会计工作岗位上见习1年期满；大学专科毕业并担任会计员职务2年以上；或中等专业学校毕业并担任会计员职务4年以上，并通过助理会计师专业技术职务资格考试。

3. 会计师

作为一名会计师，应能系统地掌握财务会计的基础理论和专业知识；掌握并能贯彻执行有关的财经方针、政策和财务会计法规、制度；具有一定的财务会计工作经验；能负担一个单位或管理一个地区、一个部门、一个系统某个方面的财会计工作；掌握一门外语；取得博士学位并具备履行会计师职责的能力；取得硕士学位并担任助理会计师职务2年左右；或取得第二学士学位或研究生班结业证书并担任助理会计师职务2~3年，或者大学本科或专科毕业并担任助理会计师职务4年以上，并通过会计师专业技术职务资格考试。

4. 高级会计师

作为一名高级会计师，应能较系统地掌握经济、财务会计理论和专业知识；具有较高的政策水平和丰富的财务会计工作经验，能担负一个地区、一个部门和一个系统的财务会计管理工作；较熟练地掌握一门外语；取得博士学位并担任会计师职务2~3年，或者取得硕士学位、第二学士学位或研究生班结业证书，或者大学本科毕业并担任会计师职务5年以上，并通过高级会计师专业技术职务资格考试。

第三节　会计法律规范

会计法律规范是指组织和从事会计工作必须遵循的行为规范，是会计法律、法令、条件、规则、章程、制度等规范性文件的总称。为了使会计工作有组织、有秩序地进行，为了实现为决策者提供有用的信息和帮助管理者报告其受托责任的会计目标，必须规定会计工作应当做什么，不应当做什么；应当怎么做，不应当怎么做。会计法律法规的制定和实施是实现会计核算标准化的必然要求。

我国现行的会计法律规范体系是由会计法律、会计行政法规、会计部门规章、地方政府和行业主管部门的会计规章四个部分组成。

一、会计法律

会计法律，是指由全国人民代表大会及其常务委员会经过一定立法程序制定的、调整我国经济生活中会计行为关系的法律规范的总称。目前，《会计法》是我国唯一的一部会计法律。我国《会计法》于1985年1月21日第六届全国人民代表大会常务委员会第九次会议通过，1985年5月1日起施行。1993年12月29日，第八届全国人民代表大会常务委员会第五次会议通过了《关于修改〈中华人民共和国会计法〉的决定》（第一次修正），修订后的《会计法》于1999年10月31日第九届全国人民代表大会常务委员会第十二次会议通过，2000年7月1日起施行。根据2017年11月4日第十二届全国人民代表大会常务委员会第十三次会议通过的《关于修改〈中华人民共和国会计法〉等十一部法律的决定》第二次修正，以中华人民共和国主席令第八十一号公布，自2017年11月5日起施行。

《会计法》主要规定了会计工作的基本目的、会计管理权限、会计责任主体、会计核算和会计监督的基本要求、会计人员和会计机构的职责权限，并对会计法律责任作出详细的规定。《会计法》是会计法律规范体系中层次最高、最具有法律效力的法律规范，是会计工作的根本大法，是制定其他会计法律法规、会计规章制度的依据，也是指导我国会计工作的最高准则，其他任何会计法律法规都不得与之相违背。

二、会计行政法规

会计行政法规是指由国务院制定并发布，或者国务院有关部门拟订并经国务院批准发布，调整经济生活中某些方面会计关系的法律规范。它是根据《会计法》制定的，内容上多数是对会计法律的具体化或某个方面的补充。我国会计行政法规是由国务院制定并颁布的，其法律效力仅次于会计法律。在我国现行的属于会计行政法规的有两个：一是国务院于1990年12月31日发布的《总会计师条例》（2011年修订），该条例主要对总会计师的职责、权限、任免与奖惩等做出了明确规定；二是国务院于2000年6月21日发布的《企业财务会计报告条例》，该条例主要规定了企业财务会计报告的构成、编制和对外提供的要求、法律责任等，它是对《会计法》中有关财务会计报告的规定的细化。

三、会计部门规章

会计部门规章，是指由国务院主管全国会计工作的行政部门——财政部，对会计工作制定的规范性文件。会计部门规章是由负责全国会计、审计、财务等工作的主管部门——财政部制定的，其法律效力处于第三层次。

属于会计部门规章的主要有《企业会计准则》《企业会计制度》《金融企业会计制度》《小企业会计制度（准则）》（《小企业会计制度》于 2013 年 1 月 1 日失效，开始施行《小企业会计准则》）《民间非营利组织会计制度》《会计基础工作规范》《内部会计控制规范》《会计档案管理办法》《会计从业资格管理办法》等。由于该层次涉及的内容最多，法规数量所占比例最大，不可能在此一一详细阐述，但基于《企业会计准则》是这个层次中最为重要的规章制度，它直接指导我国会计主体进行会计核算工作，因此，有必要对会计准则进行简单介绍。

会计准则是会计核算的规范，也是对经济业务的会计处理方法和程序所做的规定。我国现行的《企业会计准则》是由财政部经国务院批准，于 2006 年 2 月发布，自 2007 年 1 月 1 日起施行。会计准则是会计法律法规体系的重要组成部分，它包括基本准则、具体准则、会计准则应用指南三个层次。

（一）基本准则

基本会计准则，是进行会计核算工作必须共同遵循的基本规范。我国现行的《企业会计准则》共十一章五十条，主要就会计目标、会计核算的基本假设、会计信息质量要求、会计要素的确认条件和计量属性、财务会计报告的内容体系作了规定。

（二）具体准则

具体会计准则，是以基本会计准则为依据，规定会计各要素确认、计量的基本原则和对会计处理及其程序所作出的基本规定。具体会计准则分为三大类：

（1）各行业共同经济业务的准则，包括存货、长期股权投资、固定资产、无形资产、非货币性资产交换、资产减值、职工薪酬、股份支付、债务重组、或有事项、收入、政府补助、借款费用、所得税、外币折算等。

（2）有关特殊经济业务的准则，包括投资性房地产、生物资产、企业年金基金、建造合同、企业合并、租赁、金融工具确认和计量、金融资产转移、套期保值、原保险合同、再保险合同、石油天然气开采、会计政策、会计估计变更和差错更正等。

（3）有关财务报表的准则，包括资产负债表日后事项、财务报表列报、现金流量表、中期财务报告、合并财务报表、每股收益、分部报告、关联方披露、金融工具列报、首次执行企业会计准则等。

（三）会计准则应用指南

会计准则应用指南，是对具体会计准则的基本规定所做出的具体解释和对会计的如何确认与计量、记录和财务报表的编制作了具体规定。它是企业会计准则的补充，是对具体准则的操作指引。2006年颁布的《企业会计准则——应用指南》，包括22项具体会计准则的应用指南、会计科目和主要账务处理等内容。

四、地方政府和行业主管部门的会计规章

地方政府和行业主管部门的会计规章属于我国会计法规体系的最后一个层次，是各省、自治区、直辖市的人民代表大会及其常务委员会或行业主管部门在与会计法律、会计行政法规不相抵触的前提下制定的地方性或行业性会计法规。该法规只在本辖区内或本行业内指导会计工作，但也是我国会计法规体系的重要组成部分。例如《厦门市会计人员条例》就属于这个层次的法规，它是在2009年9月30日厦门市第十三届人民代表大会常务委员会第十八次会议上通过的，于2009年11月26日福建省第十一届人民代表大会常务委员会第十二次会议批准，并于2010年3月1日正式实施。该条例明确指出适用于厦门市行政区域内的国家机关、社会团体、企业、事业单位和其他组织从事会计工作的人员，从立法层面解决了厦门市会计人员管理过程中存在的问题，力图达到规范会计人员行为和保护会计人员的合法权益。

第四节　会计职业道德

会计职业道德是指会计人员从事会计职业工作时所应遵循的基本道德规范。它是调整会计人员与国家、会计人员与不同利益集团和会计人员相互之间的社会关系及社会道德规范的总和，是基本道德规范在会计工作中的具体体现。它既是从事会计工作要遵守的行为规范和行为准则，也是衡量一个会计工作者工作好坏的标准。

会计的职业道德首先要建立在社会主义核心价值观上，即富强、民主、文明、和谐，自由、平等、公正、法治，爱国、敬业、诚信、友善。"富强、民主、文明、和谐"，是我国社会主义现代化国家的建设目标，也是从价值目标层面对社会主义核心价值观基本理念的凝练，在社会主义核心价值观中居于最高层次，对其他层次的价值理念具有统领作用；"自由、平等、公正、法治"，是对美好社会的生动表述，也是从社会层面对社会主义核心价值观基本理念的凝练，它反映了中国特色社会主义的基本属性，是我们党矢志不渝、长期实践的核心价值理念；"爱国、敬业、诚信、友善"，是公民的基本道德规范，是从个人行为层面对社会主义核心价值观基本理念的凝练，它反映了中国特色社会主义的基本属性，是公民必须恪守的基本道德准则，也是评价公民道德行为选择的基本价值标准。结合社会主义核心价值观，会计职业道德主要包括以下三个方面的内容：

一、坚持诚信，守法奉公

这一条是对会计人员的自律要求。诚信是指诚实、守信，诚实就是不弄虚作假，

不欺上瞒下，做老实人，说老实话，办老实事；守信就是遵守自己所做的承诺，讲信用、重信用、信守诺言、保守秘密。牢固树立诚信理念，以诚立身、以信立业，严于律己、心存敬畏。学法知法守法、公私分明、克己奉公，树立良好职业形象，维护会计行业声誉。

二、坚持准则，守责敬业

这一条是对会计人员的履职要求。坚持准则是指会计人员在处理业务过程中，要严格按照会计法律制度办事，不为主观或他人意志左右。这里所说的"准则"不仅指会计准则，也包括会计法律、法规、国家统一的会计制度以及其他与会计工作相关的法律制度。坚持准则要求会计人员熟悉国家法律、法规和国家统一的会计制度，始终坚持按法律、法规和国家统一的会计制度的要求进行会计核算，实施会计监督。严格执行准则制度，保证会计信息真实完整。勤勉尽责、爱岗敬业、忠于职守、敢于斗争，自觉抵制会计造假行为，维护国家财经纪律和经济秩序。

三、坚持学习，守正创新

这一条是对会计人员的发展要求。会计工作是专业性和技术性很强的工作，只有具有一定的专业知识和技能，才能胜任会计工作。所以会计人员必须始终秉持专业精神，勤于学习、锐意进取，持续提升会计专业能力，不断适应新形势新要求，与时俱进、开拓创新，努力推动会计事业高质量发展。

第五节 会计档案管理

一、会计档案的概念及内容

（一）会计档案的概念

会计档案是指单位在进行会计核算等过程中接收或形成的，记录和反映单位经济业务事项的，具有保存价值的文字、图表等各种形式的会计资料，包括通过计算机等电子设备形成、传输和存储的电子会计档案。会计档案是国家经济档案的重要组成部分，是各单位的重要档案之一。它是各单位会计事项的历史记录，是总结经验，进行决策所需要的主要资料，也是进行会计财务检查、审计检查的重要资料。因此各单位的会计部门必须对会计档案高度重视，严格保管。大中型单位应当建立会计档案室，小型单位应有会计档案柜并指定专人负责保管。各单位对会计档案应建立严密保管制度；妥善管理，不得丢失、损坏、抽换或者任意销毁。

（二）会计档案的内容

根据我国《会计档案管理办法》第五条的规定，会计档案具体包括：

(1) 会计凭证类。会计凭证类包括原始凭证、记账凭证。

（2）会计账簿类。会计账簿类包括总账、明细账、日记账、固定资产卡片及其他辅助性账簿。

（3）财务报告类。财务报告类包括月度、季度、半年度、年度财务报告。

（4）其他类。其他类包括银行存款余额调节表、银行对账单、纳税申报表、会计档案移交清册、会计档案保管清册、会计档案销毁清册、会计档案鉴定意见书及其他具有保存价值的会计资料。

二、会计档案的管理

为了加强我国会计档案的科学管理，统一全国会计档案工作制度，财政部、国家档案局于2015年12月11日修订发布了《会计档案管理办法》，统一规定了会计档案的立卷、归档、保管、调阅、移交和销毁等具体内容。

（一）会计档案的立卷与归档

每年年度终了，各单位会计机构应按照归档要求，对当年的凭证、账簿、财务报表等进行整理立卷，装订成册，编制会计档案保管清册。

当年形成的会计档案，在会计年度终了后，可暂由会计机构保管一年，期满之后，由会计机构编制移交清册，移交本单位档案机构统一保管；未设立档案机构的，应由会计机构内部指定专人保管。因工作需要确需推迟移交的，应当经单位档案管理机构同意。单位会计管理机构临时保管会计档案最长不超过三年。临时保管期间，会计档案的保管应当符合国家档案管理的有关规定，且出纳人员不得兼管会计档案。

移交本单位档案机构保管的会计档案，原则上应当保持原卷册的封装。个别需要拆封新整理的，档案机构应当会同会计机构和经办人员共同拆封整理，以分清责任。

（二）会计电子档案

单位可以利用计算机、网络通信等信息技术手段管理会计档案。同时满足下列条件的，单位内部形成的属于归档范围的电子会计资料可仅以电子形式保存，形成电子会计档案：

（1）形成的电子会计资料来源真实有效，由计算机等电子设备形成和传输；

（2）使用的会计核算系统能够准确、完整、有效接收和读取电子会计资料，能够输出符合国家标准归档格式的会计凭证、会计账簿、财务会计报表等会计资料，设定了经办、审核、审批等必要的审签程序；

（3）使用的电子档案管理系统能够有效接收、管理、利用电子会计档案，符合电子档案的长期保管要求，并建立了电子会计档案与相关联的其他纸质会计档案的检索关系；

（4）采取有效措施，防止电子会计档案被篡改；

（5）建立电子会计档案备份制度，能够有效防范自然灾害、意外事故和人为破坏的影响；

（6）形成的电子会计资料不属于具有永久保存价值或者其他重要保存价值的会计档案；

（7）单位从外部接收的电子会计资料附有符合《中华人民共和国电子签名法》规定的电子签名的。

（三）会计档案的保管

会计档案应分类保存，并建立相应的分类目录或卡片，随时进行登记。会计档案的保存期限，按《会计档案管理办法》分为永久保存和定期保存两种。定期保管期限一般分为10年和30年。会计档案的保管期限，从会计年度终了后的第一天算起。企业各种会计档案具体保管期限如表11-1所示。

表11-1　企业会计档案保管期限表

序号	档案名称	保管期限	备注
一	会计凭证		
1	原始凭证	30年	
2	记账凭证	30年	
二	会计账簿		
3	总账	30年	
4	明细账	30年	
5	日记账	30年	
6	固定资产卡片		固定资产报废清理后保管5年
7	其他辅助性账簿	30年	
三	财务会计报告		
8	月度、季度、半年度财务会计报告	10年	
9	年度财务会计报告	永久	
四	其他会计资料		
10	银行存款余额调节表	10年	
11	银行对账单	10年	
12	纳税申报表	10年	
13	会计档案移交清册	30年	
14	会计档案保管清册	永久	
15	会计档案销毁清册	永久	
16	会计档案鉴定意见书	永久	

（四）会计档案的调阅

各单位应妥善保管会计档案，做到有序存放、方便查阅，严防毁损、散失和泄密。在进行会计档案查阅、复制、借出时履行登记手续，严禁篡改和损坏。

单位保存的会计档案一般不得对外借出。确因工作需要且根据国家有关规定必须借出的，应当严格按照规定办理相关手续。

会计档案借用单位应当妥善保管和利用借入的会计档案，确保借入会计档案的安全完整，并在规定时间内归还。

（五）会计档案的移交

单位财务会计部门保管的会计档案在保管期满后应当移交本单位档案部门保管。移交会计档案的单位，应当编制会计档案移交清册，列明应当移交的会计档案名称、卷号、册数、起止年度和档案编号、应保管期限、已保管期限等内容。交接时，交接双方应当按照会计档案移交清册所列的内容逐项交接，并且由交接双方的负责人负责监交。交接完毕后，交接双方的负责人应当在会计档案移交清册上签名或盖章。

纸质会计档案移交时应当保持原卷的封装。电子会计档案移交时应当将电子会计档案及其元数据一并移交，且文件格式应当符合国家档案管理的有关规定。特殊格式的电子会计档案应当与其读取平台一并移交。单位档案管理机构接收电子会计档案时，应当对电子会计档案的准确性、完整性、可用性、安全性进行检测，符合要求的才能接收。

（六）会计档案的销毁

各种会计档案保存期满需要销毁时，应当由单位档案管理机构牵头，组织单位会计、审计、纪检监察等机构或人员共同进行鉴定，并形成会计档案鉴定意见书。经鉴定，仍需继续保存的会计档案，应当重新划定保管期限；对保管期满，确无保存价值的会计档案，应该按照以下程序进行销毁：

（1）单位档案管理机构编制会计档案销毁清册，列明拟销毁会计档案的名称、卷号、册数、起止年度、档案编号、应保管期限、已保管期限和销毁时间等内容。

（2）单位负责人、档案管理机构负责人、会计管理机构负责人、档案管理机构经办人、会计管理机构经办人在会计档案销毁清册上签署意见。

（3）单位档案管理机构负责组织会计档案销毁工作，并与会计管理机构共同派员监销。监销人在会计档案销毁前，应当按照会计档案销毁清册所列内容进行清点核对；在会计档案销毁后，应当在会计档案销毁清册上签名或盖章。

（4）电子会计档案的销毁还应当符合国家有关电子档案的规定，并由单位档案管理机构、会计管理机构和信息系统管理机构共同派员监销。

（5）保管期满但未结清的债权债务会计凭证和涉及其他未了事项的会计凭证不得销毁，纸质会计档案应当单独抽出立卷，电子会计档案单独转存，保管到未了事项完结时为止。单独抽出立卷或转存的会计档案，应当在会计档案鉴定意见书、会计档案销毁清册和会计档案保管清册中列明。

单位因撤销、解散、破产或其他原因而终止的，在终止或办理注销登记手续之前形成的会计档案，按照国家档案管理的有关规定处置。

复习思考题

一、名词解释

1. 会计工作组织
2. 会计法律规范
3. 会计职业道德
4. 会计档案
5. 集中核算

二、单选题

1. 我国《会计法》明确规定由（   ）管理全国的会计工作。
   A. 国务院　　　　　　　　　B. 财政部
   C. 全国人大　　　　　　　　D. 注册会计师协会

2. 下列各项中，体现集中核算特点的是（   ）。
   A. 各职能部门的会计工作主要集中在会计部门进行
   B. 单位的部分会计工作主要集中在会计部门进行
   C. 各生产经营部门的会计工作主要集中在会计部门进行
   D. 整个单位的会计工作主要集中在会计部门进行

3. 我国《会计法》规定，国有的和国有资产占控股地位或主导地位的大中型企业必须设置（   ）。
   A. 总经济师　　　B. 总会计师　　　C. 财务总监　　　D. 审计人员

4. 在我国会计规范体系中，居于最高层次的规范是（   ）。
   A.《会计法》　　　　　　　　B.《企业会计准则》
   C.《企业会计制度》　　　　　D.《会计基础工作规范》

5. 企业年度会计报表的保管期限为（   ）。
   A. 5 年　　　　B. 15 年　　　　C. 25 年　　　　D. 永久

6. 下列说法中，正确的是（   ）。
   A. 出纳人员应负责会计档案的保管
   B. 出纳人员应兼管现金总账的登记
   C. 出纳人员不得兼管总账的登记
   D. 出纳人员应负责债权债务账目的总分类核算

7. 某公司为获得一项工程合同，拟向工程发包方的有关人员支付好处费 8 万元，公司市场部持公司的批示到财务部领取该笔款项。财务部经理谢某认为该项支出不符合有关规定，但考虑到公司主要领导已做了批示，遂同意拨付了款项。下列对谢某做法的认定中正确的是（   ）。
   A. 谢某违反了爱岗敬业的会计职业道德要求

B. 谢某违反了坚持准则、守责敬业的会计职业道德要求

C. 谢某违反了参与管理的会计职业道德要求

D. 谢某违反了廉洁自律的会计职业道德要求

8. 在财务会计机构内部按照会计工作的内容和会计人员的配备情况进行合理的分工，就是（　　）。

A. 会计机构的设置　　　　　　B. 会计机构岗位的设置

C. 会计工作的组织形式　　　　D. 内部会计管理制度

9. 会计机构负责人或会计主管人员，是一个单位内具体负责会计工作的（　　）。

A. 基层领导人员　　　　　　　B. 高层领导人员

C. 中层领导人员　　　　　　　D. 行政领导成员

10. 会计人员的职责中不包括（　　）。

A. 进行会计核算　　　　　　　B. 实行会计监督

C. 编制预算　　　　　　　　　D. 决定经营方针

三、多选题

1. 会计工作的组织，主要包括（　　）。

A. 会计机构的设置　　　　　　B. 会计人员的配备

C. 会计法律规范的制定与执行　D. 会计档案的保管

E. 会计职业道德的制定与执行

2. 下列必须由具备会计从业资格的人员从事的工作岗位有（　　）。

A. 出纳　　　　　　　　　　　B. 稽核

C. 会计主管　　　　　　　　　D. 财产物资的收发

E. 财产物资的采购

3. 根据规定，会计工作岗位可以（　　）。

A. 一人一岗　　　　　　　　　B. 一人多岗

C. 一岗多人　　　　　　　　　D. 随便设

E. 上述都正确

4. 下列各项中属于会计岗位的有（　　）。

A. 出纳岗位　　　　　　　　　B. 商场收银员岗位

C. 内部审计岗位　　　　　　　D. 稽核岗位

E. 工资核算岗位

5. 会计工作的组织形式包括（　　）。

A. 科目汇总表核算形式　　　　B. 集中核算形式

C. 汇总记账凭证核算形式　　　D. 非集中核算形式

E. 记账凭证核算形式

6. 我国会计专业技术职务分别规定为（　　）。
A. 高级会计师　　　　　　　　B. 会计师
C. 注册会计师　　　　　　　　D. 助理会计师
E. 会计员

7. 我国《会计法》规定的会计人员主要职责有（　　）。
A. 进行会计核算
B. 实行会计监督
C. 拟定本单位办理会计事务的具体方法
D. 编制业务计划、财务预算，考核分析其执行情况
E. 办理其他会计事项

8. 会计档案的定期保管期限有（　　）。
A. 3 年　　　　B. 5 年　　　　C. 10 年　　　　D. 15 年
E. 30 年

9. 我国现行的会计法律规范体系由（　　）等四个层次构成。
A. 会计法律　　　　　　　　　B. 会计行政法规
C. 会计原则　　　　　　　　　D. 会计部门规章
E. 地方政府和行业主管部门的会计规章

10. 我国会计职业道德包括（　　）。
A. 坚持诚信、奉公守法　　　　B. 廉洁自律、客观公正
C. 认真核算、及时报送　　　　D. 坚持准则、守责敬业
E. 坚持学习、守正创新

四、判断题

1. 所有企事业单位，无论规模大小，经济业务繁简，都必须设置独立的会计机构进行会计核算。（　　）
2. 在实际工作中，企业可以对某些业务采用集中核算，而对另外一些业务采用非集中核算。（　　）
3. 企业会计工作的组织形式是统一领导，分级管理。（　　）
4. 企业单位采用非集中核算，财会部门掌握的资料比较完整、详细。（　　）
5. 我国《会计法》明确规定，国务院直接管理全国的会计工作。（　　）
6. 我国《企业会计准则》制定的法律依据是《会计法》。（　　）
7. 我国《会计法》规定，应对本单位的会计工作和会计资料的真实性、完整性负责的是注册会计师。（　　）
8. 各单位每年形成的会计档案，应当由会计机构负责整理立卷，装订成册，并编制会计档案保管清册。（　　）
9. 会计档案保管期限届满后，会计人员便可销毁会计档案。（　　）

10. 会计档案一律永久保存，不得私自销毁。   （ ）

五、案例分析题

资料：李先生拿出自己的积蓄 20 000 元在某大学校园食堂内申请办了一个小吃窗口，其中用 12 000 元支付一年的房租，4 000 元购置厨房用具和板凳桌椅，4 000 元用于采购小吃原料。工作人员只有李先生夫妻两个。该小吃店每天营业额约 600 元。

经批准，张先生也在该大学租用 3 000 平方米的铺面开设了一家海华超市连锁店铺，每年向学校支付租金 50 万元，商品品种规格多达 7 000 多种，均由海华超市统一配送。超市派了一名经理和两名副经理，还雇用了 25 名售货员和 4 名收银员。每天营业额约 5 万元。

请问：

（1）你认为这两家商户需要会计吗？为什么？

（2）你认为这两家商户哪一家需要设置专门的会计人员？为什么？

复习思考题参考答案

第一章 总论

一、名词解释

1. 会计，是以货币为主要计量单位，以提高经济效益为主要目标，运用专门方法对企业、机关、事业单位和其他组织的经济活动进行全面、综合、连续、系统地核算和监督，提供会计信息，并随着社会经济的日益发展，逐步开展预测、决策、控制和分析的一种经济管理活动。

2. 会计核算职能，也称会计反映职能。它是指会计以货币为主要计量单位，通过确认、计量、记录、报告等环节，对特定对象（或称特定主体）的经济活动进行记账、算账、报账，为各有关方面提供会计信息的功能。

3. 会计监督职能，是指会计具有按照一定的目的和要求，利用会计反映职能所提供的经济信息，对企业和行政事业单位的经济活动进行控制，使之达到预期目标的功能。

4. 相关性：要求企业提供的会计信息应当与投资者等财务报告使用者的经济决策需要相关，有助于投资者等财务报告使用者对企业过去、现在或者未来的情况作出评价或者预测。

5. 实质重于形式：要求企业应当按照交易或者事项的经济实质进行会计确认、计量和报告，不仅仅以交易或者事项的法律形式为依据。

二、单选题

1. B   2. D   3. C   4. B   5. A
6. C   7. A   8. B   9. C   10. D

三、多选题

1. BC   2. ABCDE   3. AB   4. ABCDE   5. ABD

6. ABCD　　7. ABCDE　　8. ABC　　9. ABD　　10. ABE

四、判断题

1. √　　2. ×　　3. ×　　4. ×　　5. √
6. ×　　7. √　　8. ×　　9. ×　　10. ×

五、案例分析题

案例提示：

（1）从经营过程看，甲显然比乙要好，在其他因素相同的情况下，甲比乙取得了更多的收入，但从收益计算的结果看，甲与乙是一样的。可见，收益结果未能客观地反映经营过程，原因就在于对广告费采用了不同的处理方法。正是由于收益计算的基础或依据不一样，使得甲、乙二者的收益结果不具有可比性，也就是说，我们不能因为他们各自计算出的收益一样就断定两者的经营效益相同。可以想象，如果每一个企业都利用各自不同的会计处理方法，那么就无法用他们提供的信息来判断哪家企业的生产经营活动与效益更好。这就是会计核算中要使不同企业采用相同的核算方法以便使提供的会计信息具有可比性的原因。

（2）通过此案例可深入理解可比性原则在披露信息环节的重要性。可比性原则要求不同企业都要按照国家统一规定的会计核算方法与程序进行，以便会计信息使用者进行企业间的比较。仍以上述案例，如果规定广告费必须全部计入当月费用，则甲的收益仍为 5 000 元，而乙的收益则为 2 500 元（17 500-10 000-5 000）。此时，由于他们是采用相同的处理方法，因而结果具有可比性，即我们可以据此结果得出结论：本月甲的经营效益要比乙好。

第二章　会计核算的基础理论

一、名词解释

1. 会计假设，是指会计人员对会计核算所处的变化不定的环境作出的合理判断，是会计核算的前提条件。

2. 会计对象，是指会计核算和监督的内容，即企事业单位在日常经营活动或业务活动中所表现出的资金运动。

3. 会计要素，是指对会计对象的具体分类，是会计对象按照经济特征所作的最基本分类，也是会计核算对象的具体化。

4. 权责发生制，也称应收应付制，是指企业按收入的权利和支出的义务是否归属于本期来确认收入、费用的标准，而不是按款项的实际收支是否在本期发生，也就是以应收应付为标准。

5. 收付实现制，也称现收现付制或现金收付制。它是以是否实际收到或付出货币资金作为确定本期收入和费用的标准。

6. 会计确认，是指依据一定的标准，确认某经济业务事项，能否记入会计信息系统，并列入会计报告的过程。

二、单选题

| 1. C | 2. C | 3. A | 4. A | 5. A |
| 6. D | 7. B | 8. B | 9. D | 10. A |

三、多选题

| 1. BDE | 2. ABCE | 3. ABC | 4. ABCD | 5. ABCDE |
| 6. ABE | 7. BDE | 8. BCD | 9. ABD | 10. CDE |

四、判断题

| 1. √ | 2. √ | 3. √ | 4. √ | 5. × |
| 6. × | 7. × | 8. √ | 9. × | 10. × |

五、业务题

(一) 参考答案

期初权益＝800 000－200 000＝600 000（元）

期末权益＝900 000－100 000＝800 000（元）

1. 本年度利润＝期末权益－期初权益

   ＝800 000－600 000

   ＝200 000（元）

   收入＝利润＋费用＝200 000＋160 000

   ＝360 000（元）

2. 200 000－20 000＝180 000（元）

3. 200 000＋30 000－10 000＝220 000（元）

(二) 参考答案

权责发生制：

收入＝72 000＋84 000＝156 000（元）

费用＝30 000＋12 000＝42 000（元）

净收益＝156 000－42 000＝114 000（元）

收付实现制：

收入＝24 000＋72 000＝96 000（元）

费用＝10 800＋30 000＝40 800（元）

净收益=96 000-40 800=55 200（元）

(三) 参考答案

资产负债表　　　　　　　　　　　　　单位：元

项目序号	金额		
	资产	负债	所有者权益
1	1 700		
2	2 939 300		
3			13 130 000
4		500 000	
5		300 000	
6	417 000		
7	584 000		
8	520 000		
9	43 000		
10		45 000	
11	60 000		
12	5 700 000		
13	4 200 000		
14	530 000		
15			960 000
16			440 000
17		200 000	
18	650 000		
19			70 000
合计	15 645 000	1 045 000	14 600 000

六、案例分析题

案例提示：

1. 甲从公司取钱用于私人开支，不属于公司的业务，不能作为公司的办公费支出。违背了会计主体假设。

2. 3月15日，编制3月1日—15日的财务报表是临时性的。我国会计分期假设规定的会计期间为年度、半年度、季度和月份。违背了会计分期假设。

3. 计提折旧，前后期采用不同的计算方法，违背了会计上的可比性原则。

4. 预收的管理咨询费用不能作为当期的收入，应先记入负债，等为对方提供了管理咨询服务后再结转，违背了权责发生制原则。

5. 预付报刊费，应在受益期间内摊销，不能记入支付当期的费用，违背了权责发生制原则。

第三章 会计科目与账户

一、名词解释

1. 会计科目，是对会计要素所作的进一步分类，是对每一会计要素所包括的具体内容再按其一定的特点和管理要求进行分类所形成的项目或名称。

2. 总分类科目，也称为一级科目或总账科目，它是对会计要素的具体内容进行总括分类，提供总括核算指标信息的会计科目。

3. 明细分类科目，简称明细科目，是对总分类科目进一步分类的科目，以便提供更详细、更具体的会计信息。

4. 账户，是指根据会计科目开设的，具有一定格式和结构，用来连续地分类记录和反映会计要素增减变动情况及其结果的一种工具。

5. 实账户，又称为永久性账户，通常是指期末结账后有余额的账户，包括资产类、负债类、所有者权益类和共同类账户。

6. 虚账户，又称为临时性账户，通常是指期末结账后无余额的账户，通常利润表账户都是虚账户。

二、单选题

| 1. B | 2. A | 3. B | 4. C | 5. C |
| 6. D | 7. D | 8. A | 9. A. | 10. D |

三、多选题

| 1. AD | 2. AB | 3. AC | 4. ABCD | 5. ABCDE |
| 6. ABCDE | 7. ABCDE | 8. AD | 9. AC | 10. AB |

四、判断题

| 1. √ | 2. × | 3. √ | 4. × | 5. × |
| 6. √ | 7. × | 8. √ | 9. × | 10. √ |

五、业务题

（1）库存现金（资产类，实账户）
（2）银行存款（资产类，实账户）
（3）固定资产（资产类，实账户）
（4）短期借款（负债类，实账户）
（5）长期借款（负债类，实账户）
（6）应付账款（负债类，实账户）
（7）实收资本（所有者权益类，实账户）
（8）应收账款（资产类，实账户）
（9）应付职工薪酬（负债类，实账户）
（10）财务费用（损益类，虚账户）
（11）利润分配（所有者权益类，实账户）
（12）管理费用（损益类，虚账户）
（13）主营业务收入（损益类，虚账户）
（14）其他业务收入（损益类，虚账户）
（15）库存商品（资产类，实账户）
（16）生产成本（成本类，实账户）
（17）销售费用（损益类，虚账户）
（18）原材料（资产类，实账户）
（19）预付账款（资产类，实账户）
（20）预收账款（负债类，实账户）

六、案例分析题

案例提示：

（1）剩余现金＝500+1 000-300＝1 200（元）

（2）库存现金账户。

（3）月初的500元为9月的期初余额，15日收到的1 000元为本期增加发生额，20日支出的300元为本期减少发生额。月底剩余现金＝500+1 000-300＝1 200（元）。这个数字就是9月的期末余额，又是10月的期初余额。账户的四个指标以及它们之间的关系是常用的概念和公式，可以帮助我们正确填写账户并计算出它们的期末余额。期末余额＝期初余额+本期增加发生额-本期减少发生额。

第四章 复式记账

一、名词解释

1. 复式记账法，是指对每一笔经济业务所引起的资金增减变动，都要以相等的金额同时在两个或两个以上相互联系的账户中进行登记的方法。

2. 借贷记账法，就是以"借""贷"作为记账符号，按照"有借必有贷、借贷必相等"的记账规则，在两个或两个以上的账户中全面的、相互联系的记录每笔经济业务的一种复式记账方法。

3. 对应账户：采用借贷记账法，在每项经济业务发生后，都会在相关账户中形成一种相互对立又相互依存的关系，这种借方账户与贷方账户之间的相互依存的关系，称为账户的对应关系，具有对应关系的账户称为对应账户。

4. 会计分录：按照借贷记账法记账规则的要求，标明某项经济业务应借应贷账户名称及金额的一种记录。

5. 试算平衡：依据会计恒等式的平衡关系和借贷记账法的记账规则确立的，用于检查和验证账户记录正确性的方法，在会计上称之为试算平衡。

6. 平行登记：对于需要进行明细核算的每一项经济业务，过账时，在记入有关的总分类账户同时，也要记入该总分类账户所属的明细分类账户，而且登记的方向相同，金额相等，这种登记总分类账户和明细分类账户的方法称为平行登记。

二、单选题

| 1. A | 2. B | 3. A | 4. C | 5. B |
| 6. A | 7. C | 8. B | 9. C. | 10. A |

三、多选题

| 1. AB | 2. ABCD | 3. ABC | 4. AB | 5. AC |
| 6. ADE | 7. CD | 8. DE | 9. ABCD | 10. ACD |

四、判断题

| 1. √ | 2. √ | 3. × | 4. √ | 5. √ |
| 6. √ | 7. × | 8. × | 9. × | 10. × |

五、业务题

(一) 练习借贷记账下账户的结构

账户结构

账户名称	增加	减少	余额
库存商品	借方	贷方	借方
应收账款	借方	贷方	借方
预收账款	贷方	借方	贷方
在建工程	借方	贷方	借方
生产成本	借方	贷方	借方
制造费用	借方	贷方	无余额
累计折旧	贷方	借方	贷方
实收资本	贷方	借方	贷方
财务费用	借方	贷方	无余额
主营业务收入	贷方	借方	无余额
销售费用	借方	贷方	无余额

(二) 练习账户的结构及账户金额计算方法

账户金额计算表   单位：元

账户名称	期初余额 借方	期初余额 贷方	本期发生额 借方	本期发生额 贷方	期末余额 借方	期末余额 贷方
原材料	10 000		5 000	(3 000)	12 000	
累计折旧		5 000	(1 000)	2 000		6 000
预收账款		(4 000)	500	1 000		4 500
应付账款		12 000	6 000	2 000		(8 000)
生产成本	60 000		8 000	(15 000)	53 000	
制造费用	0		2 000	(2 000)	0	
实收资本		100 000	0	20 000		(120 000)
利润分配		(5 000)	30 000	80 000		55 000
主营业务收入		(0)	60 000	60 000		0
销售费用	0		3 000	(3 000)	0	

（三）练习借贷记账法

1. 会计分录

(1) 借：固定资产　　　　　　　　　　　　　　10 000
　　　贷：银行存款　　　　　　　　　　　　　　　　10 000

(2) 借：银行存款　　　　　　　　　　　　　　60 000
　　　贷：应收账款　　　　　　　　　　　　　　　　60 000

(3) 借：生产成本　　　　　　　　　　　　　　45 000
　　　贷：原材料　　　　　　　　　　　　　　　　　45 000

(4) 借：库存现金　　　　　　　　　　　　　　21 000
　　　贷：银行存款　　　　　　　　　　　　　　　　21 000

(5) 借：库存商品　　　　　　　　　　　　　　35 000
　　　贷：生产成本　　　　　　　　　　　　　　　　35 000

(6) 借：银行存款　　　　　　　　　　　　　　200 000
　　　贷：短期借款　　　　　　　　　　　　　　　　200 000

(7) 借：原材料　　　　　　　　　　　　　　　10 000
　　　贷：应付账款　　　　　　　　　　　　　　　　10 000

(8) 借：应付账款　　　　　　　　　　　　　　10 000
　　　贷：银行存款　　　　　　　　　　　　　　　　10 000

(9) 借：银行存款　　　　　　　　　　　　　　120 000
　　　贷：实收资本　　　　　　　　　　　　　　　　120 000

(10) 借：银行存款　　　　　　　　　　　　　 2 000
　　　 贷：主营业务收入　　　　　　　　　　　　　 2 000

2. 总分类账户发生额试算平衡表

总分类账户发生额试算平衡表

2022 年 1 月 31 日　　　　　　　　　　　　　　单位：元

账户名称	本期发生额	
	借方	贷方
银行存款	382 000	41 000
库存现金	21 000	
库存商品	35 000	
固定资产	10 000	
短期借款		200 000
应付账款	10 000	10 000
实收资本		120 000

续表

账户名称	本期发生额	
	借方	贷方
生产成本	45 000	35 000
主营业务收入		2 000
原材料	10 000	45 000
应收账款		60 000
合计	513 000	513 000

（四）练习平行登记

（1）6日车间领用材料时：

借：生产成本　　　　　　　　　　　　　　　　20 000
　　贷：原材料——甲材料　　　　　　　　　　　10 000
　　　　　　——乙材料　　　　　　　　　　　　10 000

（2）11日

借：原材料——甲材料　　　　　　　　　　　　30 000
　　贷：应付账款——乐丰公司　　　　　　　　　30 000

（3）25日

借：应付账款——融合公司　　　　　　　　　　 5 000
　　贷：银行存款　　　　　　　　　　　　　　　5 000

借	原材料	贷	借	应付账款	贷
期初余额：35 000					期初余额：36 000
（2）30 000		（1）20 000	（3）5 000		（2）30 000
本期发生额30 000		本期发生额20 000	本期发生额5 000		本期发生额30 000
期末余额45 000					期末余额61 000

借　　原材料——甲材料　　贷		借　　原材料——乙材料　　贷	
期初余额：15 000 （2）30 000	（1）10 000	期初余额：20 000	（1）10 000
本期发生额30 000	本期发生额10 000	本期发生额0	本期发生额10 000
期末余额35 000		期末余额10 000	

借　　应付账款——乐丰公司　　贷		借　　应付账款——融合公司　　贷	
	期初余额：30 000 （2）30 000	（3）5 000	期初余额：6 000
本期发生额0	本期发生额30 000	本期发生额5 000	本期发生额0
	期末余额60 000		期末余额1 000

六、案例分析题

案例提示：

资料1：2022年12月31日该小商铺的资产、负债、所有者权益分别是9 300元、5 500元、3 800元。开业以来的收入、费用、利润各是9 000元、6 200元、2 800元。

资料2：小李妻子的说法是错误的，复式记账法的优点就是可以进行试算平衡，试算平衡表不平说明本期账务记录肯定存在错误。相反，试算平衡表平衡了，也还可能有错账。因为试算平衡表也不是万能的，如在账户中把有些业务漏记了，借贷金额记账方向彼此颠倒了，还有记账方向正确但记错了账户，这些都不会影响试算表的平衡。所以试算表平衡了，并不能说明没有错账。

第五章　企业主要经济业务的核算

一、名词解释

1. 实收资本，是指投资者按照企业章程或合同、协议的约定，实际投入企业的资本金以及按照有关规定由资本公积金、盈余公积金转为资本的资金。股份有限公司对股东投入的资本称为"股本"，其余企业一般称为"实收资本"。

2. 资本（或股本）溢价，是指所有者投入资本大于其在注册资本（或股本）中所占份额的差额。在不同类型的企业中，所有者投入资本大于其在注册资本（或股本）中所占份额的差额的表现形式有所不同，在股份有限公司，表现为超面值缴入股本，即实际出资额大于股票面值的差额，称为股本溢价。在其他企业，则表现为资本溢价。

3. 原材料按实际成本法核算，是指原材料日常收发及结存，无论是总分类核算还是明细分类核算，均按照实际成本进行计价的方法。

4. 期间费用，是指企业在生产经营过程中发生的与特定产品生产没有直接关系，不能直接归属于某种产品成本，而应直接计入当期损益的各种费用，包括管理费用、销售费用和财务费用。

5. 成本项目，是指生产费用按其经济用途所进行分类的项目，企业一般设置直接材料、直接人工和制造费用三个成本项目。

6. 制造费用，是指企业各个生产车间为组织和管理生产所发生的各项间接费用，它包括生产车间管理人员的工资和福利费、生产车间固定资产的折旧费和修理费、机物料消耗、水电费、办公费、保险费、劳动保护费、季节性和修理期间的停工损失等。

二、单选题

| 1. B | 2. C | 3. B | 4. D | 5. C |
| 6. D | 7. C | 8. A | 9. B | 10. D |

三、多选题

| 1. ABC | 2. BDE | 3. AD | 4. ACD | 5. BCD |
| 6. ABCD | 7. ABC | 8. AC | 9. ABC | 10. ABE |

四、判断题

| 1. √ | 2. √ | 3. × | 4. × | 5. × |
| 6. × | 7. × | 8. × | 9. √ | 10. √ |

五、业务题

（一）资金筹集业务的核算

(1) 借：银行存款		80 000
贷：实收资本——法人资本金——南方公司		80 000
(2) 借：无形资产——专利权		300 000
贷：实收资本——法人资本金——A 公司		200 000
资本公积——资本溢价		100 000
(3) 借：固定资产——机器设备		180 000
贷：实收资本——法人资本金——B 公司		180 000
(4) 借：银行存款		20 000
贷：短期借款		20 000
(5) 借：短期借款		20 000
财务费用		150
贷：银行存款		20 150
(6) 借：银行存款		200 000
贷：长期借款		200 000

（二）练习供应过程业务的核算

(1) 借：固定资产——机器设备		250 000
应交税费——应交增值税（进项税额）		32 500
贷：应付账款		282 500
(2) 借：在建工程——设备安装工程		70 000
应交税费——应交增值税（进项税）		9 100
贷：银行存款		79 100
(3) 借：在建工程——设备安装工程		1 500
贷：原材料		500
银行存款		1 000
(4) 借：固定资产——机器设备		71 500
贷：在建工程——设备安装工程		71 500
(5) 借：在途物资——A 材料		80 000
应交税费——应交增值税（进项税额）		10 400
贷：银行存款		90 400
(6) 借：在途物资——A 材料		2 000
应交税费——应交增值税（进项税额）		180
贷：银行存款		2 180

材料验收入库，结转采购成本

借：原材料——A 材料	82 000	
贷：在途物资——A 材料		82 000
（7）借：在途物资——B 材料	2 000	
——C 材料	1 500	
应交税费——应交增值税（进项税额）	455	
贷：应付账款		3 955
（8）借：在途物资——B 材料	400	
——C 材料	100	
应交税费——应交增值税（进项税额）	45	
贷：银行存款		545

入库结转成本：

借：原材料——B 材料	2 400	
——C 材料	1 600	
贷：在途物资——B 材料		2 400
——C 材料		1 600
（9）借：预付账款——A 工厂	18 080	
贷：银行存款		18 080
（10）借：原材料——D 材料	16 000	
应交税费——应交增值税（进项税额）	2 080	
贷：预付账款——A 工厂		18 080

（三）练习产品生产业务的核算

（1）借：生产成本——甲产品	6 000	
——乙产品	8 500	
贷：原材料　A 材料		7 500
——B 材料		7 000
（2）借：生产成本——甲产品	7 000	
——乙产品	6 000	
制造费用	2 500	
管理费用	1 000	
贷：应付职工薪酬——工资		16 500
（3）借：预付账款	3 000	
贷：银行存款		3 000
借：制造费用	1 000	
贷：预付账款		1 000
（4）借：制造费用	200	
管理费用	300	

                贷：库存现金   500
    （5）借：制造费用   1 600
                贷：原材料——C材料   1 600
    （6）借：管理费用   1 500
                贷：其他应付款   1 500
    （7）借：制造费用   4 500
                    管理费用   500
                贷：累计折旧   5 000
    （8）制造费用总额为9 800元（2 500元+1 000元+200元+1 600元+4 500元）。
制造费用分配率=9 800/（7000+6000）=0.75
    甲产品负担的制造费用：7 000×0.75=5 250（元）
    乙产品负担的制造费用：9 800-5 250=4 550（元）
        借：生产成本——甲产品   5 250
                    ——乙产品   4 550
                贷：制造费用   9 800
    （9）甲产品的总成本为18 250元（6 000元+7 000元+5 250元），单位成本为91.25元（18 250/200）；乙产品的总成本为19050元（8 500元+6 000元+4 550元），单位成本为254元（19 050/75）。
        借：库存商品——甲产品   18 250
                    ——乙产品   19 050
                贷：生产成本——甲产品   18 250
                            ——乙产品   19 050
    （四）练习销售业务的核算
    （1）借：应收账款——华都公司   15 255
                贷：主营业务收入——甲产品   6 500
                                ——乙产品   7 000
                    应交税费——应交增值税（销项税额）   1 755
    （2）借：销售费用   1 500
                    应交税费——应交增值税（进项税额）   135
                贷：银行存款   1 635
    （3）借：银行存款   14 690
                贷：预收账款——丰远公司   14 690
    （4）借：预收账款——丰远公司   14 690
                    应收账款——丰远公司   180
                贷：主营业务收入——甲产品   13 000
                    应交税费——应交增值税（销项税额）   1 690

	银行存款	180
（5）借：税金及附加		2 000
	贷：应交税费——应交消费税	2 000
（6）借：销售费用		600
	贷：银行存款	600
（7）借：应收票据——远山公司		15 820
	贷：其他业务收入——A材料	14 000
	应交税费——应交增值税（销项税额）	1 820
（8）借：主营业务成本——甲产品		10 500
	——乙产品	3 200
	贷：库存商品——甲产品	10 500
	——乙产品	3 200
（9）借：其他业务成本		8 200
	贷：原材料——A材料	8 200

（五）练习利润形成及分配业务的核算

（1）借：银行存款		7 000
	贷：营业外收入	7 000
（2）借：营业外支出		2 250
	贷：库存现金	2 250
（3）借：银行存款		3 000
	贷：其他应付款	3 000
（4）借：主营业务收入		30 000
	其他业务收入	4 000
	营业外收入	7 000
	贷：本年利润	41 000
	借：本年利润	24 290
	贷：主营业务成本	15 000
	其他业务成本	2 000
	税金及附加	1 500
	管理费用	2 340
	销售费用	1 000
	财务费用	200
	营业外支出	2 250

（5）所得税＝（41 000－24 290）×25%＝4 177.50

借：所得税费用		4 177.50
	贷：应交税费——应交所得税	4 177.50

借：本年利润 4 177.50
　　贷：所得税费用 4 177.50
(6) 本年利润贷方余额 150 000+41 000−24 290−4 177.50＝162 532.50（元）
借：本年利润 162 532.50
　　贷：利润分配——未分配利润 162 532.50
(7) 借：利润分配——提取法定盈余公积 16 253.25
　　　贷：盈余公积——法定盈余公积 16 253.25
(8) 借：利润分配——应付利润 40 000
　　　贷：应付利润 40 000
(9) 借：利润分配——未分配利润 56 253.25
　　　贷：利润分配——提取法定盈余公积 16 253.25
　　　　　利润分配——应付利润 40 000.00

(六) 综合业务练习

1. 编制会计分录
(1) 借：银行存款 250 000
　　　贷：实收资本 250 000
(2) 借：固定资产 110 000
　　　贷：实收资本 110 000
(3) 借：银行存款 200 000
　　　贷：短期借款 200 000
(4) 借：在途物资——A材料 11 000
　　　应交税费——应交增值税（进项税额） 1 390
　　　贷：银行存款 12 390
(5) 借：原材料——A材料 11 000
　　　贷：在途物资——A材料 11 000
(6) 借：在途物资——A材料 10 000
　　　　　　　　——B材料 28 000
　　　　　　　　——C材料 36 000
　　　应交税费——应交增值税（进项税额） 9 620
　　　贷：应付账款 83 620
(7) 运费及装卸费分配率＝3 500/（10+20+20）＝70（元/千克）
A材料应分配运费及装卸费：10×70＝700（元）
B材料应分配运费及装卸费：20×70＝1 400（元）
C材料应分配运费及装卸费：20×70＝1 400（元）

借：在途物资——A 材料	700
——B 材料	1 400
——C 材料	1 400
应交税费——应交增值税（进项税额）	315
贷：银行存款	3 815

(8) 借：原材料——A 材料　　　　　　　　　　10 700
　　　　　　——B 材料　　　　　　　　　　29 400
　　　　　　——C 材料　　　　　　　　　　37 400
　　　贷：在途物资——A 材料　　　　　　　　10 700
　　　　　　　　——B 材料　　　　　　　　29 400
　　　　　　　　——C 材料　　　　　　　　37 400

(9) 借：生产成本——甲产品　　　　　　　　　22 800
　　　　　　——乙产品　　　　　　　　　24 000
　　　制造费用　　　　　　　　　　　　　　10 000
　　　管理费用　　　　　　　　　　　　　　 6 000
　　　贷：原材料——A 材料　　　　　　　　　35 000
　　　　　　　——B 材料　　　　　　　　　16 500
　　　　　　　——C 材料厂　　　　　　　　11 300

(10) 借：生产成本——甲产品　　　　　　　　　20 000
　　　　　　　——乙产品　　　　　　　　　16 000
　　　制造费用　　　　　　　　　　　　　　 7 000
　　　管理费用　　　　　　　　　　　　　　 3 000
　　　贷：应付职工薪酬——工资　　　　　　　46 000

(11) 借：库存现金　　　　　　　　　　　　　50 000
　　　贷：银行存款　　　　　　　　　　　　50 000

(12) 借：应付职工薪酬——工资　　　　　　　　50 000
　　　贷：库存现金　　　　　　　　　　　　50 000

(13) 借：应付账款　　　　　　　　　　　　　83 620
　　　贷：银行存款　　　　　　　　　　　　83 620

(14) 借：库存现金　　　　　　　　　　　　　150
　　　贷：应收账款　　　　　　　　　　　　150

(15) 借：管理费用　　　　　　　　　　　　　120
　　　贷：银行存款　　　　　　　　　　　　120

(16) 借：管理费用　　　　　　　　　　　　　4 400
　　　贷：库存现金　　　　　　　　　　　　4 400

(17) 借：银行存款　　　　　　　　　　　　　18 000

                贷：应收账款   18 000
（18）借：应收账款   46 400
            贷：主营业务收入   40 000
                应交税费——应交增值税（销项税额）   5 200
                银行存款   1 200
（19）借：销售费用   1 500
            贷：银行存款   1 500
（20）借：应收票据   56 500
            贷：主营业务收入   50 000
                应交税费——应交增值税（销项税额）   6 500
（21）借：制造费用   1 000
            管理费用   850
            贷：预付账款   1 850
（22）借：制造费用   5 200
            管理费用   2 000
            贷：累计折旧   7 200
（23）本月发生的制造费用为 23 200 元（10 000 元+7 000 元+1 000 元+5 200 元）
制造费用分配率=23 200/（6000+4000）= 2.32（元/工时）
甲产品应负担的制造费用=2.32×6000=13 920（元）
乙产品应负担的制造费用=2.32×4000=9 280（元）
    借：生产成本——甲产品   13 920
                ——乙产品   9 280
        贷：制造费用   23 200
（24）甲产品的生产成本为 56 720 元（22 800 元+20 000 元+13 920 元）
    借：库存商品——甲产品   56 720
        贷：生产成本——甲产品   56 720
（25）借：主营业务成本   40 000
            贷：库存商品   40 000
（26）借：税金及附加   7 000
            贷：应交税费   7 000
（27）借：财务费用   4 600
            贷：应付利息   4 600
（28）借：本年利润   69 470
            贷：主营业务成本   40 000
                销售费用   1 500
                税金及附加   7 000

| | 管理费用 | 16 370 |
| | 财务费用 | 4 600 |

(29) 借：主营业务收入　　　　　　　　　　　　90 000
　　　　贷：本年利润　　　　　　　　　　　　　　　90 000

本期利润总额＝90 000－69 470＝20 530（元）

(30) 借：所得税费用　　　　　　　　　　　　　5 132.50
　　　　贷：应交税费——应交所得税　　　　　　　　5 132.50

(31) 借：本年利润　　　　　　　　　　　　　　5 132.50
　　　　贷：所得税费用　　　　　　　　　　　　　　5 132.50

(32) 借：本年利润　　　　　　　　　　　　　　15 397.50
　　　　贷：利润分配——未分配利润　　　　　　　　15 397.50

本期净利润＝20 530－5 132.50＝15 397.50

(33) 借：利润分配——提取法定盈余公积　　　　1 539.75
　　　　贷：盈余公积　　　　　　　　　　　　　　　1 539.75

(34) 借：利润分配——应付普通股股利　　　　　769.88
　　　　贷：应付利润　　　　　　　　　　　　　　　769.88

(35) 借：利润分配——未分配利润　　　　　　　2 309.63
　　　　贷：利润分配——提取法定盈余公积　　　　　1 539.75
　　　　　　利润分配——应付普通股股利　　　　　　769.88

2. 登记 T 型账户

借　　库存现金　　贷	借　　银行存款　　贷
（余）　6 000	（余）240 000　　（4）12 390
（11）5 0000　　（12）50 000	（1）250 000　　（7）　3 815
（14）　　150　（16）4 400	（3）200 000　　（11）50 000
	（17）18 000　　（13）83 620
	（15）　　120
50 150　　　54 400	（18）1 200
	（19）1 500
1 750	468 000　　　152 645
	555 355

借	应收账款	贷		借	应收票据	贷
（余）43 150	（14） 150			（20）56 500		
（18）46 400	（17）18 000					
46 400	18 150			56 500		
71 400				56 500		

借	在途物资	贷		借	原材料	贷
（4）11 000				（余）85 000		
（6）74 000	（5）11 000			（15）11 000	（9）62 800	
（7） 3 500	（8）77 500			（8）77 500		
88 500	88 500			88 500	62 800	
0				110 700		

借	固定资产	贷		借	库存商品	贷
（余）304 000				（余）150 000		
（2） 110 000				（24） 56 720	（25）40 000	
110 000				56 720	40 000	
414 000				166 720		

借	制造费用	贷		借	生产成本	贷
（9）10 000				（9） 46 800		
（10）7 000	（3）23 200			（10）36 000	（24）56 720	
（21）1 000				（23） 23 200		
（22）5 200						
23 200	23 200			106 000	56 720	
0				49 280		

复习思考题参考答案

借	预付账款	贷		借	应付账款	贷
（余）1 850		（21）1 850		（13）83 620		（6）83 620
	1 850			83 620		83 620
	0				0	

借	应付利息	贷		借	累计折旧	贷
		（27）4 600				（22）7 200
		4 600				7 200
		4 600				7 200

借	应付职工薪酬	贷		借	应付利润	贷
（12）50 000		（余）50 000				（34）769.88
		（11）46 000				769.88
	50 000	46 000				769.88
		46 000				

借	销售费用	贷		借	财务费用	贷
（19）1 500		（28）1 500		（27）4 600		（28）4 600
	1 500	1 500			4 600	4 600
	0				0	

309

借 主营业务成本 贷		借 税金及附加 贷	
(25) 40 000	(28) 40 000	(26) 7 000	(28) 7 000
40 000	40 000	7 000	7 000
0	0	0	

借 所得税费用 贷		借 盈余公积 贷	
(30) 5 132.50	(31) 5 132.50		(33) 1 539.75
5 132.50	5 132.50		1 539.75
0			1 539.75

借 主营业务收入 贷		借 管理费用 贷	
(29) 90 000	(18) 40 000 (20) 50 000	(9) 6 000 (10) 3 000 (15) 120 (16) 4 400 (21) 850 (22) 2 000	(29) 16 370
90 000	90 000	16 370	16 370
	0	0	

借 短期借款 贷		借 实收资本 贷	
	(余) 255 000 (3) 200 000		(余) 500 000 (1) 250 000 (2) 110 000
	200 000		360 000
	455 000		860 000

借	本年利润	贷		借	应交税费	贷
（28）69 470 （31）5 132.50 （32）15 397.50		（29）90 000		（4）1 390 （6）9 620 （7）315		（余）25 000 （18）5 200 （20）6 500 （26）7 000 （30）5 132.50
90 000		90 000		11 325		23 832.50
	0					37 507.50

借	利润分配	贷
（33）1 539.75 （34）769.88 （23）2 309.63		（32）15 397.5 （35）2 309.63
4 619.26		17 707.13
		13 087.87

3. 发生额及余额试算平衡表

单位：元

账户 名称	期初余额		发生额		期末余额	
	借方	贷方	借方	贷方	借方	贷方
库存现金	6 000		50 150	54 400	1 750	
银行存款	240 000		468 000	152 645	555 355	
应收账款	43 150		46 400	18 150	71 400	
原材料	85 000		88 500	62 800	110 700	
库存商品	150 000		56 720	40 000	166 720	
固定资产	304 000		110 000		414 000	
预付账款	1 850			1 850		
应收票据			56 500		56 500	
在途物资			88 500	88 500		

续表

账户名称	期初余额 借方	期初余额 贷方	发生额 借方	发生额 贷方	期末余额 借方	期末余额 贷方
生产成本			106 000	56 720	49 280	
累计折旧				7 200		7 200
制造费用			23 200	23 200		
短期借款		255 000		200 000		455 000
应付职工薪酬		50 000	50 000	46 000		46 000
应交税费		25 000	11 325	23 832.50		37 507.50
应付利息				4 600		4 600
应付账款			83 620	83 620		
应付利润				769.88		769.88
主营业务收入			90 000	90 000		
主营业务成本			40 000	40 000		
税金及附加			7 000	7 000		
销售费用			1 500	1 500		
管理费用			16 370	16 370		
财务费用			4 600	4 600		
所得税费用			5 132.50	5132.50		
本年利润			90 000	90 000		
利润分配			4 619.26	17 707.13		13087.87
盈余公积				1 539.75		1 539.75
实收资本		500 000		360 000		860 000
合计	830 000	830 000	1 498 136.76	1 498 136.76	1 425 705	1 425 705

六、案例分析题

案例提示：

小王的账务处理是正确的。一般说来，应收账款、预付账款属于资产类账户，期末余额应该就在借方，应付账款、预收账款属于负债类账户，期末余额就应该在贷方。但在借贷记账法下，企业可以根据需要设置双重性质账户，该账户的期末余额可能在借方，也可能在贷方。如为了确保对某一项经济业务实施全过程的管理和监督，确保信息的连贯，企业可以只设置一个账户来核算同其他单位或个人之间发生的债权债务业务，上题中的"预收账款"就扮演了双重账户的性质，"预收账款"属于负债类账户是用来核算企业因销售产品或提供劳务等按照合同规定预收购货单位的货款所形成的债务以及供货后进行结算的账户。该账户的贷方登记企业根据合同规定预收购货单位的款项，借方登记企业提供产品或劳务与购货单位结算时，冲销预收购货单位的款项。期末余额在贷方，反映企业向购货单位预收的款项。期末余额在借方，反映企业应向购货单位收取的款项，其实质是应收账款。

第六章　会计凭证

一、名词解释

1. 原始凭证，是指在经济业务发生时填制或取得的，用以证明经济业务的发生或完成情况，并作为记账依据的书面证明。

2. 记账凭证，是指由会计人员根据审核无误的原始凭证，根据复式记账原理编制的用来履行记账手续的会计分录凭证，它是登记账簿的直接依据。

3. 收款凭证，是用来反映货币资金增加的经济业务而编制的记账凭证，也就是记录库存现金和银行存款等收款业务的凭证。

4. 付款凭证，是用来反映货币资金减少的经济业务而编制的记账凭证，也就是记录库存现金和银行存款等付款业务的凭证。

5. 转账凭证，是用来反映不涉及货币资金增减变动的经济业务（即转账业务）而编制的记账凭证，也就是记录与库存现金、银行存款的收付款业务没有关系的转账业务的凭证。

6. 通用记账凭证，是采用一种通用格式记录各种经济业务的记账凭证，这种通用记账凭证既可以反映收、付款业务，也可以反映转账业务。

二、单选题

| 1. C | 2. C | 3. C | 4. D | 5. B |
| 6. C | 7. A | 8. D | 9. D | 10. A |

三、多选题

| 1. ABCD | 2. ABC | 3. ABCDE | 4. ABCD | 5. BC |
| 6. ABCDE | 7. ABC | 8. ABE | 9. ACE | 10. ABC |

四、判断题

| 1. √ | 2. × | 3. √ | 4. × | 5. √ |
| 6. × | 7. √ | 8. × | 9. × | 10. √ |

五、案例分析题

案例提示：

黄先生的做法并不是小题大做。小林丢的三张记账凭证问题不是很严重，因为记账凭证是会计人员根据审核后的原始凭证进行归类、整理，按照会计准则和记账规则确定会计分录而编制的凭证，是登记账簿的依据。如果记账凭证丢了，还可以根据原始凭证重新编制记账凭证，不至于对会计工作造成太大影响。而小陈弄丢的20万元的现金支票存根属于原始凭证，并且是外来原始凭证，是证明经济业务发生的初始文件，与记账凭证相比较，具有较强的法律效力，是证明经济业务发生的重要依据。一旦丢失，补偿原始凭证（尤其是外来原始凭证）的成本较高，同时也令记账凭证和会计分录缺乏依据。此外，现金付款凭证所附原始凭证与凭证所注张数不符，说明原始凭证有丢失，或者是所注张数出错，这些都是较为严重的问题。

第七章 会计账簿

一、名词解释

1. 序时账簿，也称日记账，是指按照经济业务发生时间的先后顺序逐日、逐笔登记的账簿。

2. 分类账簿，是指对全部经济业务按照总分类账户和明细分类账户进行分类登记的账簿。

3. 备查账簿，也称辅助账簿，是指对某些在序时账和分类账中未能记载或记载不全的事项进行补充登记的账簿，亦被称为补充登记簿。

4. 三栏式，是指账页格式采用的是借、贷、余（或收、付、存）三栏形式的账簿。

5. 数量金额式，是指在账页中既反映数量，又反映单价和金额的账簿，一般用于登记财产物资明细账。

6. 多栏式，是指账页格式按经济业务的特点采用多栏形式的账簿。

7. 红字更正法，是错账更正的方法之一，具体方法是先用红字（只是金额用红字）填制一张与错误记账凭证内容完全相同的记账凭证，并据以红字登记入账，冲销原有错误的账簿记录；然后，再用蓝字或黑字填制一张正确的记账凭证，据以用蓝字或黑字登记入账。

8. 补充登记法，是错账更正的方法之一，具体方法是按少记的金额用蓝字填制一张应借、应贷会计科目与原错误记账凭证相同的记账凭证，并据以登记入账，以补充少记的金额。

9. 划线更正法，是错账更正的方法之一，具体方法是先将账页上错误的文字或数字划一条红线,以表示予以注销,然后,将正确的文字或数字用蓝字写在被注销的文字或数字的上方,并由记账人员在更正处盖章。

二、单选题

| 1. B | 2. A | 3. A | 4. A | 5. C |
| 6. C | 7. C | 8. B | 9. B | 10. A |

三、多选题

| 1. ACE | 2. AD | 3. CD | 4. CD | 5. BCD |
| 6. ABDE | 7. BCD | 8. ABCD | 9. AE | 10. BDE |

四、判断题

| 1. √ | 2. × | 3. √ | 4. √ | 5. √ |
| 6. × | 7. × | 8. √ | 9. × | 10. × |

五、业务题

错账更正

(1) 会计凭证无错误,错误原因是登账出错,采用划线更正法

制造费用账簿记录为 ~~200 000~~ 20 000(同时签名)。

(2) 错误原因是会计科目、方向没错,金额少记,采用补充登记法

借:生产成本　　　　　　　　　　　　　　　9 000
　　贷:原材料　　　　　　　　　　　　　　　　　9 000

(3) 错误原因是会计科目、方向没错,金额多记,采用红字更正法

借:应付职工薪酬　　　　　　　　　　　　　8 000
　　贷:库存现金　　　　　　　　　　　　　　　　8 000

(4) 错误原因是借贷方向错误,或称借贷方科目错误,采用红字更正法。

先冲销错账:

借:应收账款　　　　　　　　　　　　　　100 000
　　贷:银行存款　　　　　　　　　　　　　　　100 000

再编制正确分录:

借:银行存款　　　　　　　　　　　　　　100 000
　　贷:应收账款　　　　　　　　　　　　　　　100 000

(5) 错误原因是科目错误,采用红字更正法。

先冲销错账:

借：制造费用 1 000
　　贷：原材料 1 000
再编制正确分录：
借：管理费用 1 000
　　贷：原材料 1 000

六、案例分析题

案例提示：

（1）现金、银行存款日记账必须要采用订本式账簿，而记录内容比较复杂的财产明细账，如固定资产卡片则需使用卡片式账簿，除此之外的明细账可以使用活页式账簿，该公司所有账簿都采用活页账显然不够规范。

（2）会计账簿具有重要意义，记录在会计凭证上的信息是分散、不系统的。为了把分散在会计凭证中的大量核算资料加以集中归类反映，为经营管理提供系统、完整的核算资料，并为编报会计报表提供依据，就必须设置和登记账簿。设置和登记账簿是会计核算的专门方法之一。所以，对于会计凭证必须要登记入账，不可单凭会计凭证控制。

（3）如果发现账簿记录有错误，应按规定的方法进行更正，不得涂改、挖补或用涂改液消除字迹。更正错误的方法有划线更正法、红字更正法及补充登记法。显然，案例中的公司允许使用涂改液的做法是错误的。

（4）由于现金和银行存款是企业重要的资产，同时又容易出现错误和舞弊行为，所以为了加强内部控制必须坚持内部牵制原则，实行钱、账分管，出纳人员不得负责登记现金日记账和银行存款日记账以外的任何账簿。出纳人员登记现金日记账和银行存款日记账后，应将各种收付款凭证交由会计人员据以登记总分类账及有关的明细分类账。

综上所述，该公司的会计内部制度明显存在一系列问题，郑先生对此将面临比较大的职业风险，如果处在该职位应该选择辞职。

第八章　编制报表前的准备工作

一、名词解释

1. 期末账项调整，是指期末按照权责发生制的要求对部分会计事项予以调整，编制会计分录的行为。

2. 财产清查，是指通过盘点或核对的方法，确定各项财产物资、货币资金及债权、债务的实存数，查明实存数与账存数是否相符的一种专门方法。

3. 实地盘存制，又称定期盘存制，是指对各种财产物资，平时在账簿上只登记增加数，不登记减少数，月末根据实地盘点的盘存数，倒挤减少数并据以登记有关账簿的一种盘存制度。

4. 永续盘存制，又称账面盘存制，是指平时对各项财产物资的增加数和减少数都要根据会计凭证连续记入有关账簿，并随时结出账面余额的存货盘存制度。

5. 未达账项，是指在开户银行和本单位之间，对于同一款项的收付业务，由于凭证传递时间和记账时间的不同，发生一方已经入账而另一方尚未入账的会计事项。

6. 对账，就是核对账目，是指在会计核算中，为保证账簿记录正确可靠，对账簿中的有关数据进行检查和核对的工作。

7. 结账，就是结算各种账簿记录，即按规定把一定时期（月份、季度、年度）内所发生的应记入账簿的经济业务全部登记入账，并计算出本期发生额及期末余额，据以编制会计报表并将余额结转下期或新的账簿。

二、单选题

| 1. A | 2. D | 3. B | 4. C | 5. A |
| 6. C | 7. C | 8. A | 9. C | 10. C |

三、多选题

| 1. AD | 2. ABE | 3. AB | 4. AC | 5. ACE |
| 6. ADE | 7. BE | 8. ABD | 9. ABD | 10. ACE |

四、判断题

| 1. × | 2. × | 3. × | 4. √ | 5. √ |
| 6. × | 7. × | 8. × | 9. √ | 10. × |

五、业务题

（一）参考答案

1. 借：待处理财产损溢　　　　　　　　　　　　　　　　　300
　　　贷：原材料——甲材料　　　　　　　　　　　　　　　　300
　　借：管理费用　　　　　　　　　　　　　　　　　　　　300
　　　贷：待处理财产损溢　　　　　　　　　　　　　　　　　300

2. 借：待处理财产损溢　　　　　　　　　　　　　　　　22 500
　　　贷：原材料——乙材料　　　　　　　　　　　　　　22 500
　　借：管理费用　　　　　　　　　　　　　　　　　　　3 000
　　　　其他应收款——管理人员　　　　　　　　　　　　1 500
　　　　　　　　　　——保险公司　　　　　　　　　　　5 000

   原材料   1 000
   营业外支出   12 000
    贷：待处理财产损溢   22 500
3. 借：其他应收款——张三   18 000
   贷：库存现金   18 000
4. 借：累计折旧   14 000
   待处理财产损溢   51 000
   贷：固定资产   65 000
  借：营业外支出   51 000
   贷：待处理财产损溢   51 000
5. 借：原材料——丙材料   500
   贷：待处理财产损溢   500
  借：待处理财产损溢   500
   贷：管理费用   500
6. 借：管理费用   6 000
   贷：其他应收款——张三   6 000
7. 借：应付账款   10 000
   贷：营业外收入   10 000
8. 借：管理费用   12 000
   贷：其他应收款——张三   12 000

（二）参考答案

华联有限责任公司银行存款余额调节表

2022 年 12 月 31 日   单位：元

项目	金额	项目	金额
企业银行存款日记账余额	52 373	银行对账单余额	57 080
加：	8 800	加：	7 000
加：	27		
减：	3 000	减：	580
		减：	5 300
调节后余额	58 200	调节后余额	58 200

（三）参考答案

1. 借：制造费用   30 000
   管理费用   20 000
   贷：累计折旧   50 000

2. 借：管理费用　　　　　　　　　　　　　　　　　　　　　3 000
　　　贷：其他应付款　　　　　　　　　　　　　　　　　　　　　3 000
3. 借：预付账款　　　　　　　　　　　　　　　　　　　　　6 000
　　　贷：银行存款　　　　　　　　　　　　　　　　　　　　　　6 000
4. 借：银行存款　　　　　　　　　　　　　　　　　　　　　2 900
　　　贷：其他应收款　　　　　　　　　　　　　　　　　　　　　2 000
　　　　　财务费用　　　　　　　　　　　　　　　　　　　　　　　900

（四）参考答案

品名：甲材料　　　　　　**材料明细账（先进先出法）**　　　　　计量单位：千克

2022年		凭证字号	摘要	收入			发出			结余		
月	日			数量	单价	金额	数量	单价	金额	数量	单价	金额
7	1	略	期初							1 000	10	10 000
	8		购进	2 000	11	22 000				1 000	10	10 000
										2000	11	22 000
	15		发出				1 000	10	10 000	1 000	11	11 000
							1 000	11	11 000			
	20		购进	1 000	12	12 000				1 000	11	11 000
										1 000	12	12 000
	26		发出				1 000	11	11 000	500	12	6 000
							500	12	6 000			
	31		本期发生额及余额	3 000		34 000	3 500		38 000	500	12	6 000

品名：甲材料　　　　　　**材料明细账（加权平均法）**　　　　　计量单位：千克

2022年		凭证字号	摘要	收入			发出			结余		
月	日			数量	单价	金额	数量	单价	金额	数量	单价	金额
7	1	略	期初							1 000	10	10 000
	8		购进	2 000	11	22 000				3 000		
	15		发出				2 000			1 000		
	20		购进	1 000	12	12 000				2 000		
	26		发出				1 500			500		
	31		本期发生额及余额	3 000		34 000	3 500	11	38 500	500	11	5 500

品名：甲材料　　　　材料明细账（移动加权平均法）　　　　计量单位：千克

2022年		凭证字号	摘要	收入			发出			结余		
月	日			数量	单价	金额	数量	单价	金额	数量	单价	金额
7	1	略	期初							1 000	10	10 000
	8		购进	2 000	11	22 000				3 000	10.67	32 000
	15		发出				2 000	10.67	21 340	1 000	10.67	10 660
	20		购进	1 000	12	12 000				2 000	11.33	22 660
	26		发出				1 500	11.33	16 995	500	11.33	5 665
	31		本期发生额及余额	3 000		34 000	3 500		38 335	500	11.33	5 665

六、案例分析题

案例提示：

对于11月30日发现的重复记账进行更正是正确的，因为该差额属于会计差错，所以必须更正。但是12月31日未达账项，是开户银行和本单位之间，对于同一款项的收付业务，由于凭证传递时间和记账时间的不同，发生一方已经入账而另一方尚未入账的会计事项，并非会计差错，所以不应更正。

编制银行存款余额调节表的目的，只是为了检查账簿记录的正确性，并不是要更改账簿记录，对于银行已经入账而本单位尚未入账的业务和本单位已经入账而银行尚未入账的业务，均不进行账务处理，待以后业务凭证到达后，再做账务处理。对于长期悬置的未达账项，应及时查阅凭证、账簿及有关资料，查明原因，及时和银行联系，查明情况，予以解决。

第九章　财务会计报告

一、名词解释

1. 财务会计报告，是指企业对外提供的反映企业某一特定日期财务状况和某一会计期间经营成果、现金流量、所有者权益等会计信息的书面文件。

2. 会计报表附注，是对在会计报表中列示项目所作的进一步说明，以及对未能在会计报表中列示项目的说明等。

3. 资产负债表，是反映企业在某一特定日期财务状况的报表。

4. 利润表，又称损益表，是反映企业在一定会计期间的经营成果的会计报表。

5. 其他相关信息，是指企业除了披露以上规定的会计报表外，还应披露其他相关信息。即应根据法律法规的规定和外部信息使用者的信息需求而定。如社会责任、对社区的贡献和可持续发展能力等。

二、单选题

| 1. B | 2. C | 3. B | 4. B | 5. D |
| 6. A | 7. B | 8. A | 9. D | 10. C |

三、多选题

| 1. CDE | 2. CD | 3. ACDE | 4. BE | 5. ABDE |
| 6. ABCD | 7. ACD | 8. BC | 9. CD | 10. ABC |

四、判断题

| 1. × | 2. × | 3. √ | 4. × | 5. × |
| 6. × | 7. √ | 8. √ | 9. × | 10. × |

五、业务题

(一) 参考答案

1. 货币资金（ 91 000 ）
2. 应收账款（ 12 000 ）
3. 应交税费（ -7 500 ）
4. 未分配利润（ 84 200 ）
5. 存货（ 20 000 ）

(二) 参考答案

利润表

编制单位：华联有限责任公司　　2022年10月　　　　　　　　　　单位：元

项目	本期金额	上期金额
营业收入	1 150 000	略
减：营业成本	580 000	
税金及附加	80 000	
销售费用	30 000	
管理费用	90 000	
财务费用	20 000	
二、营业利润	350 000	
加：营业外收入	40 000	
减：营业外支出	50 000	
三、利润总额	340 000	
减：所得税费用	85 000	
四、净利润	255 000	

六、案例分析题

案例提示：

（1）按照权责发生制原则计算，该杂货商一年来的经营业绩是较好的。其净收益=110 820-3 744-（6 000-4 800）-70 440-15 600-10 500=9 336（元）。

（2）该杂货商年末的财务状况如下：

资产：4 800+60 000+2 100=66 900（元）

负债：2 400元

投资人权益：66 900-2 400=64 500（元）

（3）如果不计算折旧，该杂货商的净收益应为9 336+1 200=10 536（元）。

第十章 会计核算组织程序

一、名词解释

1. 会计核算组织程序，又称账务处理程序，是指在会计循环中，会计主体采用的会计凭证、会计账簿、会计报表的种类和格式与记账程序有机结合的方法和步骤。

2. 记账凭证核算组织程序，是指根据经济业务发生以后所填制的各种记账凭证直接逐笔登记总分类账簿，并定期编制会计报表的一种账务处理程序，它是一种最基本的核算组织程序。

3. 汇总记账凭证核算组织程序，是指根据各种专用记账凭证定期汇总编制汇总记账凭证，然后根据汇总记账凭证登记总分类账簿，并定期编制会计报表的一种账务处理程序。

4. 科目汇总表核算组织程序，是指根据各种记账凭证先定期（或月末一次）按会计科目汇总编制科目汇总表，然后根据科目汇总表登记总分类账，并定期编制会计报表的账务处理程序。

5. 分录日记账核算组织程序，是指将所有的经济业务按所涉及的会计科目，以分录的形式记入日记账，再根据日记账的记录过入科目汇总文件，并定期编制会计报表的账务处理程序。

二、单选题

1. A   2. C   3. A   4. A   5. C
6. D   7. A   8. D   9. B   10. D

三、多选题

1. ABCD   2. ABD   3. ACD   4. BCE   5. BCDE

6. ABCD   7. ACD   8. ABC   9. ABCDE   10. BCDE

四、判断题

1. ×   2. ×   3. √   4. √   5. √
6. √   7. ×   8. ×   9. ×   10. ×

五、业务题

科目汇总表

科汇字第　号

编制单位：　　　　　　2022年12月1日—31日　　　　　　单位：元

会计科目	借方	贷方	会计科目	借方	贷方
库存现金	50 150	54 400	应付利息		4 600
银行存款	468 000	155 600	应付账款	86 580	86 580
应收账款	48 000	18 150	应付利润		769.88
应收票据	58 500		主营业务收入	90 000	90 000
原材料	88 500	62 800	主营业务成本	40 000	40 000
库存商品	56 720	40 000	税金及附加	7 000	7 000
预付账款		1 850	销售费用	1 500	1 500
在途物资	88 500	88 500	管理费用	16 370	16 370
固定资产	110 000		财务费用	4 600	4 600
累计折旧		7 200	所得税费用	5 132.5	5 132.5
生产成本	106 000	56 720	本年利润	90 000	90 000
制造费用	23 200	23 200	利润分配	4 619.26	17 707.13
短期借款		200 000	实收资本		360 000
应付职工薪酬	50 000	46 000	盈余公积		1 539.75
应交税费	14 280	27 432.5	合计	1 507 651.76	1 507 651.76

六、案例分析题

案例提示：

（1）可以采用汇总记账凭证核算组织程序。该程序可以将日常发生的大量记账凭证分散在平时整理，通过汇总归类，月末时一次登入总分类账，减轻登记总账的工作量，为及时编制会计报表提供方便。汇总记账凭证是按照科目对应关系归类、汇总编制的，能够明确地反映账户之间的对应关系，便于经常分析检查经济活动的发生情况。但是，汇总记账凭证按每一贷方或借方科目设置并按其对应的贷方或贷方科目归类汇总，不考虑经济业务的性质，不利于会计核算工作的分工，而且编制汇总记账凭证的工作量也较大。

公司也可以采用科目汇总表核算组织程序。

（2）分录日记账核算组织程序只适用于采用计算机操作的企事业单位，由于公司采用电子计算机记账，因此可以考虑采用分录日记账核算组织程序。同时，科目汇总表核算组织程序也可以采用电子计算机记账。

第十一章　会计工作组织与管理

一、名词解释

1. 会计工作组织，是指如何安排、协调和管理好企业的会计工作。科学地组织会计工作对于完成会计职能，实现会计的目标，发挥会计在经济管理中的作用，具有十分重要的意义。

2. 会计法律规范，是指组织和从事会计工作必须遵循的行为规范，是会计法律、法令、条件、规则、章程、制度等规范性文件的总称。

3. 会计职业道德，是指会计人员从事会计职业工作时所应遵循的基本道德规范。它是调整会计人员与国家、会计人员与不同利益和会计人员相互之间的社会关系及社会道德规范的总和，是基本道德规范在会计工作中的具体体现。

4. 会计档案，是指单位在进行会计核算等过程中接收或形成的，记录和反映单位经济业务事项的，具有保存价值的文字、图表等各种形式的会计资料，包括通过计算机等电子设备形成、传输和存储的电子会计档案。

5. 集中核算，又称之为一级核算。它是指将企业所有会计工作都集中在会计部门进行核算的一种会计工作组织形式。

二、单选题

| 1. B | 2. D | 3. B | 4. A | 5. D |
| 6. C | 7. B | 8. B | 9. C | 10. D |

三、多选题

| 1. ABCDE | 2. ABC | 3. ABC | 4. ADE | 5. BD |
| 6. ABDE | 7. ABCDE | 8. CE | 9. ABDE | 10. ADE |

四、判断题

| 1. × | 2. √ | 3. × | 4. × | 5. × |

6. √　　　7. ×　　　8. √　　　9. ×　　　10. ×

五、案例分析题

案例提示：

对于这两家商户，小吃店的业务相对来说比较少，不需要很复杂的会计账目处理，老板自己可以记录每天的收入，以及成本支出，只需要简单的流水记账便可以弄清楚资金流向、余款以及是否有赚钱。

另一家商户是超市，人员比较多，账目涉及员工的工资，商品的成本等等，比较复杂，所以需要会计且需要专职的会计人员来处理账目业务，以方便老板对超市当前的状况有清楚的了解。

参考文献

1. 中华人民共和国财政部. 企业会计准则 2023 年版 [M]. 上海：立信会计出版社，2023.
2. 中华人民共和国财政部. 企业会计准则——应用指南 2023 年版 [M]. 上海：立信会计出版社，2023.
3. 陈国辉. 基础会计 [M]. 7 版. 大连：东北财经大学出版社，2021.
4. 朱小平. 初级会计学 [M]. 11 版. 北京：中国人民大学出版社，2021.
5. 刘峰. 会计学基础 [M]. 4 版. 北京：高等教育出版社，2018.
6. 陈少华. 会计学原理 [M]. 5 版. 厦门：厦门大学出版社，2017.